한국 방송정책의 이념

이 도서의 국립중앙도서관 출판예정도서목록(CIP)은 서지정보유통지원시스템 홈페이지(http://seoji.nl.go.kr)와 국가
자료공동목록시스템(http://www.nl.go.kr/kolisnet)에서 이용하실 수 있습니다.
CIP제어번호: CIP2017009284 (양장), CIP2017009286 (학생판)

방송문화진흥총서 **171**

한국 방송정책의 이념

강명현 지음

한울
아카데미

머 리 말

　오래전부터 사회를 변화시킬 수 있는 정책의 힘을 믿어왔다. 모름지기 사회과학은 제반 사회현상을 명확하게 분석하고 체계적으로 설명하는 데 그 목적이 있기는 하지만 궁극적으로 사회 발전에 도움이 되어야 한다고 생각한다. 그런 면에서 올바른 방송정책은 건강한 방송 생태계를 구축할 수 있는 힘의 원천이다. 방송위원회 연구원으로 근무하면서 방송정책과 관련된 연구에 관심을 갖게 되면서부터 필자는 좋은 정책이 어떻게 사회를 바람직한 방향으로 변화시키는지를 지켜봐왔다. 물론 그 반대의 경우도 적지 않았다. 그만큼 정책은 면밀하게 분석되어야 하고 신중하게 결정되어야 한다. 하지만 모든 정책이 그렇듯 그 과정은 결코 쉬운 일이 아니다. 정책 결정 과정에는 고려해야 할 변수가 너무 많기 때문이다. 이해 관계자의 입장을 반영해야 하고 사회적인 여론에도 귀를 기울여야 한다.

　과거 우리나라의 방송정책도 예외가 아니었다. 위성방송이 도입되었을 때 지역방송 재송신 문제를 놓고 위성 방송사와 지역 방송사 간 갈등이 초래되기도 했고, IPTV가 도입된 이후에는 케이블과 소유규제 범위를 놓고 이해 당사자 간 첨예한 논쟁이 일기도 했다. 최근에도 지상파 방송의 중간

광고 허용을 놓고 종편 채널과 지상파 방송 간의 갈등이 계속되고 있다. 논쟁이 제기될 때마다 이해 당사자의 입장을 들어보면 그 나름대로 일리가 있다. 이 과정에서 정책 담당자의 고민은 깊어질 수밖에 없다. 방송·통신 융합으로 통신사업자가 방송시장에 진입하고 DCS나 OTT와 같은 새로운 유형의 방송 서비스가 등장하면서 그러한 갈등 양상은 앞으로 더욱 복잡하게 전개될 것이다. 갈등 양상이 복잡해지고 고려해야 할 변수가 많아질수록 정책 결정 과정에서 원칙은 더더욱 강조되어야 한다. 복잡할수록 원칙으로 돌아가야 하는 법이다. 그렇다면 우리나라 방송정책에는 근간으로 삼아야 할 원칙이 있는가? 있다면, 그것은 무엇인가?

이 책은 이런 고민의 소산이다. 애초부터 책으로 출간할 계획은 없었다. 복잡한 정책 관련 사안이 발생할 때마다 동료 학자들의 논문과 서적을 접하면서 많은 도움을 받기도 하고 생각을 정립하기도 했다. 하지만 방송정책과 관련된 자료를 탐색하면서 아쉬움을 느낀 것 중 하나는 단편적 사안에 대한 연구 결과는 많았지만 정작 체계적이고 종합적으로 방송정책 이념을 정리한 연구 성과물을 찾기가 어려웠다는 점이었다. 이러한 아쉬움은 강의에서도 마찬가지였다. 방송정책에 관한 강의를 하면서 정책을 전체적으로 조망할 수 있는 교재가 있었으면 하는 아쉬움이 컸다. 그러던 차에 우연치 않게 필자의 관심을 끌게 한 교재를 발견했는데, 그 책이 바로 나폴리Philip M. Napoli 교수가 저술한 『커뮤니케이션 정책의 기초Foundations of Communications Policy』였다. 평소에 강의하고자 했던 체계로 구성되어 있어서 가뭄에 단비를 만난 격이었고 실제로 연구와 강의에 많은 도움을 받았다. 그래서 이 책을 번역해 소개할 생각도 했다.● 하지만 체계적으로 구성되어 있음에도 실제 내용

● 이 책은 이미 『커뮤니케이션 정책의 기초』(배현석 옮김)라는 이름으로 번역되어 출간되었다.

을 한국 방송정책에 적용하는 데는 다소 무리가 따랐다. 그것은 바로 현실 적합성의 문제, 즉 논의하는 전체적인 주제는 체계성을 갖추었으나 그러한 논의를 풀어가는 방식이나 제시된 사례가 지나치게 미국 중심적이어서 한국적 상황을 설명하기에 적합하지 않았던 것이다. 이러한 이유 때문에 기본적인 구성체계는 원용하면서도 실제적 논의는 국내 상황에 맞게 재구성할 필요성이 제기되었고, 이것이 이 책을 저술하게 된 직접적인 동기가 된다. 그럼에도 이 책의 기본적인 모태는 나폴리 교수의 책을 근간으로 하고 있음을 밝힌다. 기본적인 체계뿐 아니라 각 하위 방송 이념의 내용을 전개할 때도 많은 내용과 사례를 나폴리 교수의 책에 의존했음을 부인하지 않을 수 없다.

책을 서술하는 과정에서 가장 고민스러운 부분은 아무래도 여러 가지 방송정책 이념 중에서 어떤 이념을, 어떠한 기준을 가지고 선정해야 하는가 하는 점이었다. 아직까지 방송정책의 이념을 체계적으로 정리한 시도가 그리 많지 않은 현실에서 이 책 역시 자의적으로 분류하는 오류를 답습하지 않을까 하는 두려움이 적지 않았다. 그럼에도 나름대로 명확한 분류 기준을 정립하는 것이 우선적으로 필요했고, 그리하여 1장에서 분류 기준과 주요 이념을 도출하는 과정에 대해 많은 지면을 할애했다. 이러한 과정을 거쳐 이 책에서 다루고자 하는 주요 이념과 각 장의 내용은 다음과 같다.

먼저 1장에서는 앞서 언급한 것처럼 분류 기준을 설정하는 과정과 각 이념을 도출하는 과정에 대해 상세하게 서술했다. 모든 학자마다 이념을 구분하는 기준이 다르고 제시하는 주요 이념도 각기 다르기 때문에 이 책에서 다루려는 주요 이념의 기준이 무엇인지를 명확하게 정립하는 것이 무엇보다 중요하다고 판단했다. 그리하여 주요 이념의 도출 과정을 상세하게 설명하는 데 역점을 두었다. 책의 구성체계는 공공 서비스 방송 모델과 시장 모델로 이분화하고 각 모델의 패러다임과 연관성이 있는 이념들의 순으로 서술했다. 예컨대 공공 서비스 모델을 기반으로 하는 이념들, 즉 독립성, 공공성, 다양성, 지역성, 보편적 서비스 이념을 순서대로 서술했고, 시장 모델의 패러다임을 바탕으로 하는 경쟁 이념과 방송산업 이념을 그다음으로 서술했다. 이 밖에도 시청자 권익 이념은 두 패러다임과 공통적으로 연관된다고 판단되어 마지막에 설명했다.

2장에서는 독립성 이념을 설명했다. 독립성 이념은 사상의 자유시장을 목표로 추구하고 있으나, 좀 더 적극적인 형태의 방송 자유 실현을 위해서는 공정성의 의무에 구속을 받아야 한다고 주장했다. 이 장에서는 특히 공정성을 담보하기 위한 제도적 장치에 대해 한국보다는 미국의 사례가 주로 언급되었는데, 이는 한국의 공정성 관련 제도가 대체로 규범적 인식 차원에 머물러 있는 데다 현재 활성화되어 있는 제도적 장치들도 사실상 미국의 그것에 기반을 두기 때문이다. 이와 함께 방송의 독립성 실현을 위해 편성규약 제도 및 독립적 거버넌스 구축이 왜 필요한지에 대해 고찰했다.

3장에서는 방송의 공공성 이념을 다루었다. 여기서 다루려는 공공성은 흔히 방송정책의 궁극적 이념으로 거론되는 공익성 개념과 등가적 관계가 아닌 방송의 공적 책임을 의미하는 하위 개념으로 이해했다. 구체적으로 공공성을 실현하기 위한 요건으로는 공론장의 역할, 사회윤리 준수, 음란·폭력물 금지, 아동·청소년 보호 등이 있음을 설명하고, 세계 각국의 유사한 운용 사례를 다각도로 조망했다. 사회적 영향력 및 전파의 희소성이라는 방송 고유의 특성을 기반으로 하는 공공성 이념은 대다수 국가에서 방송정책의 기본 이념으로 주창되고 있기 때문이다.

4장에서는 다양성 이념에 대해 논의했다. 먼저 다양성 개념을 한마디로 정의하기 어렵다는 점을 강조했고, 그럼에도 이를 공급원의 다양성, 내용의 다양성, 노출의 다양성으로 구분하여 주요 개념과 측정 방법을 설명했다. 이와 함께 최근 매체 통합 추세에 따라 여론 독과점을 관리하고자 개발되고 있는 합산 영향력 지수가 왜 필요한지, 그리고 어떤 방식으로 측정되고 있는지를 소개했다. 마지막으로 다양성을 구현하기 위해 우리나라를 비롯한 주요 국가들의 다양성 정책을 간략하게 설명했다.

5장에서는 지역성 이념을 논의했는데, 특히 지역성 개념이 최근의 탈지역적 방송 환경에서 어떻게 변화되고 있는지를 서술하는 데 주안점을 두었다. 예컨대 지역성 개념을 공간적 기준과 내용적 기준으로 구분하고 점차 공간적 기준에서 내용적 기준을 포괄하는 방향으로 확대되고 있음을 설명했다. 또한 지역성 구현정책은 공간적 지역성, 상호작용적 지역성, 프로그램적 지역성으로 구분하여 해당 차원에서 어떤 제도적 장치들이 있는지를 상세하게 소개했다.

6장에서는 보편적 서비스 이념을 다루었다. 보편적 서비스 이념은 당초 통신 서비스에서 출발한 것이기 때문에 이러한 이념적 바탕이 어떻게 방송 분야에 적용될 수 있는지를 서술하는 데 역점을 두었다. 그리하여 방송에서의 보편적 서비스는 방송망에 대한 접근권과 보편적 콘텐츠에 대한 접근권으로 구분된다고 설명했다. 특히 보편적 콘텐츠 접근권은 방송 서비스에 해당되는 차별적인 영역이기 때문에 이와 관련되는 제도적 장치들, 즉 보편적 시청권과 지상파 의무 재송신에 대한 쟁점들을 가급적 상세하게 다루고자 노력했다.

한편 시장 모델의 패러다임을 기반으로 하는 경쟁 이념과 산업발전 이념은 7장과 8장에서 각각 다루었다. 경쟁 이념을 다룬 7장에서는 경쟁에 대한 상반된 시각, 즉 긍정적 시각과 부정적 시각으로 구분하여 경쟁이 방송시장에 미치는 영향력에 대해 다각도로 설명했다. 이와 함께 우리나라 방송시장에서 경쟁이 본격화된 이래로 불거진 다양한 공정경쟁 이슈들을 조망해보았다.

8장에서는 산업발전 이념에 대해 논의했다. 먼저 산업발전 이념이 대두된 배경을 살펴보았고, 산업발전을 위한 정책으로 특히 소유규제 완화정책 및 외주제작 정책에 대해 자세하게 설명했다.

시청자 권익 이념은 공공 서비스 모델과 시장 모델에서 공통적으로 지향하는 이념으로 간주하여 맨 마지막으로 9장에서 다루었다. 먼저 방송 과정에 대한 참여성과 시청자에 대한 이익이라는 두 가지가 핵심 개념임을 역설했고, 각 하위 구성 개념을 구체적으로 실현하기 위한 정책들을 소개했다. 시청자 권익 이념이 오랫동안 우리나라에서 독특하게 강조되어왔던 특수성에 입각하여 한국적 상황에서 각 제도들이 어떻게 독자적인 모델로 정착되고 있는지를 강조했다.

끝으로 10장에서는 이상의 논의를 바탕으로 체계적이고 미래 지향적인 방송정책을 모색했는데, 개별 사안에 대한 임기응변적 정책보다는 기본 이념과 이를 구현하는 정책의 체계성에 대한 검토가 선행되어야 할 필요성을 역설했다.

이 책에는 실제 법 조항이 많이 제시되어 있다. 정책이란 게 본디 법적인 토대를 기반으로 집행되는 고유한 특성을 지니고 있기에 정책을 좀 더 쉽게 설명해야겠다는 의도 때문이다. 그러나 이러한 의도와 달리 같은 법 조항이 반복되기도 하고 설명 역시 중언부언되어 다소 산만한 느낌을 지울 수 없다. 또한 한국적 상황에 맞는 이념과 정책을 소개하고자 했음에도 미국 사례가 지나치게 많이 소개된 점도 없지 않다. 이 역시 관련 외국의 비슷한 사례를 더 풍성하게 제시하고 싶은 의도였으나, 한국적 내용에 초점을 맞추려고 했던 당초 취지를 왜곡하는 결과를 초래하지 않았을까 우려되기도 한다.

기술 발전에 영향을 받는 방송매체의 속성상 방송 환경의 변화 속도는 더욱 빨라지고 있다. 그사이에도 OTT나 1인 미디어 등 새로운 방송 서비스들이 시장에 진입했다. 이에 조응하여 방송정책도 지속적으로 변화했다. 이 책에서 다루는 정책의 내용도 그사이 이런저런 사유로 많은 변화가 있었을 것이다. 혹시 그러한 변화가 있었음에도 필자의 무지로 이를 제대로 반영하지 못한 부분이 적지 않을 것으로 판단된다. 이러한 오류에 대한 시정은 후일의 과제로 남겨두고자 한다.

비록 빈약하고 세상에 내놓기에 부끄럽기 그지없는 내용이지만 그래도 많은 분들의 도움을 받았다. 그동안 한림이라는 학문적 울타리에서 항상 따뜻한 연구 분위기와 지적 격려를 주신 한림대 미디어커뮤니케이션학부의 동료 교수들에게 먼저 고마움을 표한다. 또한 이 책이 나올 수 있도록 지원해준 방송문화진흥회와 투박한 원고를 멋진 책으로 만들어준 한울엠플러스 편집부에 특별한 감사를 전한다. 마지막으로 학문이라는 재미없고 지리한 길을 걷고 있는 필자에게 그동안 변함없이 응원해준 아내와 두 딸 나희, 나현에게도 고마움을 전한다.

2017년 4월 한림대 연구실에서
강명현

차 례

Principles of Korean Broadcasting Policy

Principles of Korean Broadcasting Policy

Principles of Korean Broadcasting Policy

1장

방송 이념과 방송정책

1 | 방송정책의 이념

정책이란 어떤 목적을 달성하기 위해서 국가에 의해 기획·추진되는 계획이나 일련의 행동 양식을 말하며, 그러한 정책은 대개 법률 제정과 집행을 통해 구체적으로 추진된다(Creech, 2007). 방송정책도 마찬가지이다. 예를 들어 신문 기업이 방송사를 겸영하는 것이 여론의 독과점 현상을 야기할 수 있다고 국가가 판단하면 그러한 국가의 의지는 신문·방송 겸영 금지라는 하나의 방송정책으로 추진될 수 있다. 이를 위해 국가가 방송법과 같은 관련 법에 그러한 규제 사항의 내용을 포함시킴으로써 정책은 구체적으로 실현된다.

일반적으로 모든 정책의 목표는 현 상태를 좀 더 나은 상태로 변화시키는 데 있다. 다시 말해 정책pubic policy이란 사회가 바람직하지 못한 상황에 처해 있을 때 정부가 이를 변화시키고자 사용하는 개입의 수단을 의미한다(백승기, 2015). 이처럼 정책은 사회적 상황이나 조건이 바람직하지 않을 때마다 환경 변화에 발맞춰 탄력적으로 변화한다는 특징을 지닌다. 과거에는 방송정책의 주안점을 방송의 공익성 확보에 두었지만, 최근 들어 커뮤니케이션 망의 활용도를 높이기 위해 산업적 가치를 창출하는 방향으로 방송정책의 방향이 바뀌고 있는 것도 환경 변화에 탄력적으로 대처하기 위한 것으로 볼 수 있다. 정책에 내재된 이 같은 속성에도 불구하고 모든 정책에는 어느 사회에서나 일관되게 추구되어온 몇 가지 합의된 목표나 가치 지향점이 있게 마련인데, 이를 흔히 정책의 이념이라고 한다. 즉, 정책의 이념이란 특정 분야의 정책에서 일관되게 추구하려는 본원적 가치 혹은 지향점을 말한다. 방송정책에서도 그것이 추구해야 할 바람직한 역할과 목표, 그리고 구성체계 등에 대한 사회적 가치 판단이나 신념 등이 존재하기 마련인데, 이를 방송정책의 이념이라 할 수 있다.

무릇 모든 국가의 방송정책에는 각 국가별로 추구하는 고유한 정책 이념이 존재한다. 가령 나폴리(Napoli, 2001)는 미국 방송정책 기관인 연방통신위원회Federal Communication Commission(이하 FCC)가 지향했던 주요 방송정책 이념으로 언론의 자유first amendment, 공익성public interest, 사상의 시장marketplace of idea, 다양성diversity, 경쟁competition, 보편적 서비스universal service, 지역성localism 등을 거론한 바 있다. 이 중에서 특히 지역성, 다양성, 경쟁 등 세 가지 이념은 FCC가 오랫동안 추구해온 일관된 방송정책 이념으로 간주된다(Napoli, 2001). 이러한 이념들은 FCC의 전신인 FRCFederal Radio Commission가 1928년에 제시한 방송정책의 이념에 바탕을 두고 있는데, 당시의 주요 이념은 전파 혼선으로부터의 자유, 다양한 서비스의 공정한 배분, 로컬리즘, 프로그램의 다양성, 방송인의 청렴성 등이었다(FRC, 1928).

국내 방송정책에서도 일관되게 지향해온 가치 지향점, 즉 방송정책의 이념이 존재한다. 하지만 학자마다 거론하는 주요 방송정책의 이념은 다소 차이를 보이는데, 일부에서 지적하듯이 "각 이념들은 그 개념적 포괄성 내지 위계가 큰 차이를 보이고" 있으며 "상호 간에 의미가 상당 부분 중첩되고" 있기 때문이다(백미숙 외, 2007: 310). 예컨대 혹자는 우리나라의 주요 방송 정책 이념으로 공익, 다양성, 공정성, 보편적 서비스, 지역주의, 수용자 복지, 경제적 효율성 등을 언급했고(윤석민, 2005), 또 다른 한편에서는 공공성 (공익성), 독립성, 시청자 권익, 지역주의, 보편적 서비스, 프로그램의 질, 다양성, 방송산업 발전, 경쟁 등을 거론했다(백미숙 외, 2007). 그런가 하면 일부에서는 1990년대부터 최근까지 한국 방송정책의 거시적 이념은 공익성과 산업성의 조화였다고 전제하고, 하위 이념으로 사유화, 정치적 독립, 지역주의, 시청자 주권 등을 제시하기도 했다(정용준, 2011).

한편 향후 새로운 커뮤니케이션 정책에 대한 이념도 제시되고 있다. 퀼렌버그와 맥퀘일(Cuilenburg and McQuail, 2003)은 새로운 커뮤니케이션 정책의 지향점을 공익으로 설정하고 이를 정치적 복지, 사회문화적 복지, 경제적 복지 영역으로 구분하여 하위 정책 이념을 제시했다. 정치적 복지와 관련된 이념으로는 자유freedom, 액세스access, 다양성diversity, 정보information, 통제control, 책무성accountability을, 사회적 복지 차원의 이념으로는 선택choice, 정체성identity, 상호작용interaction, 품질quality, 통합cohesion 등을 거론했다. 마지막으로 경제적 복지 영역으로는 경쟁competition, 발전development, 고용employment, 소비자주의consumerism, 혁신innovation 등을 제시했다. 이와 비슷하게 정용준(2011)도 향후 국내 방송정책에서 추구해야 할 정책 이념을 제시했는데, 그는 시청자 복지를 궁극적 이념으로 설정하고 이를 실현하기 위한 구체적인 하위 정책 이념을 정치적 복지, 사회문화적 복지, 경제적 복지라는 세 영역으로 구분했다. 정치적 복지와 관계되는 이념으로는 정치적 독립과 동등기회의 원칙, 사회문화적 복지는 프로그램의 질, 범위와 균형, 다양성,

표 1-1 __ 주요 방송정책 이념의 예

구분		정책 이념
미국	FCC	지역성, 다양성, 경쟁
	나폴리(Napoli, 2001)	언론의 자유, 공익성, 사상의 시장, 다양성, 경쟁, 보편적 서비스, 지역성
한국	윤석민(2005)	공익, 다양성, 공정성, 보편적 서비스, 지역주의, 수용자 복지, 경제적 효율성
	백미숙 외(2007)	공공성(공익성), 독립성, 시청자 권익, 지역주의, 보편적 서비스, 프로그램의 질, 다양성, 방송산업 발전, 경쟁
	정용준(2011)	사유화, 정치적 독립, 지역주의, 시청자 주권
향후 정책 이념	퀼렌버그와 맥퀘일 (Cuilenburg and McQuail, 2003)	· 정치적 복지: 자유, 액세스, 다양성, 정보, 통제, 책무성 · 사회적 복지: 선택, 정체성, 상호작용, 품질, 통합 · 경제적 복지: 경쟁, 발전, 고용, 소비자주의, 혁신
	정용준(2011)	· 정치적 복지: 정치적 독립, 동등기회의 원칙 · 사회문화적 복지: 프로그램의 질, 범위와 균형, 다양성, 소수 계층 이익, 지역주의 · 경제적 복지: 보편적 접근, 공정경쟁, 혁신, 소비자 이익 보호

소수 계층 이익과 지역주의, 그리고 경제적 복지와 관련해서는 보편적 접근, 공정경쟁과 혁신, 소비자 이익 보호 등을 거론했다.

2 | 방송정책 이념의 체계화

방송정책이 지향하는 정책적 이념이 분명히 존재함에도 상호 배제적으로 이념을 선별하고, 또 각 이념 간의 관계를 체계화하는 것은 그리 쉬운 작업이 아니다. 선구적으로 미국의 방송정책 이념을 제시했던 나폴리(Napoli, 2001) 역시 그러한 작업의 어려움을 토로한 바 있다. 즉, 그는 주요 방송 이념의 선정 및 분류 작업이 다소 자의적일 수밖에 없었고 엄격한 방법론에 기초하지 않았음을 자인했다. 그럼에도 그 나름대로 체계성을 갖추기 위해 주요 이념을 도출하기 위한 세 가지 판단 기준을 제시했는데, 그것은 정당성의 기준, 지속성의 기준, 논쟁성의 기준이다(Napoli, 2001). 먼저 정당성 justification의 기준이란 각 이념이 커뮤니케이션 정책에서 얼마나 중요한 동기로 작용되어왔는가, 또는 정당성을 부여받아왔는가 하는 기준을 말한다. 즉, 특정 이념이 일관되게 정책 집행가나 학계, 시민단체, 심지어 미디어 산업계에서도 추구되어야 할 규범적인 목표normative goal로 인식되어왔는가의 기준을 통해 이념으로서의 적정성을 가늠하는 것이다. 두 번째 기준은 지속성longevity의 기준으로, 이는 얼마나 오랫동안 커뮤니케이션 정책에서 이념으로 지속되어왔는가를 의미한다. 예를 들어 방송의 자유라는 이념은 시민사회가 형성되면서부터 지금까지 지속된 이념으로 받아들여지기 때문에 지속성의 기준을 충족하는 것으로 간주된다. 마지막 기준은 논쟁성debate의 기준이다. 이 기준은 해당 이념이 얼마나 그 사회에서 논쟁의 중심이 되어왔는가라는 점을 판단하는 것으로, 대부분의 이념들은 항상 사회적 논쟁의 중심에 있었다는 공통점을 지니고 있다. 그럼에도 어떤 것들이 이러한 기준에 부합하는지, 또 각 이념들 간 위계나 중첩성 등을 고려한 완벽한 분류체계를 제시하기란 사실상 불가능하다고 해도 과언이 아니다.

이러한 상황에서 이 책에서는 국내 방송정책의 근간이라 할 수 있는 현 '방송법'에 내재되어 있는 이념을 분석함으로써 주요 방송정책 이념을 도출하고자 시도했다. 현행 방송법은 국내 방송정책의 개괄적인 추진 내용을 구성하고 있기 때문에 그 내용을 분석하면 대략적인 정책 지향점을 추론해볼 수 있다. 특히 방송법의 제정 목적은 방송정책의 이념적 목표를 간접적으로 제시하고 있는데, 우리나라 방송법의 총칙에서는 이 법의 제정 목적에 대해 다음과 같이 밝히고 있다.

이 법은 방송의 자유와 독립을 보장하고, 방송의 공적 책임을 높임으로써, 시청자의 권익 보호와 민주적 여론 형성 및 국민 문화의 향상을 도모하고, 방송의 발전과 공공복리의 증진에 이바지함을 목적으로 한다(제1조).

이처럼 방송법의 총칙에서 언급된 법의 목적을 통해 국내 방송정책이 추구하는 주요 이념을 파악해보면, ① 방송의 자유와 독립, ② 방송의 공적 책임, ③ 시청자의 권익 보호, ④ 민주적 여론 형성 및 국민 문화 향상, ⑤ 방송의 발전, ⑥ 공공복리의 증진 등 대체로 공익pubic interest을 형성하는 요소들이 두루 망라되어 있다. 따라서 이 책에서도 공익성을 세부 방송정책 이념을 포괄하는 최상위 이념으로 설정했다. 그동안 방송 이념에 대한 정의, 또는 각 이념들 간의 위계나 연계성을 밝히려는 논의들은 대체로 방송정책의 궁극적인 이념으로 공익성 개념을 거론했다(예: Napoli, 2001; 정윤식, 2012). 미국의 방송정책에서도 공익성 개념은 '1934년 커뮤니케이션 법Communication Act of 1934' 이후 최근의 '1996년 연방통신법Telecommunication Act of 1996'에 이르기까지 모든 커뮤니케이션 정책의 궁극적인 가치 지향점이었다. 가령 '1934년 커뮤니케이션 법'에서는 커뮤니케이션 정책의 궁극적인 목적을 "공중의 이익, 편의, 그리고 필요public interest, convenience, or necessity"•를 증진함에 있다고 명시하고 있다.

이렇게 공익성이라는 포괄적인 법 제정 목적을 제시한 후 국내 방송법에서는 이어 제3조에서 제6조에 걸쳐 세부적으로 강조하려는 이념들을 별도로 명시하고 있다. 그러한 이념들은 '시청자의 권익 보호'(제3조), '방송편성

• '공공의 이익, 편의, 필요'라는 캐치프레이즈는 당시 FCC가 방송규제 이념을 설정하는 과정에서 철도의 이념을 원용했다고 한다.

표 1-2 __ 방송법에 규정된 방송정책의 이념적 지향점

구성 이념	관련 조항	주요 내용
법의 목적 (공익성)	제1조	· 자유와 독립, 공적 책임, 시청자 권익 보호, 여론 형성, 문화 향상, 방송 발전, 공공복리 증진
시청자 권익 보호	제3조	· 의사결정 과정에 대한 시청자의 참여 보장
자유와 독립	제4조	· 방송편성에 대한 간섭 금지 · 방송 프로그램 제작의 자율성 보장
공적 책임 (공공성)	제5조	· 국가 발전 및 민주적 여론 형성에 대한 기여 · 타인의 명예훼손, 권리침해, 사행심 조장 금지
공정성과 공익성	제6조	· 다양성 · 지역 균형 발전 · 보도의 공정성, 균형성, 객관성

의 자유와 독립'(제4조), '방송의 공적 책임'(제5조), '공정성/공익성'(제6조) 등
으로, 이 이념들에 대해서는 별도의 조항으로 분리하여 구체적인 내용을 언
급함으로써 특별한 가치를 부여하고 있음을 추론해볼 수 있다.

이러한 점에 입각하여 이 책에서도 일단 시청자 권익 보호, 방송의 자유
와 독립, 공적 책임(공공성)을 주요 이념으로 분류했다. 그런데 '공정성/공익
성'으로 명명된 제6조의 내용은 방송 보도의 공정성과 객관성 항목 외에도
그동안 암묵적으로 방송 이념의 하나로 간주되는 다양성과 지역성에 관한
사항을 두루 포함하고 있다. 예를 들어 "소수이거나 이익 추구의 실현에 불
리한 집단이나 계층의 이익을 충실하게 반영하도록 노력하여야 한다"(5항)
라는 조항은 다양성에 관한 이념적 조항이며, "지역사회의 균형 있는 발전에
이바지하여야 한다"(6항)라는 조항 역시 지역성에 관한 이념적 사항에 해당
한다. 다만 이러한 세부적 사항을 공익성이라는 개념으로 포괄하고 있을 뿐
이다. 그리하여 이 책에서도 다양성과 지역성을 주요 이념에 포함시켰다.

이상과 같은 과정을 통해 우리나라 방송법의 총칙에서 언급된 주요 이념
을 우선적으로 도출한 후, 총칙에서는 명시되지 않았지만 그동안 학술적 논

그림 1-1 __ 방송정책 이념의 구성체계

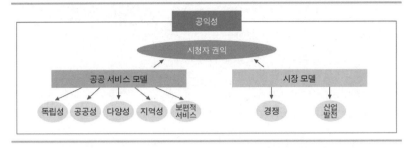

의를 통해 주요 방송정책의 이념으로 설정해도 이론이 없을 만한 몇 가지 이념들, 즉 보편적 서비스(곽정호, 2005; 김영주, 2008)와 경쟁(정인숙, 2004), 그리고 방송산업 발전(백미숙 외, 2007) 등의 세 가지 이념을 추가했다. 이들 세가지 이념은 방송법에서 선언적으로 명시되지 않았을 뿐 그동안 국내 방송정책에서 추구되어야 할 주요 방송정책의 이념으로 간주되어왔기 때문이다. 이러한 과정을 거쳐 도출한 주요 이념들의 위계나 가치 지향점, 그리고 사상적 토대를 고려하여 〈그림 1-1〉과 같은 구성체계로 도식화했다.

〈그림 1-1〉에서 보는 바와 같이 이 책의 이념적 구성체계는 기본적으로 공익성을 방송정책의 궁극적 이념으로 설정하고, 여기에 공공 서비스 모델과 산업적 모델이라는 양분된 사상적 배경을 바탕으로 이와 연관된 하위 이념들로 구분했다. 방송정책 이념을 이처럼 공공 서비스 모델에 기초한 이념과 산업적 측면에서 추구하는 이념으로 구분하는 것은 통상적인 분류법으로 볼 수 있는데(백미숙 외, 2007; 정윤식, 2012; Napoli, 2001), 가령 나폴리(Napoli, 2001)도 그가 제시한 주요 방송 이념들을 신탁 모델과 시장 모델로 구분해 설명하고 있다. 여기서 신탁 모델trusteeship model은 전파라는 공공의 자산을 신탁하고 있는 방송사에 사회적 책임 의무를 요구하고 소비자 선호 및 시장 기능으로 미디어의 내용이 결정되게 해서는 안 된다는 관점을 말한

표 1-3 __ 공익 개념의 두 가지 모델

	공공 서비스 모델	산업(시장) 모델
방송을 보는 관점	공중에 기여하는 공공 자산	사기업이 제품을 판매하는 행위
방송의 주요 목표	정보, 교육, 사회통합 기능을 통해 민주적 시민을 양성하는 것	소유주와 주주를 위해 이익을 발생시키는 것
수용자를 보는 관점	민주 시민(citizens)	소비자(consumers)
방송의 역할	세상을 알게 하고 참여적 시민을 양성함	소비자를 즐겁게 하여 광고를 많이 판매함
방송의 공익이란?	원하지 않더라도 다양하고 건전하며 개혁적인 내용을 제공하는 것	소비자가 원하는 것을 제공하는 것
다양성에 대한 견해	다양한 견해와 취향을 제공하는 민주사회의 핵심적 요소	리치 마켓을 위한 하나의 전략
정부 규제에 대한 견해	공익을 담보하기 위한 유용한 수단	시장 원리를 방해하는 요소
평가에 대한 척도	공익에 대한 기여도	이익
하위 이념	공공성, 다양성, 보편적 서비스, 지역성	경제적 효율성, 기술혁신, 산업 성장

자료: Croteau and Hoynes(2006: 39)를 토대로 재구성.

다. 반면 시장 모델marketplace model은 정책의 지향점을 시장의 효율성과 소비자 주권sovereignty에 두며 이를 위한 수단으로 기업 간의 경쟁competition을 촉진하는 관점을 취한다. 커뮤니케이션 정책에는 주로 신자유주의 및 유료방송의 도입으로 1980년대 중반부터 받아들여지는 모델이다.

방송정책의 이념을 설명하는 이러한 두 가지 상반된 모델은 이중시장dual market이라는 방송시장의 특수성에 기인한다. 즉, 일반 시장과 달리 방송시장은 사상시장marketplace of idea과 재화시장marketplace of product 이라는 두 가지 이질적인 시장으로 구성되어 있는데, 사상시장에서는 공적으로 가치 있는 잉여, 즉 사회적 잉여social surplus를 창출하는 데 목표를 두는 반면 재화시장에서는 자원의 효율적 배분이나 효율성이라는 경제적 잉여를 목표로 삼는다. 따라서 이러한 이중적인 시장구조하에서는 가치 선택의 강조점에 따라 정책의 목표와 방향이 달라진다.

먼저 공공 서비스 모델public sphere model에서는 사회적 잉여가 시장의 힘만으로는 충족될 수 없다고 간주한다. 즉, 공공 서비스 모델에서는 시장의 수요와 공급 메커니즘만으로는 충족시켜줄 수 없는 특별한 사회적 요구가 있다고 전제하기 때문에 건강한 민주사회를 위해서 미디어 상품은 다른 상품과 동등하게 취급해서는 안 된다는 것이다. 그리고 시장 모델에서 추구하는 이익이나 효율성 등의 요인이 건강한 사회를 위한 지표가 될 수 없다는 입장을 견지한다. 더불어 공공 서비스 모델은 다음과 같은 점을 들어 시장 모델의 한계를 구체적으로 지적한다(Croteau and Hoynes, 2006).

첫째, 시장은 민주적이지 않다. 시장은 돈을 많이 가진 사람에게 그만큼의 투표권(구매력)을 부여하기 때문에 돈의 많고 적음에 상관없이 1인 1투표권을 부여하는 민주적 원리에 맞지 않다. 돈을 얼마나 가지고 있느냐에 따라 시장에서의 지배력은 결정된다. 이는 모든 사람은 평등하다는 민주적 원리에 배치되는 것이다.

둘째, 시장은 불평등을 재생산한다. 시장은 자금을 바탕으로 하기 때문에 사회에 존재하는 불평등 구조를 재생산하는 경향이 있다. 충분한 금전적 자원을 보유한 사람들은 시장에서 그렇지 못한 사람과의 경쟁에서 유리하다. 경쟁에서 승리하면 이를 바탕으로 시장에서 지속적인 승리가 가능하다. 미디어의 경우에도 자원이 풍부한 사람이 미디어 소유 가능성이 높아지고, 그렇게 되면 이들의 의견이나 주장만이 미디어를 지배하게 될 것이다.

셋째, 시장은 비도덕적이다. 시장은 기본적으로 상품이 사회에 유익한지 해로운지에 대한 판단을 하지 못한다. 단지 소비자들이 원하는 것만을 생산할 뿐이어서 시장은 음란물과 같은 것의 횡행을 막지 못한다. 그러한 역할은 오로지 정부 규제기관만이 할 수 있다.

넷째, 시장은 반드시 사회적 욕구를 충족시켜주지 못한다. 일부 서비스의 경우 시장의 기능에 의해 제공될 수 없는 것들이 있다. 예를 들어 소방이나 교육과 같은 서비스는 개인의 지불에 의해 제공받을 수 없는 특수한 성격의 공공적 특성을 지닌다. 이러한 성격의 서비스들은 시장의 기능만으로 그러한 사회적인 욕구를 충족시켜줄 수 없다.

다섯째, 시장은 반드시 민주적 욕구를 충족시켜주지 못한다. 그리하여 공공 모델에 대한 평가는 소비자가 아닌 민주 시민을 위한 요소 등과 같은 다른 기준으로 평가되어야 한다.

반면 산업적 모델 혹은 시장 모델market model은 사회의 필요는 수요와 공급의 원리에 의해 규제되지 않는 과정을 통해 충족될 수 있다고 전제한다. 또한 이 모델은 미디어를 다른 재화나 용역과 같은 것으로 취급한다. 경쟁 상황이 조성되어야 이익을 추구하는 기업들이 사람들의 필요를 충족시켜 줄 수 있다고 인식하고, 그리하여 사유화되고 규제되지 않는 미디어 소유체계를 필요로 한다. 또한 공중의 필요를 가장 잘 충족시켜줄 수 있는 것은 정부의 규제에 의해서가 아니라 시장의 소비자라고 보는 관점이다.

이상과 같이 공공 서비스 모델은 기본적으로 방송의 가치를 사회적 책임 의무에 두기 때문에, 예컨대 독립성, 공공성(공적 책무), 보편적 서비스, 다양성, 지역성과 같은 이념들은 이러한 모델에서 파생하는 것으로 분류할 수 있다. 반면 산업적 모델은 정책의 지향점을 시장의 효율성, 일자리 창출 등 주로 산업의 성장과 발전에 두기 때문에, 경쟁 및 산업 발전 등의 이념은 이러한 패러다임에 근간을 둔 것으로 분류할 수 있다. 물론 모든 이념들은 중층적 성격을 지니기 때문에 단지 특정 모델에서 파생된 것으로 단정할 수는 없다. 예를 들어 보편적 서비스는 최대 다수의 최대 행복이라는 공리(효용)주의적 가치를 내재하고 있기 때문에 일부 산업론적 모델과 맞물리는 부분이 있다. 경쟁 역시 다수 사업자의 존재pluralism가 경쟁을 촉진하며 여론시장의 다양성을 보장하는 것으로 인식되기 때문에 경쟁과 다양성 이념을 상호 배타적인 대립 관계로만 규정할 수는 없다.

3 | 방송정책의 제 이념

공공 서비스 모델에 기초한 첫 번째 방송정책 이념은 독립성이다. 방송의 독립성은 그동안 한국 방송정책에서 본원적 가치로 추구되어온 방송 이념이었다. 독립성 이념은 방송이 정치권력을 비롯한 모든 사회적 권력이나 이해관계로부터 자유로워야 한다는 것으로, 사상의 자유시장 이념이 방송정책에 투영된 것이라 할 수 있다. 방송의 자유와 독립은 현 방송법(제4조)에서 "방송편성의 자유와 독립은 보장"됨을 명시하여 그 누구도 법률에 의하지 않고는 방송편성에 간섭할 수 없도록 하고 있다. 또한 방송 프로그램 제작의 자율성을 보장하기 위해 제작 종사자의 의견을 들어 방송편성규약을 제정하고 이를 공표하도록 한 방송편성규약 제도 역시 방송의 독립성 이념이 적용된 것으로 볼 수 있다. 한편 제도적 측면에서 방송의 독립성은 그동안 정치적 독립성과 등가적인 관계를 갖는 것으로 인식되어왔다. 그리하여 방송통신위원회의 위원 구성 및 공영방송사의 이사 구성과 같은 거버넌스 문제는 방송의 독립성을 담보하기 위한 필수 불가결한 장치로 여겨져 항상 논란의 중심이 되어왔다.

방송의 공공성* 이념은 다중의 목표와 이익을 지향하는 포괄적 책무, 또

• 여기서의 공공성 개념은 흔히 방송정책의 궁극적 이념으로 인식되는 공익성과 달리 방송사의 공적 책임을 지칭하는 협의적 의미를 뜻한다.

는 의회 민주주의의 정치적 가치와 제도의 일부로서 흔히 방송의 공적 책무 개념이 여기에 해당된다. 공적 책무의 내용으로는 민주적 여론 형성을 위한 정치 후보자에 대한 정보 제공이나 재난방송과 같은 공공 기능, 그리고 사회 윤리 준수 및 아동·청소년 보호와 같은 공공복리 증진 등을 대표적인 예로 들 수 있다.

보편적 서비스 이념은 모든 사람이 서비스에 동등하게 접근해야 할 환경을 보장하는 것으로서 원래 통신 서비스에서부터 추구되어온 이념이다. 즉, 통신(전화) 서비스에 대해 모든 사람이 공정fair하고 합리적인 조건reasonable provision으로 경제적·지역적 차별 없이 동등하게 접근·이용할 수 있도록 하는 통신 이념에서 출발했다. 최근에는 핵심적인 방송 콘텐츠에 대한 보편적 시청권을 비롯하여 융합 서비스 네트워크의 동등 접근 등 전반적인 방송 서비스 분야로 확대·적용되고 있다. 즉, 일부 핵심적인 방송 콘텐츠를 소수 유료방송 서비스에서만 제공하는 것을 규제함으로써 유료방송에 가입하지 않은 시청자들도 시청할 수 있는 이른바 보편적 시청권을 보장하거나, 융합 서비스를 제공할 때 양질의 서비스를 적정 비용에 이용할 수 있도록 하는 이용의 보편성 등이 방송에서의 보편적 서비스 이념을 구성하는 요체라 할 수 있다.

흔히 로컬리즘localism으로도 불리는 지역성은 지역민의 필요needs와 관심 interests을 전달하는 커뮤니케이션 서비스를 말하는 것으로, 일찍부터 미국에서 공익성을 실현하기 위해 추구해온 대표적인 방송정책 이념 중 하나로 작용해왔다. 지역성은 방송의 구조 및 유통, 그리고 프로그램 등이 중앙 집중적 시각에서 탈피하여 지역민의 관심과 이익을 대변함으로써 사회 전체적인 다원성을 추구하기 위한 이념으로, 그동안 국내 방송정책에서는 방송권역 보장, 지역민 고용, 지역 제작 프로그램의 편성 의무화 정책 등을 통해 구현되어왔다.

다양성 이념은 사회·문화적 가치의 하나로 인식되는 다양성을 방송 프로그램을 통해 구현하기 위한 것이다. 방송정책에서는 좀 더 많은 사람들이 방송을 소유할 수 있도록 특정인의 지나친 방송 소유를 제한하고, 프로그램 편성·제작에서도 사회 각계각층의 관심과 취향을 반영하도록 하는 정책들이 다양성 이념의 기반하에 시도되어왔다. 사실 다양성은 경쟁 이념과 마찬가지로 방송의 공익성을 실현하는 필요 불가결한 요건으로 인식된다. 하지만 이를 구현하는 정책의 내용은 다소 차이를 보인다. 경쟁이 참여자들의 수number에 초점을 맞추는 데 비해 다양성은 참여자들의 속성characteristics을 더욱 중요시한다(Napoli, 2001). 그리하여 경쟁은 특정 참여자의 시장 지배력이나 시장 점유율의 정도, 진입장벽의 높고 낮음, 그리고 가격 등의 정책을 통해 참여자의 숫자를 늘림으로써 그 가치를 실현하는 데 비해 다양성은 단순한 숫자보다는 얼마나 다양한 사람들의 의견이 미디어 내용content에 반영되는가에 주목한다.

한편 산업적 모델 아래서 추구되었던 주요 방송정책 이념으로는 경쟁과 산업 발전을 들 수 있다. 두 이념 모두 효율성 증대, 고용 창출, 혁신 등의 가치를 지향한다는 공통점을 지닌다. 하지만 세부 정책에서는 다소 차이가 있는데, 경쟁 이념은 주로 매체 간 균형 발전이나 사업자 간 공정경쟁의 이슈를 통해 추구되는 반면 방송 발전 이념은 경쟁력 강화, 개방화, 전문 인력 양성, 혁신성* 등의 하위 정책 과제를 통해 구체적으로 실현된다.

마지막으로 시청자 권익 이념은 특정 사회나 시기에 관계없이 본원적으

---

* FCC는 오랫동안 3대 이념, 즉 다양성, 로컬리즘, 경쟁을 주요 이념으로 추구해왔으나 최근에는 여기에 혁신성(innovation)을 추가했다.

로 추구되어왔던 이념이라는 점에서 어느 특정 모델의 패러다임과 밀접하게 관련되기보다는 두 모델에서 공통적으로 지향하는 가치로 볼 수 있다. 시청자 권익은 방송 수용자인 시청자의 제반 권리를 보장하고 추구하려는 이념을 말한다. 공공 서비스 모델에서는 민주적 시민 양성을 위한 방송의 역할을 의미하며, 주로 시청자의 참여성을 보장하는 데 그 강조점을 두었다. 예컨대 소수 계층의 방송 접근권 보장, 시민 채널의 활성화, 시청자 제작 프로그램 지원 등이 이러한 이념을 추구하기 위한 정책적 시도라 할 수 있다. 반면 산업론적 모델에서는 수용자로서의 권리보다는 소비자로서의 권리를 추구하는 정책을 통해 그 이념이 구현되는바, 유료방송과 관련한 적정한 요금 및 서비스 등이 여기에 해당한다.

4 | 책의 구성

모든 이념은 구체적인 정책을 통해 실현된다. 앞에서 궁극적인 방송정책의 이념을 공익성public interest으로 설정했는데, 이런 다소 추상적인 개념은 다음과 같은 세 단계를 거쳐 구체적 형성화가 가능할 것이다(Napoli, 2001).

먼저 개념화 단계conceptual level이다. 이 단계에서의 이념은 추상적이고 사전적인 의미로 해석된다. 따라서 개념화 단계에서의 이념은 그 자체로 모호하고 포괄적인 수준에 머문다. 하지만 적용하는 과정에서 자율성과 융통성을 부여할 수 있는 장점을 지니기도 한다.

그다음은 조작화 단계operational level이다. 이것은 이념의 실체가 무엇인지를 구체적으로 제시하는 단계를 말한다. 그리하여 이 단계에서는 추상적 수준에서 논의되던 이념이 실체적 수준의 이념으로 더 구체화된다. 예컨대 다양성이라는 개념적 단계의 이념은 조작화 단계를 거치면서 소유주의 다양성 또는 접근의 다양성 등과 같은 하위 구성 개념으로 치환된다.

마지막 응용화 단계applicational level는 조작화 단계를 거쳐 구성된 가치나 이념이 실제적으로 구현될 수 있는 가장 세부적인 내용을 탐색하는 단계를 말한다. 가령 다양성이라는 개념적 단계의 이념은 소유주의 다양성이라는 조작화 단계를 거쳐 최종적으로 응용화 단계에서 교차 소유 금지 또는 대기업 소유 금지와 같은 실체적 정책 수단으로 적용된다.

이 책은 기본적으로 이념과 정책 간의 이와 같은 위계적 프레임을 토대로 구성되었다. 즉, 개념적 단계에서는 각 이념이 지니는 의미, 역사, 사상적 배경 등을 먼저 알아보고, 이어 조작화 단계에서는 각 이념의 내용이 어떻게 구성되는지를 살펴보았다. 마지막으로 실천적 단계에서는 그러한 이념의 내용이 실제 어떤 정책들을 통해 구체적으로 적용·구현되는지 세부 정책의 내용을 자세히 소개했다.

Principles of Korean Broadcasting Policy

2장

독립성

독립성은 방송이 정치권력이나 경제적 권력으로부터 압력을 받지 않고 다양하고 자유로운 사상의 표현과 유통을 추구하고자 하는 이념을 말한다. 이것은 방송이 가장 강력한 대중매체로 등장한 이래 어느 국가를 막론하고 가장 숭고한 이념으로 받아들여지고 있으며, 특히 정치적인 압력에 의해 방송의 독립성이 크게 훼손되어왔던 우리나라의 경우도 그동안 방송정책의 결정 과정에서 가장 우선시되는 이념적 가치로 강조되어왔다. 현행 방송법 제1조에서도 법의 제정 목적에 대해 "방송의 자유와 독립을 보장하고……" 라는 문구를 서두에 언급함으로써 방송의 자유와 독립성이 국내 방송정책의 가장 숭고한 이념임을 암묵적으로 표방하고 있다.

우리나라는 현재 헌법상으로 방송의 자유가 보호되고 있다는 데 이론이 없다(김옥조, 2009). 우리나라는 헌법 제21조 언론의 자유 조항에 의해 방송의 자유가 보장되고, 헌법에 의해 보호되는 방송 자유의 규범 영역은 그 하위 법률인 방송법 규정에 의해 구체적으로 실현되고 있다. 헌법재판소 판례에서도 "헌법 제21조의 언론, 출판의 자유의 내용에는 의사 표현, 전파의 자유,

정보의 자유, 신문의 자유 및 방송, 방영의 자유" 등이 포함되며 의사 표현, 전파의 매개체가 어떠한 형태이건 제한이 없음을 밝히고 있다(1993.5.13, 91헌바17). 그럼에도 방송의 자유와 독립성이 실현되고 있는지에 대해서는 여전히 회의적이다. 일례로, 1991년부터 2004년까지 우리나라 국회에서 논의된 방송정책을 이념별로 분류한 연구 결과에 따르면 방송의 공정성과 독립성에 관한 사항이 전체 정책의 27.2%로 가장 비중이 높은 것으로 나타났다(백미숙 외, 2007). 이는 아직까지 우리나라의 방송 현실이 방송에 대한 정부의 간섭과 통제, 자본에 의한 여론 지배 우려, 그리고 방송규제 기구 및 공영방송 구성과 인사 등 독립성과 관련해 논쟁적임을 반증한다.

이 장에서는 방송정책 이념 중 가장 숭고한 이념임에도 여전히 논란의 중심에 있는 방송의 자유와 독립성에 대해 살펴보기로 한다. 구체적으로 방송의 자유와 독립성은 왜 주요한 가치로 인식되어야 하는지, 자유와 독립성의 보호 범위는 어디까지인지, 그리고 이를 구현하기 위한 제도적 장치들의 현황과 문제점에 대해 살펴보기로 한다.

1 ᅵ 방송의 자유

그렇다면 방송의 자유란 무엇인가? 방송의 자유는 국민 전체로부터 신탁받은 것으로서 올바른 여론 형성을 위해 행사되어야 할 자유를 의미한다(박용상, 2010). 이는 또한 "누구의 간섭도 받지 않고 독립하여 전파매체를 통해 의사를 표현하고 사실을 전달함으로써 국민들의 여론 형성에 참여하는 자유"로 정의된다(김옥조, 2009: 191). 이러한 정의에서 살펴볼 수 있듯이 방송의 자유는 크게 개인의 표현의 자유와 같이 국가로부터의 자유라는 소극적 측면의 자유와 시청자의 이익을 보장해야 하는 좀 더 적극적인 형태의 자유로 구분될 수 있다. 우리나라 헌재의 판례에서도 방송의 자유는 방송 송신자(방송사)의 표현의 자유(주관적 자유)와 함께 국민의 자유롭고 다양한 의견 형성에 기여해야 하는 적극적 형태의 자유를 동시에 포함하는 것으로 해석하고 있다. 예를 들면 다음과 같은 판결을 통해 그러한 점을 엿볼 수 있다.

방송의 자유는 주관적인 자유권으로서의 특성을 가질 뿐 아니라 다양한 정보와 견해의 교환을 가능하게 함으로써 민주주의의 존립, 발전을 위한 기초가 되는 언론 자유의 실질적 보장에 기여한다는 특성을 지니고 있다(헌법재판소, 2001.5.31, 2000헌바43).

헌법상 방송의 자유란 방송 주체의 존립과 활동이 국가권력의 간섭으로부터 벗어나 독립함을 의미할 뿐만 아니라 국가권력 이외에 방송의 자유를 침해하는 사회 제 세력에 대하여도 그 효력을 주장할 수 있다 할 것이나, 그 자유는 자유 민주주의 헌법상 국민 의사 결정의 원리에 따라 다양성 원칙과 공정성 의무에 의해 구속되는 제도적 자유이다(서울고법, 1994.9.27, 92나35846).

이처럼 방송의 자유는 방송사의 운영 주체에게 준신탁적·이타적·타익 추구적으로 위임되는 것이기 때문에 일차적으로 방송사업자의 이익을 위한 것이 아니고 국민을 위해 기여하는 자유로 이해되어야 한다(박용상, 2010). 그리하여 방송 운영권은 국가권력이나 특정 사회집단의 이익에 의해 장악될 수 없고 편성 역시 특정 사상이나 이익을 옹호할 수 없다. 이렇듯 방송이 공통적으로 여론 형성 기능을 하는 신문과의 가장 큰 차이점은, 신문에서는 일정한 논조와 경향의 추구가 보장되는 반면 방송에서는 공공의 소유인 전파를 위탁받아 관리·운영되기 때문에 특정한 경향을 추구해서는 안 된다는 것이다.

방송의 자유가 인정되는 범위는 방송의 운영을 비롯해 프로그램 편성의 자유, 방송 고유의 취재 및 제작, 그리고 송출 및 이용에 이르는 전 부분을 포괄적으로 포함하는 것으로 볼 수 있다. 이 중 프로그램 편성의 자유는 방송 자유의 핵심적 요체로 간주되는데, 이는 "방송 주체가 외부의 압력으로부터 자유롭게 자신의 언론적 과제를 어떤 방식으로 이행할 것인가를 결정할 수 있는 자유"를 말한다(박용상, 2010: 7). 하지만 방송의 자유가 경영 및 편성에 관해 외부의 부당한 간섭을 배제할 수 있다 하더라도 다른 공공의 목적을 침해한다면 제한될 수 있다. 즉, 방송편성의 자유는 앞의 고법 판결에서 언급되었듯이 다양성, 객관성, 중립성, 공정성 등에 의해 제한받을 수 있다. 여기에 국가의 안위, 음란한 내용 등에 관한 개별 금지에 위반되는 내용 역시 다른 법률에 의해 금지될 수 있다.

먼저 적극적 형태의 방송 자유를 실현하고 다양한 여론 형성을 위해 방송의 자유는 공정성의 의무에 구속받을 수 있다. 예컨대 우리나라 법원에서는 "방송이 다른 언론매체보다 …… 그 전파력 및 사회에 미치는 영향력을 고려하여 …… 방송 보도는 공정하고 객관적이어야 한다"(서울지법, 1995. 8.3, 94가합14378)라고 판시하여 공정성을 방송 자유 제한의 요건으로 인정하고 있다. 더불어 '실질적인 국가 이익substantial governmental interest'을 얻을 수 있을 경우에서도 협소한 범위에 한해 자유의 제한이 용인되고 있다(김옥조, 2009). 여기에 해당하는 국가의 이익으로는 국가의 안위나 음란물과 같은 청소년에 미치는 해악 등이 주로 고려된다. 예를 들어 미국에서는 1917년 간첩법Espionage Act을 제정하여 국가의 안위와 관련된 기밀을 누설한 사람을 처벌할 수 있도록 했고 그러한 내용을 보도하는 것을 금지하고 있다. 즉, 국가의 기밀과 관련된 내용은 개인의 표현의 자유 제약이 용인되는 것이다. 단, 국가의 안위에 관련된 내용은 '명백하고 현존하는 위험clear and present danger'이 있는 내용으로 한정하여 해석하고 있다. 언론의 자유는 최소한의 범위 내에서 가급적 침해되어서는 안 된다는 취지의 이러한 판결은 1919년 셴크와 미국 정부(Schenck v. U.S.) 간의 재판에서 나왔다[249 U.S. 47(1919)]. 당시 찰스 셴크Charles Schenck라는 사람은 제1차 세계대전 중 징병제를 비난하는 팸플릿을 돌리다가 간첩죄로 구속되었다. 이 판결에서 미국 대법원은 그가 발설한 내용은 명백하고 현존하게 국가의 안위를 해치는 것이기 때문에 표현의 자유로부터 보호받을 수 없다고 판결했다. 이 밖에도 선동, 국기를 불태우는 것과 같은 국가 모독과 관련된 상징적 표현 등도 표현의 자유가 보장되지 않는 것으로 이해된다. 미국에서는 표현의 행위를 제한할 때 이른바 TPM 원칙을 적용하는데, 여기서 T는 time, P는 place, M은 manner를 의미한다. 이는 곧 같은 내용이더라도 표현이 행해지는 시간과 장소, 그리고 표현 방식이 어떠했는가를 두루 고려해 위법행위를 최소화하여 결정해야 한다는 원칙을 말한다. 또한 이 원칙을 적용할 때 표현에 대한 규제가 표현의 내용을 가지고 문제 삼아서는 안 되며 규제로 인해 얻을 수 있는 상당한 정도의 공적 이익이 있어야 하는 등 전반적으로 최소한의 범위에서 이루어지도록 하고 있다.

한편 청소년 보호와 관련하여 우리나라를 비롯한 세계 주요 국가에서는 음란물과 같은 청소년 유해 프로그램의 방영 시간을 제한하는 등 방송편성의 자유를 일부 제한하고 있다. 예를 들어 FCC와 퍼시피카(FCC v. Pacifica, 1978) 간의 재판에서와 같이 음란물과 같은 청소년 유해 내용에 대한 방송 자유의 일부 제한은 정당화된다. 미국에서는 청소년에게 해로운 음란물은 안전 도피 시간대safe harbor에만 방영하도록 방송사의 편성 자유를 제한하고 있으며, 우리나라도 '청소년 보호법'에서 지상파 텔레비전의 경우 19세 이상의 성인물에 대해서는 밤 10시 이후에만 편성하도록 제한하고 있다.

2 | 독립성 구현정책

대체적으로 독립성 이념은 사상의 자유시장을 목표로 첫째, 편파 및 왜곡이 없는 공정성을 실현하고, 둘째, 정치적·경제적 외부 압력으로부터 편성의 자유를 확보하며, 셋째, 제도적 차원에서 방송사의 독립적 거버넌스 구축 등의 정책을 펼침으로써 구현될 수 있다.

표 2-1 __ 독립성 이념의 구성 개념 및 구현정책

정책 이념 (개념적 차원)	구성 개념 (조작적 차원)	구현정책 (실천적 차원)
독립성	공정성	· 형평성의 원칙 · 동등기회 부여의 원칙
	편성의 자유	· 편성규약 제도 · 편성위원회
	독립적 거버넌스	· 규제기관 및 공영방송 거버넌스의 독립성

1) 공정성 정책

독립성 이념은 국가권력 및 자본으로부터 굴복하지 않고 편파·왜곡 보도에 대립하는 공정성의 가치 지향을 의미한다. 공정성은 기본적으로 방송사가 당위적으로 추구해야 할 규범적 목표였지만 현실적으로는 항상 사회적 갈등을 야기하는 진원지가 되어왔다. 그리하여 모든 국가에서는 제도적 차원에서 이를 담보하기 위한 장치 마련에 부심했다. 미국에서 제정한 형평성의 원칙fairness doctrine*과 동등기회 부여의 원칙equal opportunity rules 등이 대표적인 예라 할 수 있다.

(1) 형평성의 원칙

이 원칙은 논쟁적인 이슈에 대해 방송사가 양쪽의 의견을 모두 다루어야 한다는 것으로, 관점의 균형적인 취급이 공익에 기여할 수 있다는 전제를 바탕으로 한다. 즉, 이 원칙은 방송사가 중요한 이슈를 다룰 때 특정 관점만을 취급하는 것이 아니라 반대 견해에 대해서도 합리적인 기회를 제공할 것을 의무화한 것이다. 이 원칙은 1949년 미국에서 처음 제정된 이후 계속 유지되다가 지난 1987년에 폐지되었다. 이 원칙의 적용 의무에 대해 초기 미국 방송사들은 당연히 거부감을 표했다. 이는 편집권에 대한 침해이며 방송사로 하여금 오히려 논쟁적인 이슈를 회피하게 만든다는 이유 때문이었다. 그리하여 이 원칙을 놓고 미국에서는 줄기차게 위헌 소송이 뒤따랐다. 하지만 1969년 레드 라이온 방송사와 FCC(Red Lion Broadcasting v. FCC) 간의 유명한 재판을 통해 합헌이 인정되었다[395 U.S. 367(1969)]. 이 재판에서 연방대법원은 방송의 경우 전파의 희소성이 있기 때문에 공익에 기여할 의무가 있고, 그렇기 때문에 형평성의 원칙이 방송사의 권리를 침해한 것으로 볼 수 없다는 판결을 내렸다.**

이후 1980년대 들어 레이건Ronald Reagan 행정부에서 방송에 대한 규제를

---

* 동등 시간의 원칙(equal time rule)이 방송 시간에 대한 동등 접근을 의미한 데 반해 형평성의 원칙(fairness doctrine)은 논쟁적 사안에 대한 관점의 균형을 강조한다.
** 이 판결에서 처음 제시된 '전파의 희소성(scarcity of airwaves)'은 이후 오랫동안 방송규제의 근거로 이용되어왔다.

대폭 완화했는데 이때 형평성의 원칙도 예외는 아니었다. 1987년 메러디스와 FCC(Meredith v. FCC) 간 재판*에서 법원은 형평성의 원칙이 오히려 논쟁적 이슈를 회피하게 만드는 부작용이 있고, 이런 현상은 더 이상 공익적이지 않다는 이유를 들어 폐지할 것을 판결했다[809 F. 2d 863, D.C. Cir.(1987)]. 또한 FCC가 그러한 원칙을 폐지할 권한이 있음을 인정했다. 형평성의 원칙 폐기 결정에 반대하여 당시 의회는 새로운 법안을 통해 유지하려고 했으나 레이건 대통령이 이 법률안에 대한 거부권을 행사함으로써 이후 이 규칙은 사실상 유명무실해졌다. 결국 형평성의 원칙은 여론의 냉각 효과chilling effect를 불러일으킨다는 이유로 1987년에 폐지되었다. 형평성의 원칙은 폐지되었지만 동등기회의 원칙은 여전히 적용되고 있다(Parkinson and Parkinson, 2006).

(2) 동등기회 부여의 원칙

이 원칙은 원래 미국의 '1927년 라디오 법Radio Act of 1927'에 근거를 두고 처음 등장했다가 '1934년 커뮤니케이션 법'을 통해 그 명맥이 이어졌다. 미국에서는 이 규칙이 동법의 315조에 실려 있기 때문에 '315조 규칙rule'으로도 잘 알려져 있다. 당시에 이 규칙이 제정된 것은 방송의 영향력이 점차 커지면서 방송 시간을 이용하는 것 자체가 정치적으로 큰 혜택을 받는 것으로 간주되었기 때문이다. 이 규칙의 요지는 방송사가 법적으로 자격을 갖춘 후보자에게 방송 시간을 할애했을 때 같은 공직에 출마한 다른 후보자에게도

---

* 뉴욕 주의 시러큐스 시에 위치한 WRVH-TV는 메러디스 회사(Meredith Corporation)에 의해 운영되고 있었는데 핵발전소 건립을 주장하는 광고를 방영했다. 이에 시러큐스 평화위원회라는 단체가 형평성의 원칙을 들어 핵발전소 건설을 반대하는 광고를 방영해줄 것을 요구하자 방송사는 그 요구를 거부하고 소를 제기했다.

동등한 방송 시간을 할애해야 한다는 것이다. 먼저 315조의 내용은 다음과 같다.

모든 방송사는 공직에 출마하려는, 법적으로 문제가 없는 후보자legally qualified candidate가 방송을 이용-use하고자 할 때 여타 후보자에게도 같은 방송사를 이용함에 있어 동일한 기회equal opportunities를 제공해야 한다.

동등기회 부여의 원칙은 앞에서 살펴본 형평성의 원칙과 비슷하게 인식될 수 있지만, 사실 두 원칙은 내용과 대상 측면에서 다소 차이가 있다. 먼저 내용상으로 동등기회 부여의 원칙은 후보자 간 방송 '출연'에 대한 기회 부여의 문제이고, 형평성의 원칙은 이슈에 대한 처리의 공정성 문제라는 점에서 차이가 있다(내용의 차이). 또한 전자는 선거와 관련된 것이고 후자는 주요 쟁점 이슈에 관한 것을 다룬다는 점에서 대상 측면에서도 다소 차이가 있다(대상의 차이). 동등기회 부여의 원칙은 그동안 방송의 공정성과 관련하여 많은 기준이 세밀하게 정립되어왔다. 그리하여 이후 방송의 공정성 개념을 파악하고 세부 기준을 마련하는 데 많은 시사점을 제공했기 때문에 이에 대한 내용을 좀 더 구체적으로 살펴보기로 한다.

① 동등기회의 의미
그동안 동등 시간equal time 규칙과 혼동되어 불려왔으나 실제로는 동등한 기회equal opportunity의 규칙으로 이해되어야 한다. 만약 어떤 지상파 방송사나 지역 케이블이 특정 후보자의 광고나 관련된 프로그램을 방영했으면 그 방송사는 반드시 경쟁 후보자에게도 동등한 방영 기회를 부여해야 한다는 것이다. 예를 들어 A라는 후보자에 대한 광고를 프라임타임대에 방송했는

데 B 후보자에게는 동일한 시간을 배분했을지라도 심야 시간대에 할애했다면 이는 동등한 기회의 원칙에 어긋나는 것으로 간주된다. 왜냐하면 심야 시간대에는 프라임타임대에 비해 이를 시청할 가능성이 적기 때문이다. 미국에서 이 규칙은 연방 선거에서부터 주 선거, 지역 선거에 이르기까지 모두 적용되고 있다.

② 법적으로 문제가 없는 후보자의 의미

동등기회 보장의 원칙이 모든 후보자에게 적용되는 것은 아니다. FCC는 이러한 권리를 주장할 수 있는 후보자의 조건으로 첫째, 후보자가 공직 선거에 출마하겠다는 사실을 공중에게 알릴 것, 둘째, 법적으로 피선거권에 아무런 제약이 없을 것, 셋째, 공중에게 자주 노출되거나 주요 정당의 공식적인 후보일 것 등을 들고 있다. 이렇게 동등기회 보장을 받을 수 있는 합당한 후보자임을 입증하는 책임은 방송사가 아닌 후보자에게 있다. 즉, 후보자들은 동등기회 보장을 주장할 자격이 있음을 방송사에 입증해야 한다.

③ 동등기회의 요구 기간

후보자가 동등한 기회를 얻기 위해서는 상대 후보자의 광고나 프로그램이 방송된 지 7일 이내에 청구해야 한다. 다시 말해, 상대 후보자에 관련된 방송이 나가고 7일이 경과한 이후에는 동등한 방송 기회를 요구할 수 없게 된다. 여기서 주목할 만한 사실은 특정 후보에 대한 방송이 나갔음을 다른 후보자들에게 알릴 의무가 방송사에는 없다는 점이다. 즉, 특정 후보에 대한 방송이 나갔음을 잘 인지하고 동등한 기회를 요구해야 할 책임은 어디까지나 후보자들에게 있다. 만약 이러한 사실을 모르고 7일이 지난 이후에는 방송사에 동등한 기회를 요구할 권리를 잃게 된다.

④ 이용에 대한 의미

그렇다면 이 규칙에서 방송의 '이용'이란 무엇을 의미하는가? 이 원칙에서 이용의 범위는 후보자를 인식할 수 있을 정도의 음성이나 사진이 들어간 프로그램, 광고 또는 기타 표현물을 의미한다. 이 원칙에 따르면 후보자가 아닌 사람의 음성이나 사진이 들어간 경우에도 동등기회의 원칙이 적용되어야 하는가 하는 의문이 제기될 수 있다. 이러한 경우에는 '재플 규칙Zapple Rule'이 적용된다. 재플 규칙은 니컬러스 재플Nicholas Zapple이라는 사람의 판결에서 유래한 것으로, 후보자가 아닌 대변인이나 지지자가 등장한 방송 사용에 대해서는 이에 준해서 동등기회가 부여되어야 한다는 원칙을 말한다. 1972년 동등기회를 피하기 위해 후보자의 목소리 대신 대변인을 등장시킨 광고에서 논란이 되어 이 규칙이 적용되었으며, 현재까지도 적용되고 있다. 예를 들어, 후보자의 대변인이 광고에 등장했을 경우 해당 방송사는 다른 후보의 대변인에게도 동등한 기회를 제공해야 한다는 것이다. 즉, 대변인이나 지지자가 등장한 광고에 대해 상대편 후보자는 본인이 직접 등장하는 광고로 동등한 기회를 주장할 수는 없다. 그래서 이 규칙은 준동등기회 규칙quasi-equal opportunity이라고 불린다.

⑤ 기타 이용의 범위

1978년 FCC는 동등기회의 원칙에 해당하는 방송의 이용 범위에 대해 다음과 같은 네 가지 경우도 이 원칙이 적용되어야 한다고 구체적으로 명시했다. 즉, ① 특정 후보자가 선거에 대한 내용이 아닐지라도 방송에 출연하는 모든 경우, ② 현직 공직자가 라디오나 TV에 정기적으로 출연하는 프로그램, ③ 후보자가 버라이어티 프로그램에 출연하는 경우, ④ 공직에 출마한 연예인이나 방송국 직원에 의한 방송 출연 등의 경우도 동등기회의 원칙이 적용되는 것으로 간주된다. 여기서 특히 논란이 되었던 것은 공직에 출마한 배우나 디스크자키, 기상 리포터 등과 같은 연예인의 방송 출연이 적용을 받는가에 관한 것이었다. 이와 관련하여 다음과 같은 판례가 있었다. 1972년 당시 팻 펄슨Pat Paulsen이라는 공화당 대통령 선거의 후보자는 상당히 저명한 배우로서 디즈니가 제작할 〈마우스 팩토리The Mouse Factory〉라는 영화에 출연할 예정이었다. 그때 영화 제작진이 그의 출연이 동등기회 원칙에 적용되는지를 FCC에 문의한 결과, FCC는 그가 그 영화에 출연할 경우 상대편에게도 동등한 시간의 방송 시간을 할애해야 한다고 해석했다. 이에 펄슨은 법원에 소를 제기했고, 연방 항소법원은 FCC의 결정에 손을 들어주었다. 즉, 법원은 비록 비정치적인 내용일지라도 공중에게 인지도를 높일 수 있기 때문에 연예인의 비정치적 출연 역시 사후에 정치적인 논쟁에서 유리하게 작용할 수 있음을 인정하고, 동등기회 규칙에 적용되어야 한다고 판결했다 [Paulsen v. FCC, 491 F.2d 887(9th Cir. 1974)]. 이 판결로 1972년 당시 펄슨이 출연하여 그의 얼굴이 30초간 방영되었던 〈도리스 데이Doris Day〉라는 영화를 내보냈던 NBC는 다른 두 경쟁 후보에게도 동등한 시간대에 30초간의 방송 시간을 할당해야 했다.

⑥ 적용 대상 매체

이 규칙은 처음엔 라디오와 지상파 방송에만 적용되다가 점차 확대되어 1993년부터는 위성방송이나 지역 케이블 방송도 적용을 받고 있다. 그러나 케이블 채널은 적용을 받지 않는다. 예를 들어 1993년 캘리포니아 주지사 선거에 출마한 게리 콜맨Gary Coleman은 1980년대 〈디퍼런트 스트록스Different Strokes〉라는 시트콤에 출연한 적이 있었는데, 그가 출연한 프로그램들을 지상파 방송에서 재방영하는 것은 동등기회 규칙이 적용되나 케이블 채널을 통한 방영은 적용을 받지 않는 것으로 해석되었다. 그리하여 당시 케이블 채널들은 동등기회 부여에 대한 제한 없이 해당 영화들을 방영할 수 있었다. 그렇다면 방송이 아닌 신문에서도 이러한 동등기회 부여의 원칙이 적용될까? 일반적으로는 그렇지 않은 것으로 간주된다. 1913년 플로리다 주에서는 어떤 후보자가 신문의 사설이나 기사에서 공격을 받았을 경우 그 신문은 이에 대한 반론을 할 수 있는 기회를 부여해야 한다는 법률을 통과시킨 바 있다. 하지만 1974년 미국 연방대법원은 이 법률이 위헌이라는 판결을 내렸다[Miami Herald v. Tornillo, 418 U.S. 241(1974)]. 이 판결에서 법원은 그 법은 신문으로 하여금 논쟁적인 이슈를 회피하려고 만들 수 있을뿐더러 신문의 편집권은 정부에 있는 것이 아니라 신문사의 고유 권한임을 인정했다. 즉, 신문에서의 내용규제는 위헌이라는 것이다. 이후 공중의 전파를 이용하는 방송에서는 내용규제가 정당화되지만 신문은 사유재산이기 때문에 정부가 내용규제를 할 수 없다는 인식이 정착되었다.

⑦ 동등기회 원칙의 적용 범위

동등기회 부여의 원칙에 따르면 후보자의 얼굴이 순수 뉴스나 기타 뉴스 이벤트 화면에 등장할 경우, 방송사는 후보자에게 동등한 시간을 부여해야 할 의무를 지니지 않는 것으로 해석된다. 즉, 정치광고 및 특정 후보자에 관한 프로그램이 아닌 순수 뉴스의 경우에는 동등기회 부여의 원칙이 적용되지 않는다.

그럼에도 그동안 동등기회 원칙의 적용 범위를 놓고 많은 논란이 있어왔는데, 논란은 크게 두 부분에서 제기되었다. 그 첫째는 후보자의 범위에 관련된 것으로, 가령 토론 프로그램의 참여 대상을 한정할 수 있느냐의 문제가 여기에 해당한다. 또 다른 측면은 동등기회 원칙이 적용되는 프로그램의 유형이다. 즉, 어떤 유형의 프로그램에는 동등기회 원칙이 적용되고 또 어떤 프로그램은 적용되지 않는지에 대한 논란이 그것이다.

먼저 후보자의 적용 범위에 관한 논란은 최근에도 있었는데 지난 2004년 대통령 선거에서 공화당의 조지 부시George W. Bush 후보와 민주당의 존 케리 John Kerry 후보 간 토론에서 당시 녹색당 후보였던 랠프 네이더Ralph Nader 후보를 배제해도 되는가에 관한 문제가 제기된 것이다. 이러한 논란은 사실 케네디John F. Kennedy와 닉슨Richard M. Nixon의 유명한 '대토론the great debate'이 있었던 1960년대부터 시작되었다. 그때에도 두 유력 후보를 제외한 군소 후보들은 토론에서 배제되었는데, 당시 토론을 주관했던 애스펀Aspen 재단의 해석 요구에 대해 미 의회는 동등기회 원칙이 적용되어야 하는지를 논의했다. 그 결과, 토론은 일종의 '뉴스 이벤트'이기 때문에 동등기회 원칙이 적용되지 않아도 무방한 것으로 해석했다. 이후 이 원칙은 애스펀 룰Aspen Rule이라고 명명되었다. 그 뒤 1964년, 1968년, 1972년에는 미국 대선 과정에서 방송 토론이 없어 문제시되지 않았으나, 1975년 토론 시에는 이러한 원칙이 FCC에 의해 다시 확인되었다. 즉, 토론 프로그램은 일종의 순수 뉴스 프로그램으로 해석되어 동등기회 원칙이 적용되지 않는다고 한 것이다. 이후 1983년 FCC는 토론은 방송사가 직접 기획·주도해야 하고 여전히 동등기회 원칙에서 제외됨을 재확인했다.

하지만 이러한 애스펀 룰은 군소 후보로부터 빈번한 항의를 받았다. 예를 들어 1976년 군소 후보 중 하나인 치좀Shirley Chisholm이란 후보는 애스펀 룰의 부당함을 법원에 항소했다. 하지만 치좀과 FCC 간의 재판에서 연방항소법원은 토론 프로그램이 동등기회 원칙에 적용을 받지 않는다는 FCC의 해석이 온당하다고 판결했다[538 F.2d 349(D.C. Cir. 1976)]. 만약 극단적으로 30명이 넘는 후보자가 난립했을 때 이들에게 모두 토론의 참여 기회를 부여할 경우 의미 있는 토론이 불가능하다는 점을 인정한 것이다. 법원은 이 판결에서 ① 방송사 토론은 누구나 들어야 하는 자발적 공중 포럼이 아니고, ② 방송사는 스스로의 뉴스 가치 판단에 의해 뉴스로서의 가치가 떨어진다고 판단되는 후보자를 배제시킬 수 있으며, ③ 애스펀 룰을 적용해야 이른바 토론의 냉각 효과가 감소될 수 있음을 그 이유로 제시했다. 즉, 모든 후보자를 참여시키게 되면 방송사가 토론의 주최를 꺼리기 때문에 결국 토론을 활성화시키는 것보다 오히려 냉각시키는 결과를 초래할 것이라는 우려를 표명한 것이다.

⑧ 적용 대상 프로그램

그다음으로 논쟁이 되었던 사안으로는 동등기회 원칙에 적용을 받는 프로그램의 유형이 어떤 것이냐 하는 문제이다. 예를 들어 특정 후보자가 어떤 TV 토크쇼에 출연한 경우 동등기회 원칙이 적용되어야 하는가? FCC는 동등기회 원칙을 너무 엄격하게 적용할 경우, 정치인들이 공중과 접촉할 기회를 차단할 수 있다는 판단에 따라 순수 뉴스 외에도 가급적 많은 프로그램의 예외 적용을 인정해주고자 했다. 그리하여 1990년대까지 미국의 많은 정치인들은 〈오프라 윈프리 쇼Oprah Winfrey Show〉나 〈래리 킹 라이브Larry King Live〉 같은 토크쇼에 출연하려고 노력했다. 대부분의 경우 이러한 쇼의 출연이 뉴스 인터뷰로 인정되어 동등기회 원칙에 적용받지 않았기 때문이다. 하지만 모든 토크쇼가 예외를 받은 것은 아니다. 토크쇼의 내용과 성격에 따라 그 판단은 달라질 수 있다. 대개 FCC는 어떤 프로그램이 동등기회 부여 원칙의 적용을 받는지를 판단하는 세 가지 기준을 마련하고 이를 토대로 판단해왔다. 그러한 기준은 ① 프로그램이 정규 편성된 프로그램인가의 여부, ② 프로그램이 해당 방송사에 의해 제작되었는가의 여부, ③ 프로그램 제작자가 뉴스의 가치에 의해 포맷이나 내용, 그리고 출연진을 결정했는가의 여부이다.

이러한 기준은 1988년 킹 방송사와 FCC(King Broadcasting Co. v. FCC) 간의 판결에 의해 더욱 완화되어 좀 더 많은 프로그램이 동등기회 부여 원칙의 예외로 인정받았다[860 F. 2d 465(D.C. Cir. 1988)]. 이 재판의 원고였던 킹이라는 방송사는 당시 유력한 대선 후보인 조지 부시George H. W. Bush와 마이클 듀카키스Michael Dukakis를 집중 조명한 프로그램을 방영하려고 했다. 이 프로그램은 두 후보자의 연설, 뉴스 인터뷰와 이에 대한 답변 등 다양한 포맷으로 구성된 것이었다. 하지만 FCC는 이 프로그램이 정규 편성된 프로그램이 아니었고 군소 후보는 포함되지 않았기 때문에 동등기회 부여 원칙에서 예외가 될 수 없다는 해석을 내렸다. 또한 FCC는 이 프로그램에는 가두연설 장면이 포함되어 있었기 때문에 일종의 정치광고에 해당된다고 판단했다. 하지만 법원의 판결은 달랐다. 킹 방송사의 프로그램은 방송사의 뉴스 가치 판단에 입각해 후보자를 선정했기 때문에 예외로 인정될 수 있다고 보았다. 또한 이 판결에서는 순수 뉴스 이외의 여러 가지 포맷으로 다양하게 구성된 일종의 하이브리드hybrid 프로그램도 예외가 될 수 있다고 인정했다. 따라서 킹 방송사의 프로그램도 애스펀 룰이 적용되어 주요 정당 후보자만 초청되는 것이 용인된다는 결론을 내렸다. 이 판결 이후 FCC는 동등기회 원칙에 적용을 받지 않아도 되는 프로그램의 범위를 다음과 같이 확대 해석했다. 그러한 프로그램의 주요 예를 들면, 〈오프라 윈프리 쇼〉(연예·오락 토크쇼), 〈엔터테인먼트 투나이트Entertainment Tonight〉(연예 뉴스), A&E의 〈바이오그래피Biography〉(케이블 다큐멘터리 프로그램), 〈나이트라인Nightline〉(뉴스 매거진 프로그램), 〈래리 킹 라이브〉(케이블 뉴스 인터뷰 쇼) 등이다.

(3) 국내의 공정성 규정

우리나라도 제도적으로 방송의 공정성을 확보하기 위한 다양한 장치가 마련되어 있다. '방송법'에서는 우선 제6조에서 "방송에 의한 보도는 공정하고 객관적이어야 한다"(1항)라는 조항을 통해 비록 선언적인 차원이지만 공정성에 관한 규정을 두고 있다. 또한 같은 조의 9항에서는 "각 정치적 이해당사자에 관한 방송 프로그램을 편성함에 있어서도 균형성이 유지되도록 하여야 한다"와 같은 규정을 통해 방송의 공정성 원칙을 천명하고 있다. 방송법에서 추상적으로 규정된 공정성 관련 정책은 방송통신심의위원회가 제정한 '방송심의에 관한 규정'을 적용하여 사후 규제를 통해 구현하고 있다. 즉, 방송통신심의위원회는 심의 기준이라 할 수 있는 '방송심의에 관한 규정'을 제정하고, 이 기준에 의거하여 방송통신심의위원회에서는 공정성 위반 여부를 심의하는 방식으로 방송에서의 공정성을 확보하고 있다. '방송심의에 관한 규정' 중에서 공정성과 관련된 규정을 좀 더 구체적으로 살펴보면, 심의규정 제9조에서 "방송은 사회적 쟁점이나 이해관계가 첨예하게 대립된 사안을 다룰 때에는 공정성과 균형성을 유지하여야 하고 관련 당사자의 의견을 균형 있게 반영하여야 한다"(2항)라는 규정을 두고 있다. 또한 선거와 관련해서도 '선거방송심의에 관한 특별규정'에서 "방송은 선거에 관한 사항을 공정하게 다루어야 한다"(제5조)라고 명시한 후, 구체적으로 "방송은 방송 프로그램의 배열과 그 내용의 구성에 있어서 특정한 후보자나 정당에게 유리하거나 불리하지 않도록 하여야 한다"라고 규정하여 우리나라도 기본적으로 동등기회의 원칙을 적용하고 있음을 알 수 있다. 다만 텔레비전 토론회에서는 참가 후보자가 지나치게 많지 않도록 일정한 자격 기준을 두고 있는데, 대통령 선거 토론회의 경우 5석 이상의 의원을 지닌 정당 후보자, 또는 직전 대통령 선거에서 전국 유효 투표 총수의 3% 이상을 득표한 정당이 추천한 후보자, 그리고 언론기관이 선거 기간 개시일 전 30일부터 선거 개시일 전날까지 실시하여 공표한 여론조사 결과의 평균 지지율이 5% 이상인 후보자 등으로 제한하고 있다(공직선거법 제82조의 2).

현행 국내법 규정에 의하면 방송사가 공정성 규정을 위반했을 때 5000만 원 이하의 과징금이나 시청자에 대한 사과 또는 주의, 경고 등의 제재 조치를 내릴 수 있다. 하지만 공정성에 관한 규정은 공정성이라는 용어가 지나치게 추상적일뿐더러, 설령 객관적인 기준을 마련한다고 하더라도 적용 과정에서 판단하기가 그리 쉽지 않은 문제여서 공정성을 법과 제도로 구현하기보다는 방송이 지향해야 할 하나의 이상이나 이념으로 간주해야 한다는 지적도 제기되고 있다(예: 김옥조, 2009). 이러한 이유 때문에 실제로 공정성에 관한 규정은 방송심의 대상에서 제외해야 한다는 주장이 제기되기도 했다(예: 최영묵, 2008).

2) 편성의 자유

공정성과 함께 방송사에게 편성의 자유가 얼마나 확보되느냐는 방송 독립성의 핵심적 요소이다. 우리나라 방송법 제4조에서는 방송편성의 자유와 독립에 관해 "방송편성의 자유와 독립은 보장된다"(1항), 그리고 "누구든지 방송편성에 관하여 이 법 또는 다른 법률에 의하지 아니하고는 어떠한 규제나 간섭도 할 수 없다"(2항)라고 명시하여 방송사의 편집권을 법률로 보장하고 있다.

편성의 자유를 담보하기 위한 정책으로는, 우선 방송법 제4조(3호)에서 방송사업자로 하여금 방송편성 책임자를 선임하도록 하여 방송편성 책임자가 자율적으로 방송편성을 하도록 하는 이른바 방송편성 책임자 제도를 시행하고 있다. 이는 소유주와 편성 책임자를 분리시켜 편성의 자율성을 보장하기 위한 취지로 볼 수 있다.

또한 방송편성의 자유를 보장하기 위해 현행법에서는 종합편성 채널 및 보도 채널에 대해 방송편성규약을 의무적으로 제정하고 공표하도록 하는 방송편성규약 제도도 시행되고 있다. 이 제도는 2000년 통합 방송법 제정 시 처음 도입된 것으로, 방송 경영진에 의해 일방적으로 편성의 방향이나 내용을 결정하는 것을 방지하기 위해 경영진뿐 아니라 취재 및 제작진이 상호 협의와 계약을 통해 편성하도록 함으로써 제작진의 자율성을 보장하기 위한 제도적 수단이다. 일찍이 오스트리아의 1974년 방송법에서도 기자의 양심과 확신의 자유를 보호하기 위해 방송사의 경영진과 편집 대표 간 편집 규약의 체결을 강제하고, 편집규약의 절차와 내용 그리고 분쟁 조정 기구의 설치를 규정한 바 있다. 하지만 우리나라에서는 편성규약의 제정 과정에서 그동안 다음과 같은 논란이 있었다.

첫째, 방송 경영권과 편성권의 관계 설정 문제이다. 여기에는 두 가지 입장이 상존해왔다. 먼저 방송 역시 일반 사기업과 마찬가지로 경영의 주체는 경영자이기 때문에 편성권 역시 경영자에게 있다고 보는 입장이다. 이러한 입장에 따르면 공영방송의 경우, 방송매체의 주인은 이념상 국민이며 법적 규율에 따라 공공의 대표로 선임된 사장이나 이사회가 운영 및 편성의 주체가 되는 것이 마땅하고, 고용된 기자나 피디와 같은 종사원은 공공의 이익을 위해 봉사할 의무가 있을 뿐 스스로 방송의 주인이 될 수는 없다(박용상, 2010). 즉, 이러한 입장에 의하면 방송 종사자 등은 방송 내용을 형성하는 데 참여하지만 그렇다고 이들이 경영자의 편성방침과 독자적인 지위를 갖는 것은 아니라는 것이다. 반면 방송의 자유를 방송 경영자에게 부여된 주관적 권리가 아닌 매체의 자유라는 질서로 파악하는 관점도 존재한다. 이는 종사자의 자율적인 편성 보장은 다양한 의견이 방송에서 가능한 한 폭넓고 완전하게 표현될 것을 보장하는 공공복리를 위한 것이므로 정당화될 수 있다고 보는 관점이다. 즉, 편성규약 제도는 개인 또는 공공의 자유로운 의사 형성이라는 이익을 확보하도록 원활하게 하는 데 기여하는 형성 법률이라는 것이다(고민수, 2010).

둘째, 편성규약 제도의 효율성 문제이다. 현행 편성규약 제도는 도입 취지에도 불구하고 그 제정 주체, 절차, 내용 및 효력 등에 대한 상세한 조항을 두지 못한 채 불완전한 입법에 머물고 있다는 한계를 지니고 있다(박용상, 2010). 그리하여 실효성을 위해 구체적인 구성 방식 및 분쟁이 발생했을 때 해결할 수 있는 장치 등의 입법화가 요구되고 있다. 가령 편성규약의 제정과 운용을 담당하는 편성위원회에 대한 규정을 명확하게 하고 편성위원회의 구성은 노사 동수의 비율로 구성해야 한다는 주장이 제기되었다. 하지만 노사 동수의 대등한 결정권 역시 문제가 있다는 반대 의견도 제시되고 있다. 이러한 입장에 따르면 노측 대표가 참여하는 것은 편성위원회의 본래 법 제정 취지와는 성격이 다르기 때문에 노사 협의체와 분리하고 취재, 제작, 편성의 대표 실무자만으로 구성해야 한다는 것이다(심영섭, 2010). 한편 편성위원회가 실효성 있게 운영되기 위해서는 편성위원회에서 상호 합의가 되지 않을 경우 중재위원회를 구성하여 갈등 조정 방안을 적극적으로 모색해야 할 필요성도 제기된 바 있다(고민수, 2010; 심영섭, 2010).

3) 독립적 거버넌스

우리나라 방송정책에서 방송의 독립성을 핵심 가치로 규정하고 있음에도 방송 보도의 공정성이나 중립성 문제가 여전히 사회적 갈등의 커다란 쟁점으로 상존하는 근본적 원인은 정치적 목적으로 방송을 통제하려는 정치인들의 의식이 자리 잡고 있기 때문이다. 이와 함께 공영방송사의 공정성 문제가 지속적으로 제기되는 데는 현행 방송통신위원회와 같은 방송정책 기구 및 공영방송 이사진의 구성 방식, 즉 거버넌스governance적 차원의 제도적 결함에도 그 원인이 있다(최영묵·박승대, 2009). 최근 국내 방송학자들을 대상으로 한 의견 조사 결과에 따르면 방송의 공정성을 저해하는 가장 중요한 원인으로 정치권력(69.7%)이 거론되었고, 이를 개선하기 위한 방안으로는 공영방송 지배구조가 개선되어야 한다는 의견이 74.6%인 것으로 나타났다(≪한국일보≫, 2015년 6월 30일 자).

주지하다시피 우리나라에서 공영방송사의 사장은 방송사의 인사 및 경영권을 가지고 있기 때문에 사내 조직을 장악하고 더 나아가 방송 프로그램의 내용에 관여할 수 있는 영향력을 지니고 있다. 그럼에도 현행 제도에서는 공영방송사의 사장을 선임하는 구조가 여당 쪽에 유리하도록 되어 있기 때문에 방송의 공정성 시비가 근절되지 않고 있는 것이다.

〈그림 2-1〉에서 보듯이 여당 성향의 인사가 공영방송 사장으로 선임될 가능성이 높은 이유는 우선 공영방송 이사진을 선임하는 방송통신위원회의 구성에 기인한다. 즉, 공영방송 이사는 방송통신위원회에서 추천하도록 되어 있는데, 방송통신위원회 위원 5명 중 위원장을 포함한 3명은 정부 여당, 2명은 야당 몫으로 구성하도록 되어 있다. 방송통신위원회 위원의 구성에서 여당 쪽 인사가 더 많이 포진되어 있기 때문에 이들에 의해 선임되는 공영방송 이사의 수 역시 여당 쪽 인사가 다수를 차지하게 되는 것이다. 실제로 KBS 이사 구성을 보면 전체 11명 중 여당 인사 7명, 야당 인사 4명의 비율로 선임하는 관행이 이어지고 있다. MBC 사장을 선임하는 방송문화진흥회 이사 9명의 구성 방식도 마찬가지여서 전체 9명의 이사 중 여당 측 6명,

그림 2-1 __ 방송통신위원회 및 공영방송 이사 선임 구조

야당 측 3명의 비율 분포로 구성되어왔다. 이처럼 '방송통신위원회 → 공영 방송사 이사 → 공영방송사 사장'으로 이어지는 거버넌스 구조가 결과적으로 친정부 성향의 공영방송 사장 임명으로 이어지고, 이는 곧 방송의 불공 정성 시비로 연결되는 악순환이 되풀이되고 있는 것이다.

공정성 여부를 심의하는 방송통신심의위원회의 구성 역시 정치적 예속 에서 자유로울 수 없기는 마찬가지이다. 현재 방송통신심의위원회의 구성 은 공영방송사 사장 임명 방식과 같이 여야 위원 분포가 6 : 3으로 되어 있 어 여권의 추천을 받은 위원들이 과반수를 차지하도록 되어 있다. 실제로 심의 내용을 분석한 결과에 따르면 친정부 쪽 추천을 받은 심의위원들은 정 권 비판적 방송 내용에 대해 강한 제재를 가하는 성향을 보이는 것으로 나 타났다(유승관, 2013).

상황이 이렇다 보니 방송의 독립성, 특히 공영방송 보도의 공정성을 구 현하기 위해서는 공영방송 이사와 사장 선출 방식 등 현행 거버넌스 구조가 바뀌어야 한다는 비판이 지속적으로 제기되고 있다. 그렇다면 공영방송 이 사진에 대한 새로운 거버넌스 구조는 어떻게 개선되어야 하는가? 이를 모 색하기 위해서는 먼저 해외 주요 국가의 다양한 공영방송 이사와 사장 선출 방식을 참고할 필요가 있다.

먼저 영국 BBC와 같이 행정부의 영향력이 강한 국가 유형이 있다. 영국

은 정부가 BBC의 독립 규제기관인 트러스트Trust 위원 12명 전부를 임명한다. 이 트러스트가 사장을 선출하기 때문에 사실상 정부가 사장 임명을 주도한다고 볼 수 있다. 그럼에도 BBC에서는 사장이 정부의 정책 방침과 다른 결정을 내리곤 하는데, 이는 개인의 사회적 평판을 중요시하는 영국의 전통과 관습 때문으로 알려지고 있다(정윤식, 2011). 두 번째 유형은 독일과 같이 사회조합주의 또는 이익집단 모델로서 각계각층을 대표하는 다수의 대표(방송위원)들이 공영방송 사장 선출에 참여하는 방식이다. 각 지역의 특성에 따라 다소 차이가 있지만 방송위원들은 50~77명에 이를 정도로 다수이며 연방정부의 방송 개입이 법적으로 배제되어 있다. 이 유형은 방송위원의 구성이 사회적 이해관계를 정교하게 반영할 수 있는 지배구조로 평가된다. 세 번째로는 프랑스와 같이 대통령이 공영방송 사장을 직접 지명하는 유형이 있다. 다만 민간 행정기구CSA의 청문을 거치도록 되어 있고, 국회의 동의를 받도록 하고 있다. 만약 국회 동의 과정에서 국회의원의 2/3가 반대할 경우 사장 임명을 철회하도록 한다. 마지막으로 일본과 같은 유형으로, 일본 NHK 경영위원회는 12명의 위원으로 구성되며 집권당이 5명의 위원을 추천한다. 하지만 사장 선출 과정에서는 전체 위원의 과반이 아닌 3/4의 동의를 받도록 하는 이른바 특별 다수제를 채택하고 있다.

이러한 해외 여러 나라의 거버넌스 모델을 참고하여 우리나라 공영방송의 이사 및 사장 선출 방식에 일본의 특별 다수제와 프랑스의 청문회 제도를 도입할 필요가 있다는 개선 방안이 제시되었다. 먼저 특별 다수제는 사장을 선임할 때 이사들의 과반수 찬성이 아니라 2/3의 의결 정족수를 요구하는 제도로서 현재 일본 NHK에서 이러한 방식으로 사장을 선출하고 있다. 이렇게 다수인 정부·여당 추천 이사들만이 아니라 야당 추천 이사 일부의 동의를 구하게 함으로써 정치적 성향의 인사가 사장에 선임되는 것을 배제하고 있다. 또한 공영방송 사장에 대한 인사 청문회 제도를 도입함으로써 공정성에 대한 의지를 가진 인사를 선출하는 것이 바람직하다는 주장도 지속적으로 제기되었다(정윤식, 2014). 이와 같은 공영방송 지배구조 개선에 대한 논란이 계속되자 2013년 국회에서 방송공정성특별위원회를 구성하여 개선안에 대해 논의했고, 결국 2014년 방송법 개정을 통해 KBS 사장에 대한 인사 청문회 제도가 도입되었다. 더불어 정치적 영향력을 배제하기 위해 공영방송 이사의 자격 요건을 정당 당원 또는 대선 캠프에서 활동했던 인사를 배제하는 등 제한 요건을 강화했다. 이와 같은 공영방송 거버넌스에 대한 점진적 개선정책은 분명 방송의 공정성 및 독립성 확보에 긍정적인 방향으로 작용할 것이다. 그럼에도 사장을 정부에서 임명하더라도 소신에 따라 정부 정책에 반하는 결정을 하기도 하는 영국 BBC의 사례는 방송의 독립성이 제도가 아닌 그 사회의 문화와 운용이 결부되어야 가능하다는 것을 시사한다.

Principles of Korean Broadcasting Policy

3장

공공성

방송은 전통적으로 신문에 비해 매체의 공적 책임이 더욱 강조되어왔다. 방송에서 공적 책임이 요구되는 이유는 먼저 공중이 주인인 전파를 이용한 다는 이른바 공공 소유론public ownership에 기초하며, 그렇기에 방송사업자는 주파수의 주인인 국민으로부터 전파 이용을 수탁해 대리로 방송을 운영한 다는 신탁론trusteeship 등의 논리를 바탕으로 한다. 여기에 주파수의 희소성 scarcity론을 드는데, 이는 주파수 자원은 이용하려는 사람이 많은 데 비해 희 소하기 때문에 이용이 허락된 자에게는 그만큼 많은 공적 책무를 부여해야 한다는 것이다. 마지막으로 방송은 보편성으로 인해 여타 매체와 달리 공중 에 미치는 영향이 크다는 사회적 영향론 등이 방송의 공공성을 정당화하는 주된 이유로 거론되었다(박용상, 1988). 즉, 방송은 물, 공기와 같이 모든 국 민이 이용하는 보편성을 지니기 때문에 사회적·경제적·정치적·대외적 영 향력이 막중하며, 국정에도 상당한 영향력을 미치기 때문에 소유나 재정 구 조의 성격에 상관없이 사적 영역이 아니라 공적 영역에 속하며, 사회적 규 제를 받아야 하는 것으로 간주되어왔다. 따라서 상업방송도 공공성의 범위를 벗어날 수 없으며, 심지어 유료방송도 사회적인 파급력이 있고 보편성이 있기 때문에 당연히 공공성을 가진 미디어로 인정되어 공익규제를 받는 것으로 인식된다. 이러한 이유로 대다수 국가들에서는 방송에 대한 공적 규제가 보편적으로 인정되고 있다(차승민, 2004).

이와 함께 특히 공영방송사에게는 타율적으로 부여되는 공적 규제에 앞서 스스로에 의한 내적 규제인 사회적 책무성accountability도 요구된다. 즉, 공영방송은 책무성 실현 측면에서 방송의 목표나 역할 및 책임 내용을 스스로 표명하며, 이것들이 어떻게 실행되었는가, 또는 실행하기 위해 어떻게 자기 관리를 하고 있는가에 대한 일련의 내적 책임을 부여받는다(정수영, 2009). 방송에서 책무성 개념은 1940년대 사회책임이론을 주창한 허친스 위원회 Hutchins Commission에 기원을 두고 있다. 당시 미국에서는 매스미디어를 제어하고 규제해왔던 공적 규제 시스템과 시장의 자유경쟁 메커니즘 및 자율규제가 모두 한계를 노출하면서 미디어에 의한 각종 비리나 반윤리적 행위의 폐해를 수정·개선하기 위한 시민사회의 적극적 역할이 주창되기 시작했다. 이러한 과정에서 책무성이라는 개념이 미디어 규제에 대한 새로운 메커니즘으로 논의되기 시작했다(Blumer, 1992; McQuail, 2003). 구체적인 문서에서 책무성 개념이 제시된 것은 1977년 영국의 애넌 위원회Annan Committee 보고서였는데, 여기서는 BBC의 개혁과 위기 극복 방안 중 하나로 책무성이 제시되었다(정수영, 2012). 이후 책무성은 BBC가 추구해야 할 핵심 가치이자 임무 중 하나로 자리매김했으며, BBC는 책무성 강화를 위한 제도적 장치를 마련해 실천하고 있다.

방송의 책무성을 강조한 맥퀘일(McQuai, 2003)은 책무성을 크게 법적·규제적, 재정적·시장적, 공적·사회적, 전문직주의적 책무성 등으로 구분했는데, 이는 책무성을 달성하기 위한 방법이 단편적이라기보다는 다차원적이며 복합적이라고 보았기 때문이다. 또한 그는 공영방송의 책무성이 수동적인 귀책성liability보다는 공영방송사 스스로의 적극적인 답책성answerability에 의해 충족되는 것으로 인식했다. 맥퀘일은 공영방송사가 수신료라는 사회적 자원을 사용할 때 단순히 법의 준수에만 그쳐서는 수신료에 대한 시청자들의 자발적 지불 의지를 끌어내기 어렵기 때문에 스스로에 의한 별도의 사회적 책임이 요구된다고 주장했다.

이처럼 방송은 전파라는 공공 자원을 사용하며 사회에 미치는 영향력이 여전하고, 여기에 공적 재원을 사용하는 공영방송에는 특별한 책무성이 요구된다. 그래서 방송은 기본적으로 공공성 이념을 지향해야 하는 것으로 인식되고 있다. 이 장에서는 공공성의 개념적·조작적 의미, 즉 공공성의 실현이란 개념적으로 무엇을 의미하는지, 그리고 이를 구현하기 위한 제도적 장치로는 어떤 것들이 있는지를 살펴보고자 한다.

1 ¦ 공공성의 개념

방송에서 공공성 개념은 아직 확실하게 정립되지 못하고 있다. 공익성, 공공성, 공적 가치, 공적 책임 등 비슷한 개념들이 명확히 그 의미가 규정되지 못한 채 혼재되어 사용되는 상황이다.

대체로 공익은 개인의 이익과 구별되는 공공의 이익으로, 국민 전체 또는 대다수 국민과 그들의 구성체인 국가 사회의 이익을 의미한다. 다만 어떤 내용이 공익으로 개념화되느냐 하는 것은 특정 시대 또는 특정 지역의 공동체 구성원들이 이를 어떻게 인정하느냐에 따라 달라지는 것으로 파악된다. 즉, 공익은 불변하는 법칙이 아니라 사회 변화에 따라 자연스럽게 변화하는 가치로 볼 수 있다. 따라서 공익성은 무엇이 공중을 위하는 것인지, 그리고 이를 어떻게 달성해야 하는지 등에 관한 가치나 이념과 관련한 포괄적 개념이고, 이를 달성하기 위한 실천 방안은 논쟁적이고 동태적이게 된다. 공익성을 놓고 공공 서비스 모델에서 추구하는 실천 방안과 시장 모델에서 추구하는 그것 간에 차이가 나타나는 것도 이러한 이유 때문이다(1장 참조).

공익성이 이처럼 사회적 이익을 달성하기 위한 이념, 장치, 제도 등을 포괄하는 개념인 데 반해 공공성은 공익성의 다양한 실천 방안 중 하나로 구분할 수 있다. 특히 공공성은 방송이 공공적 성격에서 출발하는 개념이기 때문에 공공 서비스 모델에서 추구하는 공익성을 실천 방안으로 파악할 수 있다. 다시 말해 방송의 공공성이란 방송이 지니는 공적 속성과 사회적 위상 때문에 추구해야 하는 실천 방안으로 규정할 수 있으며, 영국의 공공 서비스 방송에서 추구하는 가치 지향을 그 대표적인 예로 들 수 있다. 공공 서비스 방송이란 국가나 공공단체 또는 공공기관 등이 공공의 복리를 위해 제공하는 서비스를 말하는 것으로, 영국에서는 BBC, ITV, Channel 4 등 주요 지상파 방송사들이 공공 서비스를 해야 하는 방송으로 규정하고 있다. 공공 서비스 방송사들이 해야 하는 주요 임무로는 세계에 대한 이해를 촉진하고, 지식과 교육을 향상시키며, 영국의 정체성을 반영하고 다양한 관점을 제시하는 것 등이 있다(Ofcom, 2007).

한편 우리나라 방송정책에서는 공공성을 "다중의 목표와 이익을 지향하는 포괄적 책무나 의회 민주주의의 정치적 가치와 제도의 일부로서 방송을 이념화하는 공적 책임" 개념이라고 규정하고(백미숙 외, 2007: 312), 공적 책임이라는 용어로 치환하여 이해하고 있다. 이처럼 방송사에 대한 공적 책임으로 직접적으로 조작적 정의를 하는 것은 공공성이라는 개념이 지니는 추상성을 탈피하고 구체적인 실천 방안을 모색할 수 있는 장점을 지니기 때문으로 풀이된다.

그렇다면 우리나라 방송정책에서 공적 책임은 구체적으로 무엇을 의미하는가? 방송이 갖는 공적 책임과 관련하여 '방송법' 제5조에서는 이에 대한 내용을 제시하고 있다. 여기서 제시하는 주요 내용은 첫째, 인간의 존엄과 민주적 기본 질서 존중, 둘째, 국가 발전 및 민주적 여론 형성에 대한 이바지, 셋째, 공중도덕이나 사회윤리 준수, 넷째, 범죄 및 부도덕한 행위의 조장 금지, 그리고 아동 및 청소년 보호를 위한 음란, 폭력 조장 금지 등이다. 이 중에서 다소 추상적이고 규범적인 성격을 지니는 인간의 존엄 및 민주적 기본 질서 등의 내용을 제외하고 법률 및 제도적 차원에서 구체화할 수 있는 공적 책임의 내용으로는 민주적 여론 형성의 역할, 사회윤리 준수 및 부도덕한 행위 금지, 음란 및 폭력적 내용의 규제, 그리고 아동 및 청소년 보호 등이다. 이러한 공적 책무에 관한 사항은 나폴리(Napoli, 2001)가 공익적 의무로 분류한 정치 후보자에 대한 정보 제공 및 공동체 사안 반영과도 그 맥을 같이한다. 이처럼 우리나라 방송법에서 공공성에 대한 개념 정의를 대체로 방송의 내용적 측면에 초점을 맞추고 있음은 방송심의에 관한 조항인 제32조와 제33조에서 공공성이란 용어를 강조해 사용하고 있다는 점을 통해서도 유추할 수 있다.

2 | 공공성 구현정책

공공성을 구성하는 개념은 실제 방송정책의 집행 과정에서 실천적 양태로 더욱 구체화된다. 방송에 요구되는 공공성의 개념을 특히 민주적 여론

표 3-1 __ 공공성 이념의 구성 개념 및 구현정책

정책 이념 (개념적 차원)	구성 개념 (조작적 차원)	구현정책 (실천적 차원)
공공성	민주적 여론 형성 (공론장)	· 최소 비용 부담 원칙 · 정치 파일 비치 · 공공 채널
	윤리성	· 생방송 공지 규칙 · 거짓 방송 금지 · 뇌물 및 간접광고 금지
	음란·폭력물 금지	· 음란물 규제
	아동·청소년 보호	· 안전 도피 시간대 · 방송 프로그램 등급제 · 청소년 보호 시간대

형성, 사회윤리 준수, 그리고 아동·청소년 보호에 둔다고 했을 때 각국에서
는 이를 구현하기 위해서 〈표 3-1〉과 같은 다양한 제도적 장치를 마련하고
있다.

1) 민주적 여론 형성

방송의 공적 책무 중 우선적으로 거론되는 사항은 사회의 공기로서 민주
적 여론 형성을 활성화시키는 데 기여하는 것이다. 사회적 영향력이 큰 방
송은 민주사회를 유지하기 위한 근간으로서 다양한 선거 정보를 제공하는
등의 공론장 역할을 요구받고 있다. 하버마스Jürgen Habermas가 주창한 공론
장public sphere 이론은 방송이 시민들에게 열린 토론과 논쟁의 장을 제공하고
식견을 갖춘 시민 양성에 기여하여 사회적 소통을 활성화시키는 역할을 기
대한다.

하버마스(Habermas, 1989)에 따르면 공론장은 논쟁적인 정보를 제공하
고, 공적 담론을 형성하는 영역을 말한다. 공론장은 역사적으로 헬레니즘

시대의 공론장, 대의제적 공론장, 부르주아 공론장으로 나눌 수 있는데, 하버마스가 고찰하는 공론장은 살롱과 커피숍, 문학과 정치적 저널리즘이 발달하기 시작한 18세기의 부르주아 공론장이다. 하버마스에 따르면 18세기 서구 시민사회에서 전제적 국가권력에 맞서 이를 비판할 수 있는 공론장이 생겨났으며, 신문이나 방송 같은 대중매체는 공론장을 유기적으로 연결하면서 생성시킬 수 있는 시민사회의 확실한 제도로 여겼다. 그럼에도 근대적 미디어를 통한 공론장이 국가의 개입 확대와 자본에 의해 지배됨에 따라 국가가 시민사회 영역인 공공 부분에 침범하기 시작했다. 이를 하버마스는 공론장의 재봉건화refeudalization 현상이라 불렀으며 미디어의 고유한 비판적 기능이 상실한 것으로 판단했다. 하지만 하버마스는 현대사회에서 공론장 회복이 가능할 것이라는 낙관주의적 견해를 보였는데, 인간은 의사소통적 합리성을 지니고 있기 때문에 자유롭고 실천적인 커뮤니케이션 능력이 복원된다고 보았다. 그러기 위해서는 국가의 내부와 외부에 존재하는 시민사회 안에 시장과 국가로부터 자유로운 방송이 존재해야 하고 상업적 이해관계에 의해 지배되는 방송은 공공규제의 범위 내에서 작동해야 한다고 주장했다. 또한 방송은 국가와 시민사회 사이에서 국가가 재분배적 기능을 수행하도록 자극하고 시민사회가 국가로부터 자율성을 유지할 수 있도록 해야 한다고 언급했다. 이와 같은 방송의 공론장 활성화 역할은 이후 공공 서비스 모델의 사상적 기초로 작용했다. 가령 스캐널(Scannell, 1989)은 영국 공공 서비스 방송의 발전을 영국 사회의 공론장 발전으로 간주하기도 했는데, 그에 따르면 초기 공론장의 모델이었던 공원, 공회당, 극장, 가두연설 등은 라디오에 의해, 그리고 이후 텔레비전에 의해 대체된 것이다. 즉, 그는 "정치적·사회적 이슈가 텔레비전에 의해 뉴스의 인터뷰, 스튜디오에서의 토론과 논쟁, 시사물과 특정 주제에 의한 다양한 뉴스 매거진 프로그램, 다큐멘터리와 같은 형태로 매개됨으로써 텔레비전은 공공 영역의 일부"가 되었다고 평가했다(Scannell, 1989). 그리하여 현대사회에서 방송은 일반인들의 관심사에 대한 공중의 열린 토론 광장으로서 하나의 독립된 공론장으로서의 역할을 기대받고 있는 것이다.

방송의 공론장 역할과 관련하여 많은 국가에서도 여론 형성을 활성화시키기 위한 제도적 장치를 마련하고 있다. 예컨대 미국에서는 최소 비용 부담 원칙Lowest Unit Rate을 통해 정치를 활성화하는데 방송으로 하여금 일정한 역할을 요구하고 있다. 이 원칙은 방송사들이 후보자들에게 가장 저렴한 비용으로 정치광고료를 받도록 하는 것으로(Parkinson and Parkinson, 2006), 정치광고를 활성화시켜 궁극적으로 민주주의 발전에 기여하기 위함이다. 이 원칙에 따라 방송사는 후보자가 원하는 광고 시간대의 광고 요율 중에서 가장 저렴한 요율을 적용하여 광고 요금을 책정한다. 또한 방송사는 같은 시간대, 동일한 조건에서 가장 저렴한 광고 요금을 책정했다는 충분한 정보를 후보자들에게 제공해야 할 의무를 지닌다. 이 원칙은 연방 선거, 주 선거, 지방 선거의 정치광고 모두에 해당된다. 단, 선거일 60일 전부터 적용을 받는다.

이 밖에도 민주적 여론 형성의 활성화를 위해 미국 방송사들은 정치 파일 비치의 의무를 지닌다. 정치 파일이란 정치광고나 기타 정치 프로그램에 대해 방송사가 수행한 목록을 말하며, 방송사들은 이를 기록하고 일반인이 열람할 수 있도록 했다. 이 파일에는 정치광고나 정치 관련 프로그램의 방영 일시, 횟수, 방영 시간대, 그리고 정치광고의 판매 단가 등의 모든 정보가 담겨 있어야 한다. 더불어 후보자의 방영 요구에 대해 어떻게 처리했는지에 대한 내용이 포함되어야 한다. 방송사들은 이 파일을 작성한 후 2년 동안 보관해야 하며, 이러한 의무를 위반했을 경우 FCC는 건당 최대 2만

5000달러의 벌과금을 부과할 수 있다. 1998년 미시건 주의 WFXD-FM 방송사는 정치 파일에 정치광고 판매 요율과 같은 상세한 정보를 누락하는 등 정치 파일에 대한 관리를 소홀히 했다는 이유로 FCC로부터 6000달러의 벌금을 부과받은 바 있다.

우리나라도 민주적 여론 형성을 위해 다양한 장치가 마련되어 있다. 예를 들어 선거 및 의정에 관한 정보를 제공하기 위해 국회방송NATV을 공공 채널로 지정하여 플랫폼 사업자로 하여금 의무적으로 이 채널을 런칭하도록 하고 있는데, 이 제도 역시 민주적 여론 형성에 기여하기 위함으로 볼 수 있다. 지상파 방송사의 경우 〈생방송 일요토론〉(KBS)이나 〈100분 토론〉(MBC) 등의 프로그램을 편성하고 있는데,* 이 또한 민주적 여론 형성 활성화를 위한 공적 책무의 일환으로 볼 수 있다. 현재 토론 프로그램은 법적으로 의무적 편성 대상이 아니지만 공론장의 역할이 방송사에서 중요한 공적 책무 중 하나로 여겨지고 있기 때문에 지상파 방송에 대해서는 토론 프로그램의 의무적 편성을 고려해볼 필요가 있다.

2) 사회윤리 준수 및 부도덕한 행위 금지

방송에는 공중의 자산인 전파를 이용하는 데에 따른 높은 사회적 윤리 규범과 도덕성이 요구된다. 예를 들어 미국에서 시행되고 있는 생방송Live 공지 규칙이 그것인데(Sadler, 2005), 이것은 방송사들이 생방송이 아닌데도 마치 생방송인 것처럼 시청자들을 현혹해서는 안 된다는 규칙을 말한다. 1992년 뉴욕에 있는 한 라디오 방송사는 뉴스 프로그램 시작 전에 "우리 뉴

• SBS의 토론 프로그램이었던 〈SBS 시사토론〉은 2013년 1월 18일을 기해 폐지되었다.

스는 매 시간마다 제작되고 있습니다"라는 예고방송을 내보냈으나 실상은 사전에 제작된 뉴스를 방송했다. 그리하여 생방송으로 오도했다는 이유로 FCC로부터 5000달러의 벌금을 부과받은 바 있다. 이 규칙은 뉴스 보도에서도 적용된다. 예컨대 기자가 실제 현장에서 보도했을지라도 이를 사전에 녹화하여 방영했다면 이는 실제 뉴스 보도로 간주되지 않는다. 이는 생방송이 아니기 때문이다. 우리나라에서도 '방송심의에 관한 규정' 제55조에서 "시사·보도·토론·운동경기 중계 등의 프로그램 또는 그 내용 중 일부가 사전 녹음·녹화 방송일 때에는 생방송으로 오인되지 않도록 하여야 한다"라는 규정을 두어 생방송으로 오인하지 않도록 규제하고 있다.

또한 거짓 방송broadcast hoaxes과 같은 부도덕한 행위에 대해서도 철저한 제재가 가해진다. 미국에서는 1934년 '연방 커뮤니케이션 법' 제325조에서 어떤 기관이나 개인도 사회의 혼란을 야기할 수 있는 거짓 발언을 할 수 없도록 규정하기 때문에 사회적 파장이 큰 방송사는 이러한 거짓 방송이 철저히 금지되고 있다. 그럼에도 거짓 방송에 대한 특별한 가이드라인이 존재하지 않다가 1990년 다음과 같은 일련의 사건을 계기로 이에 대한 구체적인 규정이 마련되었다. 1990년 코네티컷 주에 있는 WCCM이라는 FM 라디오 방송사의 한 DJ는 인근에 화산이 폭발했다는 농담성 거짓 방송을 했다. 이를 사실로 믿은 많은 청취자들이 경찰에 문의하고 교통이 마비되는 등 혼란이 야기되었다. 이때까지 별다른 규정이 없었기 때문에 FCC는 경고장을 발송하는 데 그쳤다. 이후 1991년 걸프전이 발발한 지 2주 후에 세인트루이스의 KSHE라는 한 FM 방송사의 DJ는 음악을 갑자기 중단하고 약 10초 동안 미국이 공습을 받고 있다는 거짓 방송을 했다. 그는 이 발언을 하면서 폭발음과 사이렌 등을 내보내기도 했다. 2시간 뒤 그는 자신의 발언이 농담이었다고 밝혔으나, FCC는 사회에 미치는 파장을 고려하여 1992년 거짓 방송에 대한 규정을 구체적으로 마련했다. 거짓 방송 금지 규정에 대한 내용을 살펴보면, 먼저 가이드라인에서는 방송 면허를 받은 방송사는 어떤 경우에도 범죄 및 재난과 관련된 거짓 정보를 방송해서는 안 된다고 명시했다. 구체적인 금지 내용으로는 그 정보가 거짓임을 알고 있을 경우, 거짓 정보를 방송했을 때 큰 사회적 해악이 초래될 것이 예측될 경우, 거짓 방송이 직접적으로 큰 사회적 재앙의 원인이 될 경우 등을 제시했다. 여기서 사회적 해악은 직접적으로 공중의 재산이나 건강, 안전에 손해를 가져오는 경우와 일상의 업무로부터 이탈을 가져오게 하는 혼란 등을 모두 포함하는 것으로 간주된다.

한편 방송에서는 뇌물 및 간접광고payola and plugola와 같은 부도덕한 행위 또한 사회적 공적 책임과 관련하여 용납이 되지 않는다. 보통 음반회사나 연예기획사가 소속 가수나 연예인의 출연을 조건으로 방송사 직원에게 뇌물을 건네는 경우가 많이 발생하는데, 미국에서 최초로 방송사가 뇌물을 수령한 사건은 1959년에 발생했다. 뉴욕에 있는 WABC 라디오 방송사에서 DJ로 일하던 앨런 프리드Alan Freed는 음반회사로부터 청탁을 받고 음악을 틀어준 혐의로 2500달러의 벌금을 부과받았고 해당 방송사에서 해고되었다. 방송 관계자가 이처럼 방송과 관련된 뇌물 사건에 연루되었을 때 미국에서는 형사상으로 최고 1년 이하의 징역과 1만 달러의 벌금에 처해진다. 사안이 중대할 경우에는 해당 방송사 역시 FCC로부터 추가적인 제재를 받게 된다. 그리고 금전적인 이익을 얻고자 방송을 이용하는 경우도 철저히 금지된다. 예를 들어 DJ가 방송 프로그램을 진행하면서 자신이 소유하고 있는 음식점을 수시로 언급하는 광고를 했을 경우 이는 사적으로 방송을 이용했기 때문에 철저히 금지되고 있다. 방송사는 프로그램 제작과 관련하여 협찬을 받았을 경우에도 이를 시청자에게 철저히 고지하도록 의무화되어 있다.

하지만 우리나라의 경우 '방송심의에 관한 규정' 제25조의 윤리성 규정에서 "방송은 국민의 올바른 가치관과 규범의 정립, 사회윤리 및 공중도덕의 신장에 이바지하여야 한다"와 같이 방송 내용에 대한 추상적 수준의 윤리성에 대해 언급하고 있을 뿐 방송사나 방송 종사자의 비윤리적 행태를 규제하는 제도적 장치가 미약하다. 즉, 방송사나 방송 종사자의 비윤리적 문제가 발생할 경우 대부분 형사사건으로 해결할 뿐 방송의 공공성 실현 차원에서 방송사에 의한 가이드라인이나 구체적인 제재 수단이 마련되지 않은 상황이다.

3) 음란·폭력물 규제

음란·폭력물에 대한 규제는 방송의 공공성을 구현하는 데 중핵적인 요인이라고 해도 과언이 아니다. 우리나라 방송법 제5조에서 방송의 공적 책임으로 열거하는 항목 중 하나로 "방송은 …… 음란·퇴폐 또는 폭력을 조장해서는 아니 된다"(5호)라는 내용이 포함된 것을 보더라도 이러한 점을 확인할 수 있다.

방송의 공공성 실현을 위해 대부분 국가에서는 방송에서 음란하고 폭력적인 내용을 방영하는 것을 철저하게 금지해왔다. 미국에서는 '1934년 커뮤니케이션 법'의 제326조를 통해 외설스럽거나 음란한 언어를 방송에서 사용하는 것을 금지했다. 1948년부터는 형법에서 방송에서 음란하거나 불경한 언어를 사용할 경우 최고 1만 달러의 벌금이나 2년의 징역에 처할 수 있도록 규정하기도 했다. 더불어 미국에서는 대법원 판결에 의해 외설적인 표현물은 수정헌법 제1조의 보호를 받지 못한다. 이는 1978년에 있은 FCC와 퍼시피카(FCC v. Pacifica) 간 재판에서 미국 대법원이 FCC가 방송의 음란한 내용에 대해 제재할 권한이 있음을 인정하면서부터였다. 이 재판이 성립된 계기는 1973년 뉴욕에 있는 퍼시피카Pacifica라는 라디오 방송에서 한 코미디언이 진행하는 〈욕설〉이라는 12분짜리 모놀로그 프로그램에서 비롯되었다. 평소에도 금기시되는 각종 욕설이 난무한 이 프로그램은 오후 2시에 방송되었는데, 어린 자녀와 운전하면서 이 프로그램을 청취한 한 시민이 FCC에 불만을 제기했다. FCC는 퍼시피카 방송이 음란한 내용의 방송을 금지한 미국 형법 제1464조를 위반했다고 결정했다. 하지만 퍼시피카 방송사는 이에 불복하고 FCC를 상대로 재판을 청구했다. FCC와 퍼시피카 간 재판에서 미국 대법원은 "FCC는 방송에서 어린이로부터 음란한 내용을 보호할 정당한 권리를 지니고 있고, 그러한 보호는 수정헌법 제1조를 위반한 것이 아니다"라고 판결하여 음란물 규제를 정당화했다. 이러한 규제가 정당화되는 이유에 대해 미국 대법원은 구체적으로 다음과 같이 언급했다.

> 방송은 커뮤니케이션의 여러 가지 형식 중에 표현의 자유를 무한정 보장할 수 없는 영역이다. 왜냐하면 방송은 가정이라는 사적 영역에 침투될 수 있기 때문에 위험한 내용을 완전히 피하기란 불가능하다. 게다가 방송은 어린이에게 접근될 수 있는 특성을 지니기 때문이다[438 U. S. 726(1978)].

이처럼 미국 대법원이 유해한 방송 내용에 대한 규제를 정당화하면서 사용한 근거는 바로 방송의 침투성pervasiveness이었다. 즉, 일상 가정생활에서 현대인들이 의도적으로 쉽게 피할 수 없도록 되어 있는 방송의 특성을 인정했기 때문이다. 이 밖에도 방송은 희소성이 있기 때문에 규제가 정당화된다는 점, 그리고 이러한 규제를 통해 정부는 어린이 보호라는 공익을 달성할 수 있다는 점이 거론되었다. 즉, 비록 이러한 규제가 방송사들이나 일반 성인들이 자유롭게 보고 들을 수 있는 표현의 자유를 일부 훼손할지라도 어린이 보호라는 더 큰 사회적 공익을 실현할 수 있기 때문에 일정 부분 제약이 정당화될 수 있다는 것이 법원의 판단이었다. 이 판결은 이후 방송에서 표현물을 제재할 수 있는 논리적 근거로 작용해왔다.

음란물에 대한 규제의 정당성에도 불구하고 방송 표현물 중에서 어떤 것을 외설물로 보아야 하는지는 종종 중요한 쟁점으로 등장했다. 미국에서는 1957년 대법원에 의해 로스와 미국 정부(Roth v. U.S.) 간의 재판에서 외설에 대한 정의가 처음으로 내려졌다. 이 사건은 새뮤얼 로스Samuel Roth라는 사람이 외설물을 발송하여 기소된 사건으로, 로스가 보낸 우편물이 과연 외설인가에 대한 정의를 미국 대법원에서 내린 것이다. 일명 로스 테스트Roth Test라고 알려진 이 판결에서 외설물은 ① 일반인average person이, ② 동시대 사회의 기준contemporary community standards을 적용했을 때, ③ 전체적으로 내용물의 주요 주제dominant theme가, ④ 외설적인 호기심prurient interest을 자극하는가의 기준을 적용하여 판정되었다. 그렇지만 이러한 기준 역시 여러 가지 측면에서 모호하다는 비판을 받았다. 즉, 일반인은 어떤 사람이고, 사회의 기준은 누가 결정하며, 외설적인 호기심을 자극하는 내용물은 또 어떤 것인가 등 여전히 정의가 구체적이지 않다는 것이다. 이후 미 대법원은 1973년 유명한 밀러 사건(Miller v. California)을 통해 외설물에 대한 더욱 구체적인 정의를 내렸으며, 이 정의는 현재까지도 통용되고 있다. 이 재판은 마빈 밀러Marvin Miller라는 사람이 외설적인 내용이 담긴 잡지를 대량으로 우편 발송한 데서 발단이 되었는데, 이 잡지에는 집단 성행위 등 다양한 성적 장면들이 묘사되어 있었다. 일부 수취인이 이를 경찰에 신고함으로써 밀러는 캘리포니아 주 형사법의 위반죄로 기소되었다. 이 사건에서 미국 대법원은 5 대

4의 판결로 그의 유죄를 인정했고 외설물은 수정헌법 제1조의 보호를 받을 수 없다고 천명했다. 이 사건에서 법원이 제시한 외설물에 대한 적용 기준은 ① 일반인이 동시대 사회의 통념을 적용했을 때 전체적으로 보아 외설적 관심을 유발했을 경우, ② 외설적인 표현이 구체적으로 묘사되었을 경우, ③ 내용물을 전체적으로 판단했을 때 문학적·예술적·정치적·과학적 가치를 찾기 어려울 때 등이다. 이러한 외설물에 대한 기준은 이후 밀러 테스트 Miller Test라고 하여 방송에서도 외설물의 판단 기준으로 적용해 사용하고 있다. 외설물의 판단 기준은 퍼시피카 판결에서도 적용되었는데, 법원은 이 판결에서 음란물을 묘사depiction 정도, 유해성offensiveness, 동시대적 기준contemporary community standards, 성적 행위나 신체 부위sexual activities or organs의 포함 여부, 방송된 시간대 등 여섯 가지 판단 기준을 제시했다. 한편 2001년 FCC는 퍼시피카 판결에서 내린 정의를 바탕으로 방송에서의 음란물 판단에 대해 다음과 같은 세 가지 구성 요건을 제시했다. 이는 ① 음란물의 선명 정도 explicitness, ② 성행위나 신체 부위 묘사의 반복성repeatness, ③ 음란한 내용이 성적 호기심을 자극하거나 충격적인 가치(내용)를 담고 있는가의 여부 등이다. 여기서 특히 세 번째 구성 요건을 판단할 때는 상황context이 고려되어야 한다고 강조했다. 똑같은 성적 언어가 사용되었을지라도 교육적인 상담 프로그램에서 쓰인 경우는 상황이 교육적이기 때문에 음란물로 간주할 수 없다는 것이다. 예컨대 〈오프라 윈프리 쇼〉의 한 에피소드에서는 성 전문가가 출연하여 성 관련 상담을 한 적이 있었는데, 이러한 경우는 그 목적이 교육적이고 사람들에게 충격을 주는 것이 아니었기 때문에 음란물로 볼 수 없다는 것이다. 또한 성인 등급으로 판정받은 〈쉰들러 리스트Schindler's List〉라는 영화가 한 네트워크를 통해 편집되지 않은 채 방영된 적이 있었는데, 이 영화에는 나치 시대 죄수들의 누드 장면이 포함되어 있었다. 이러한 내용에 대해서도 FCC는 비록 누드 장면이 여과 없이 방영되긴 했지만 그 자체로 음란물로 단정해서는 안 되고 전체적인 영화의 주제나 표현 방식 등을 두루 고려해야 한다고 주장했다.

미국에서는 음란물 방송에 대한 제재를 주로 벌금 또는 재면허와 연계하고 있다. 먼저 음란물에 해당하는 내용을 방송했을 때 FCC가 가하는 가장 일반적인 제재는 벌금을 부과하는 것이다. FCC는 음란물을 방송한 방송사에 최대 2만 7500달러를 벌금으로 부과할 수 있지만, 대부분 5000달러에서 1만 달러 정도의 벌금을 부과할 뿐 최대 금액을 부과하는 경우는 거의 없다. 역대 음란물 방송과 관련하여 큰 액수의 벌금이 부과된 사례의 대표적인 예는 지난 2004년 슈퍼볼 게임 중계 시에 발생했다. CBS에서 중계한 이 경기의 중간 쇼에서 노래를 부르던 재닛 잭슨Janet Jackson의 가슴이 노출되는 사고가 발생했다. 이 사건에 대해 FCC는 CBS가 직접 소유·운영하는 20개 방송사에 각각 2만 7500달러씩 총 55만 달러의 벌금을 부과했다. 미국 전역에 약 200여 개의 CBS 가맹사가 있지만 직접 운영하고 있지 않은 가맹사는 중간 쇼에 대한 직접적인 책임이 없고 이러한 쇼가 방영될 것을 사전에 알지 못했다는 이유로 직영 방송사에만 벌금을 부과한 것이다. 또한 2004년 1월 샌프란시스코의 KRON-TV에 대해서도 27만 5000달러의 벌금이 부과되었다. 이 방송사는 〈퍼피트리 오브 더 페니스Puppetry of the Penis〉라는 공연을 중계했는데 공연 중간에 배우의 성기가 잠깐 방영되었기 때문이다. FCC는 화면이 너무 생생했기 때문에 벌금을 부과했다고 밝혔다. 이런 사건이 빈번하게 발생하자 일부 시민단체들은 벌금 액수가 거대한 방송사에 부담으로 작용할 정도가 아니어서 솜방망이에 불과하다고 비판했다. 그리하여 2004년 미국 상원은 음란물에 대한 최대 벌금을 2만 7500달러에서 500만 달러로 상향 조정하는 법안을 통과시켰다. 하원 또한 음란물과 관련하여 세 번 이상 제재를 받은 방송사에는 면허 취소를 위한 청문회를 받도록 하는 이른바 삼진 아웃제에 관한 법안을 제출했다.

벌금 이외에도 커뮤니케이션 법 제312조는 FCC로 하여금 방송사의 면허를 취소할 권한을 부여하고 있다. 대표적인 라디오 그룹인 클리어 채널 Clear Channel이 〈부바 더 러브 스펀지Bubba the Love Sponge〉라는 프로그램을 자사 계열 6개 라디오 방송사에 방송했는데 각 위반 사례당 2만 7500달러씩 총 26차례를 위반하여 71만 5000달러의 벌금이 부과된 적이 있었다. 이때 FCC의 일부 위원들은 사안의 중대성에 비추어볼 때 벌금으로는 미약하다며 이 방송사의 면허 취소를 고려한 적이 있었다. 다른 위원들의 반대로 면허 취소를 단행하지는 않았지만 다시 재발할 경우 면허를 취소한다는 경고를 내린 바 있다. 실제로 면허가 취소된 사례도 있었다. 1955년 FCC는 성적으로 음란한 내용의 음악을 방송한 전력이 있는 한 라디오 방송사가 TV 면허를 신청하자 이를 거부한 바 있다. 또한 1962년에는 사우스캐롤라이나 주의 라디오 방송사인 팔메토 브로드캐스팅 코퍼레이션Palmetto Broadcasting Corporation에 대한 재면허를 거부했는데 토크쇼에서 외설적인 언어를 자주 사용했기 때문이다.

한편 음란물에 대한 내용규제와 관련하여 미국에서는 FCC가 방송사 프로그램을 전부 모니터링하고 있지는 않다. 이는 시간적으로나 인력으로 불가능한 일이기 때문이다. 그 대신 시청자들이 불만을 제기하면 이를 접수해 조사하는 방식을 채택하고 있다. 시청자들은 문제의 소지가 있다고 판단하면 음란 프로그램이 방송된 날짜와 시간, 방송사 이름, 그리고 문제가 된 프로그램의 일부를 제출하여 불만을 접수시킬 수 있다. 하지만 시청자들이 관련 테이프를 제출하는 것이 어렵다고 판단하여 2004년에는 모든 방송사로 하여금 3개월간의 방송 내용을 녹화하도록 강제하기도 했다. 그리하여 시청자들이 더 자유롭게 불만을 제기할 수 있도록 한 것이다. 이러한 불만이 접수되면 FCC는 서면으로 해당 방송사에 조사를 의뢰한다. 이후 조사를 통해 음란한 내용으로 결정되면 벌금과 같은 제재를 명한다. 이때 해당 방송사에는 항의할 수 있는 권한이 부여되어 있다.

음란 및 폭력물 규제와 관련하여 우리나라에서는 '방송심의에 관한 규정' 제35조에서 "방송은 성과 관련된 내용을 지나치게 선정적으로 묘사하여서는 아니 되며"라는 규정을 두고 있고, "방송은 과도한 폭력을 다루어서는 아니 되며, 내용 전개상 불가피하게 폭력을 묘사할 때에도 그 표현에 신중을 기하여야 한다"라는 조항(제36조)을 통해 폭력적인 내용을 규제하고 있다. 방송사가 이러한 심의규정을 위반할 경우 현행 '방송법'(제100조)에서는 방송통신위원회로 하여금 5000만 원 이하의 과징금을 부과하거나, 방송사에 해당 프로그램의 삭제, 정정 또는 중지, 그리고 관계자에 대한 징계를 명하도록 하는 제재 조치를 마련하고 있다.

4) 아동·청소년 보호

아동 및 청소년 보호 역시 공적 책임을 구성하는 중요한 항목 중 하나이다. 우리나라 방송법에서는 방송의 공적 책임 중 하나로 아동과 청소년의 보호를 명시하고 있고(제5조), 공공성 여부를 심의하는 기준 중 하나로 아동 및 청소년 보호를 거론하고 있다(제33조 3항). 정서적으로 미발달 단계에 있는 아동과 청소년에게 미치는 방송의 영향력이 각별하기 때문이다. 이러한 이유로 세계 각국에서는 공통적으로 아동과 청소년 보호를 방송의 공공성 실현을 위한 덕목으로 강조하고 있다.

먼저 프랑스는 지난 2004년 유해 청소년 매체물에 대한 문제를 사회적 차원에서 대처하기 위해 주요 방송사 대표, 아동 보호부 대표, 미디어 협회 대표들이 참여하는 자문위원회를 설립했다. 영국에서도 마찬가지로 '방송 법Communication Act' 제319조 1항에서 법 제정 목적 중 하나로 "18세 이하의 어린이 및 청소년을 보호하기 위해서"라는 규정을 두어 청소년 보호를 위한 방송규제의 정당성을 명시하고 있다. 또한 동법 제3조 4항의 (h) 항목에서 도 "특정한 내용에 대한 어린이 및 청소년의 취약성을 보호하기 위한 특별 한 조치로서"라고 하여 그 타당성을 언급하고 있다(강명현·유홍식, 2010). 미 국 역시 제도적 차원에서 어린이를 보호하는 다양한 정책을 실시해왔는데, 이는 미국 의회가 1990년에 제정한 '어린이 텔레비전 법Children's Television Act: CTA'에 집약되어 있다. 이 법에 따르면 미국의 모든 방송사들은 유의미한 목 적을 지닌 어린이 프로그램을 오전 7시에서 밤 10시 사이에 최소 30분 이상 의 분량으로 매주 3시간 이상 정기적으로 방영하도록 되어 있다. 이때 교육 Education 및 정보Information 프로그램을 나타내는 'E/I' 심벌을 프로그램에 표 시하도록 되어 있다. 그럼에도 각 방송사들은 새벽 6시 이전에 어린이 프로 그램을 방영하는 등 편법을 사용했다. 그리하여 1996년 의회는 개정된 어 린이 텔레비전 법을 통해 코어 프로그램core program 규칙을 강제했다. 어린 이를 위한 교육적·정보적 프로그램을 코어 프로그램이라고 명명한 이 규칙 은 각 방송사들이 아침 7시부터 밤 10시 사이에 방송해야 하며 각 프로그램 이 뚜렷한 교육적·정보적 목표를 지니도록 했다. 이들 프로그램은 적어도 30분 이상의 길이로 제작되어야 하며 주당 3시간 이상 방영하도록 강제했 다. FCC는 재면허 시 이들 프로그램의 방영에 관한 기록을 제출하도록 하 여 이를 재면허에 반영하고 있다. 이 밖에도 미국에서 아동과 청소년을 보 호하기 위한 주요 제도들을 살펴보면 다음과 같다.

(1) 등급제와 V칩

미국의 '1996년 연방통신법' 제551조는 폭력적이고 성적인 내용을 어린 이로부터 보호하는 것이 국가에 크나큰 공익을 가져다주는 것으로 인식하고 V칩V-chip 도입을 결정했다. 즉, 동법 제551조에서는 FCC로 하여금 등급제를 개발할 것을 요구했고 가전업체에는 V칩의 장착을 의무화하도록 했다. 그리하여 FCC는 방송사, 시민단체 등과 협의하여 텔레비전 등급 기호와 규칙을 제정했다. 이에 따라 등급의 종류를 TV-Y, TV-G, TV-PG, TV-14, TV-MA 등으로 구분하고, 등급 기호가 왼쪽 상단에 프로그램 시작과 동시에 15초 동안 방영하도록 했으며, 한 시간 이상 지속되는 프로그램의 경우 매 시간 시작 시마다 다시 등급 기호를 붙이도록 했다. 미국에서 텔레비전 등급제의 운용은 강제적인 것은 아니지만 거의 모든 지상파 네트워크나 케이블 방송사에서 자발적으로 등급제를 운용하고 있다. 등급 기호는 뉴스와 시사 프로그램, 스포츠를 제외한 모든 프로그램에 붙인다. 단, 기존에 전미영화협회에서 이미 등급을 부여한 영화는 그 등급을 그대로 사용하도록 하고 있다.

지금은 텔레비전 등급제가 정착되었지만 미국에서도 처음 시행 과정에서 일부 문제가 쟁점화되었다. 첫째, 등급의 불일치 문제인데, 일반적으로 방송사가 붙이는 등급은 항상 시청자의 기대에 비해 낮은 등급을 부여하는 경향이 있다. 둘째, 등급의 모호성 문제가 지적되었는데, '강한', '자극적인'과 같은 단어의 모호성 때문에 실제로 큰 도움이 되지 못한다는 것이다. 셋째는 실효성의 문제로, 지난 2001년 카이저 가족 재단Kaiser Family Foundation의 조사 결과에 따르면 등급제를 잘 알지 못하는 사람이 많고 실제로 V칩이 장착된 가정의 36%만이 이를 이용해본 경험이 있는 것으로 나타났다. 넷째, 금단의 열매forbidden fruits라는 역효과가 발생할 수 있다. 즉, 시청을 금지하는 기호가 붙으면 오히려 청소년들에게 시청 호기심을 유발할 수 있다. 다섯째, 뉴스와 스포츠 장르에 대해서는 등급 기호가 배제되었는데 실제에서 나타나는 폭력이 영화와 같은 가상적인 폭력에 비해 더 위험할 수 있다. 이러한 한계에도 불구하고 미국 부모들은 이러한 자율규제 시스템이 없는 것보다는 낫다고 생각하고 있다. 왜냐하면 적어도 프로그램의 내용이 무엇인지, 어린이가 보아서 적당한 것인지에 대한 정보를 제공해주기 때문이다.

한편 우리나라에서도 아동 및 청소년을 보호하기 위한 제도들이 마련되어 있다. 우선 '방송심의에 관한 규정'에서는 아동 및 청소년 보호에 관한 사항을 별도의 항목(제6절)으로 분리하여 방송사로 하여금 각별한 관심을 촉구하고 있다. 구체적으로 '방송심의에 관한 규정' 제43조에서는 "방송은 어린이와 청소년이 좋은 품성을 지니고 건전한 인격을 형성하도록 힘써야 한다"(1항)라는 조항 및 "방송은 어린이와 청소년의 균형 있는 성장을 해치는 환경으로부터 그들을 보호하고 어린이와 청소년에게 유익한 환경의 조성을 위하여 노력하여야 한다"라는 조항을 두어 아동 및 청소년 보호에 특별한 가치를 부여하고 있다(강명현·유홍식, 2010). 또한 텔레비전 등급제도 지난 2001년부터 시행되고 있다. 2001년에 제정된 통합 방송법에서는 "방송 사업자는 아동과 청소년을 보호하기 위하여 방송 프로그램의 폭력성 및 음란성 등의 유해 정도, 시청자의 연령 등을 감안하여 방송 프로그램의 등급을 분류하고 이를 방송 중에 표시하여야 한다"(제33조 3항)라는 조항을 두어 등급제의 시행을 법적인 강제 사항으로 규정했다. 그리고 방송통신심의위원회로 하여금 분류 등급과 관련하여 분류 기준을 비롯한 필요 사항을 위원회 규칙으로 정하여 공표하도록 했다(제33조 4항). 하지만 시행 이후 미국과 마찬가지로 등급 분류의 불일치 문제 등이 지속적으로 제기되어(강명현, 2005), 2006년 개정 방송법을 통해 등급 분류가 적절하지 않다고 판단될 경

우 방송통신심의위원회로 하여금 등급 조정을 요구할 수 있는 권한을 부여
했다(제33조 6항).

(2) 청소년 보호 시간대 제도

세계 각국은 방송으로부터 어린이와 청소년을 보호하기 위해 유해 프로
그램을 심야 시간대에만 방영하도록 하는 이른바 청소년 보호 시간대 제도
를 운용하고 있다(강명현·유홍식, 2010). 먼저 미국에서는 퍼시피카 판결 이
후 1978년부터 안전 도피 시간대safe harbor라는 이름으로 청소년 보호 시간
대 제도가 시행되었다. 안전 도피 시간대는 대개 밤 10시부터 다음 날 새벽
6시까지의 심야 시간대로 설정되었으며, 아동 및 청소년에 유해한 내용물
은 이 시간대에 방송하도록 했다. 1980년대 말 일부 방송사들이 이러한 규
제에 거부 움직임이 있었으나 미국 재판부는 어린이·청소년 보호라는 공공
의 이익을 위해 필요한 제도라며 규제를 정당화했다.

영국에서는 지난 2005년 청소년 경계 시간대(워터셰드watershed)라는 이름
의 청소년 보호 시간 제도를 도입했다(≪해외방송정보≫, 2009년 3~4월 호). 영
국의 방송규제 기관인 오프컴Ofcom은 새로운 방송 가이드라인을 발표하면
서 저녁 9시 이전에는 15세 이하 청소년에게 적합한 프로그램을 방송해야
하며 그 이상 등급은 저녁 9시 이후에 방송하도록 규정했다. 하지만 18세
이상 등급의 영화라도 비밀번호Personal Identification Number: PIN를 통해 시청하
도록 되어 있는 채널은 방영 시간대에 대한 규정을 적용받지 않도록 했다.
그리스는 현재 5개 등급으로 구분하여 각 방영 시간대를 차등해 운용하고
있다. 부모의 시청 지도가 필요하다고 판단되는 프로그램은 오후 7시부터
다음 날 아침 6시 사이에만 방영하도록 했고(오후 7시 이전 방송 금지), 15세
이상 시청가 프로그램은 오후 9시부터 다음 날 오전 6시까지(오후 9시 이전

방송 금지), 그리고 성인 프로그램은 자정부터 다음 날 오전 6시까지로 규정하고 있다(자정 이전 방송 금지). 아일랜드의 청소년 보호 시간대는 오후 9시부터 다음 날 오전 5시 30분까지로 설정되어 있고, 독일어권 국가들의 청소년 보호 시간대는 오후 10시부터 다음 날 오전 5시 30분 이전으로 규정하고 있다. 핀란드에서도 연령 등급에 따라 방영 시간대가 달라지는데, 11세 이상 등급은 오후 5시 이후, 15세 이상 등급은 오후 9시 이후, 18세 이상 등급은 오후 11시 이후에만 방송하도록 했다. 또 2008년에는 13세 이상 등급이 신설되어 오후 7시 이후에만 방송되도록 했다. 호주에서도 등급에 따라 방영 가능 시간대를 달리 적용하고 있는데, 15세 이상 등급의 프로그램은 오후 9시 이후에만 방송하도록 했고, 유료 채널에서 성인물adults only은 오후 10시 45분부터 새벽 4시 45분 사이에만 방송하도록 하고 있다(강명현, 2011).

우리나라도 지난 1997년에 각종 유해 환경으로부터 청소년을 보호·구제하기 위해 '청소년 보호법'을 통해 청소년 시청 보호 시간대 제도가 도입되었다. 즉, 이 법의 제19조에서는 방송 시간의 제한 규정을 두어 청소년 유해물의 경우에는 방송편성 시간에 제한을 가하고 있다. 구체적으로 청소년 보호 시간대를 평일의 경우 오후 1시부터 오후 10시까지, 방학 기간에는 오전 10시부터 오후 10시까지로 규정하고 있다(동법 시행령 제18조). 그리하여 현재 모든 방송사들은 19세 이상 시청가 프로그램을 밤 10시 이후에 편성하도록 되어 있다.

(3) 어린이 프로그램 광고

광고와 관련해서도 방송사업자에게 공적인 의무를 부과하고 있다. 예를 들어 우리나라에서는 어린이 프로그램을 방영할 때 광고와 프로그램 간 혼선을 막기 위해 화면에 자막 표기를 의무화하도록 했다. 즉, 우리나라 방송법에서는 방송사업자로 하여금 방송광고와 방송 프로그램이 혼동되지 않도록 명확하게 구분할 의무를 지웠으며, 특히 어린이를 주 대상으로 하는 방송 프로그램의 경우 방송광고 시간 및 전후 광고 시간에 반드시 광고임을 밝히는 자막을 표기하도록 하고 있다(제73조 1항). 이는 인지 능력이 떨어지는 어린이 시청자를 방송이 특별히 보호해야 한다는 취지를 바탕으로 한다. 이와 비슷하게 미국의 어린이 법에서도 어린이 광고에 대해서는 규제가 가해지는데, 시간당 주중 12분, 주말 10분 30초 이내로 광고 시간을 제한하고 있으며, 프로그램 속 인물이 프로그램 중간이나 전후 광고에 등장하는 호스트 셀링host selling이나 타이인 광고tie-in advertising를 금지하고 있다(성지연, 2008).

(4) 유괴 경보 시스템

접근의 보편성이 용이한 방송매체는 그 특성을 미아나 유괴 수사에 활용하도록 하는 공적 기능이 요구된다. 미국에서 시행되고 있는 유괴 경보Amber Alert 시스템이 대표적인 예이다. 이 제도에 '앰버 경보'라는 별칭이 붙은 것은 1996년 유괴된 앰버 해거먼Amber Hagerman이란 여자아이에 대한 미국 언론의 대대적인 보도가 있었기 때문이다. 당시 아홉 살인 앰버가 유괴되자 지역 주민들은 방송사에 유괴 사실을 알리는 경고 시스템을 발신해주기를 요청했고, 이에 각 방송사가 유괴된 어린이에 대한 경보를 발송한 것이 계기가 되었다. 하지만 미국에서는 연방정부 차원이 아닌 각 주가 자율적으로 방송사의 유괴 경보 시스템을 운영하도록 하고 있다. 2005년 현재 이러한 유괴 경보 시스템은 하와이를 제외한 모든 주에서 운영되고 있다. 또한 지난 2002년에는 이러한 앰버 경보 장치 설치 지원법이 제정되었다. 방송을 통한 유괴 경보 장치는 실제로 적지 않은 효과를 발휘했는데, 미국 미아 센터의 자료에 따르면 지난 7년 동안 약 100여 명의 유아를 구출하는 데 도움이 되었다.

3 | 공영방송의 공공성

공적 소유와 공적 재원을 바탕으로 하는 공영방송은 사적 기업이나 조직에 요구되는 것과는 차별화된 책무성을 요구받는다(배진아, 2007). 그리하여 주요 공영방송들은 전체 국민을 대상으로(보편적 서비스) 문화적 창의성이 있는 양질의 프로그램을 통해 사회를 통합하고 민주적 가치를 구현해야하는 등의 각별한 역할을 부여받는다. 우리나라 공영방송인 KBS도 이러한 공적 책임에서 자유로울 수 없다. 우리의 방송제도에서는 KBS가 수행해야 할 책무성에 대해 방송법에서 그 내용을 별도로 명시하고 있다. 공영방송으로서 KBS가 수행해야 하는 공적 책임에 대해 방송법에서는 "지역과 주변 여건에 관계없이 양질의 방송 서비스를 제공"해야 하고 "시청자의 공익에 기여할 수 있는 새로운 방송 프로그램 및 방송 서비스를 연구·개발"해야 하며 "민족문화를 창달하고 민족의 동질성을 확보할 수 있는 방송 프로그램을 개발하고 방송"할 것을 요구받고 있다(제44조). 즉, 법에서 요구하는 KBS에 대한 차별적인 공적 책무는 ① 누구나 이용 가능해야 하는 보편성, ② 프로그램 및 서비스 개발의 혁신성, ③ 민족문화 창달, ④ 민족의 동질성 구현에 대한 기여 등이다. 공영방송에 강조되는 이러한 공적 책임은 다른 나라의 공영방송도 다르지 않다. 가령 영국의 오프컴도 칙허장을 통해 BBC가 추구해야 할 공적 책무를 명시한 바 있는데, 이를 살펴보면 ① 시민의식과 시민사회의 지속, ② 교육 및 학습의 장려, ③ 창의성 및 문화적 우수성 고취,

④ 영국 국가, 지역, 공동체의 번영, ⑤ 영국을 세계에 알리기, ⑥ 디지털 영국의 건설 등이었다(DCMS, 2006). 또한 BBC는 「공적 가치의 창출: 디지털 세계를 위한 BBC」라는 보고서를 통해 개인 가치, 시민 가치, 경제적 가치 등 BBC가 추구해야 할 세 가지 가치를 제시한 바 있다. 여기서 개인 가치는 폭넓은 프로그램을 제공함으로써 개인의 사적 가치를 확인하도록 도와주는 임무를 말하며, 시민 가치는 시청자가 시민으로서 역할을 수행할 수 있도록 공공의 이슈와 민주주의적 발전 도모를 위한 다양한 프로그램을 제공하는 것을 의미한다. 마지막으로 경제적 가치는 방송산업의 질적 수준과 창의성을 자극하여 경쟁력과 프로그램 가치의 향상을 제고하는 것을 말한다(정회경·유승훈, 2008). 이처럼 공영방송은 공공 서비스로서의 기본적인 책무와 함께 별도로 창의적인 프로그램 개발, 공동체 결속, 민족문화 창달, 혁신적 서비스 개발, 보편적 서비스 등과 같은 특별한 공적 책무를 부여받음을 알 수 있다.

4 | 유료방송의 공공성

유료방송은 전통적인 지상파 방송과 달리 채널 희소성이 완화되고 공공자원이라 할 수 있는 전파를 이용하지 않기 때문에 공적 책임의 의무가 상대적으로 약하다. 그럼에도 유료방송 역시 사회적으로 파급력이 있고 80% 이상 가입되어 있어 접근의 보편성이 있는 만큼 공공성을 지닌 미디어로 인정되기 때문에 공적 책임에서 자유로울 수 없다(정윤식, 2005). 따라서 유료방송에서도 정도의 차이는 있지만 최소한의 공공성이 요구되며, 공익 및 공공 채널 제도 등이 대표적인 예라 할 수 있다.

1) 공익 채널 제도

공익 채널 의무편성 정책은 유료방송의 지나친 상업화를 막고 방송의 공공성을 강화하기 위해 도입된 제도적 장치이다. 이 제도는 상업적 성격이 강한 유료방송에서 상대적으로 공익적 성격이 강하다고 판단되는 채널을 국가기관이 선정하면 이를 유료 플랫폼[즉, 케이블 TV SO, 위성사업자(스카이라이프), IPTV]이 의무적으로 편성하도록 하는 제도를 말한다. 여기서 공익적 성격이 강한 것으로 인식되는 채널의 선정 기준은 문화적 다원성과 방송 콘텐츠의 다양화를 위해 필요하고 교육적·사회적 역할 등 방송의 공익성 및 사회적·문화적 필요성에 부합하는 채널들이다. 더불어 일반적 선호도가 미흡하여 방송사업자 간 자율 계약을 통해서는 시청자에게 제공되기가 어려운 소수 지향적인 성격의 채널을 말한다. 이러한 공적 성격을 지니는 채널들이 시장의 논리에 의해 도태되는 것을 방지하기 위한 취지로 도입되었다. 이 제도는 유료방송 시장에서 공공성 실현을 위해 지속적으로 필요성이 제기되어 지난 2007년 방송법 개정을 통해 법적 제도로 확립되었다. 방송법 제70조 8항에서는 공익 채널을 "방송 분야의 공익성 및 사회적 필요성을 고려하여 방송통신위원회가 고시한 방송 분야에 속하는 채널"로 정의하고 있고, 플랫폼 사업자로 하여금 이들 채널을 의무적으로 편성하도록 강제하고 있다.

공익 채널로 선정되기를 원하는 채널은 매년 9월 말까지 선정을 위한 신청서를 방통위에 제출해야 하고, 방통위는 이를 토대로 채널의 적합성, 공익성, 공적 책임 의식 등을 종합적으로 검토하여 공익 채널을 선정하게 된다. 공익 채널 선정의 유효기간은 1년으로, 매년 각 분야별로 각각 세 개의 채널을 선정하게 되며, 케이블 SO나 IPTV 등 유료방송 플랫폼들은 이렇게

표 3-2 __ 공익 채널 분야의 변화

2005년 7월 ~ 12월	2006년 11월	2007년 11월	2008년 11월	2009년 ~ 현재
① 한국 문화(한국어)	① 한국 문화(영어)	① 시청자 참여, 사회적 소수 이익 대변	① 시청자 참여, 사회적 소수 이익 대변	① 사회복지
② 한국 문화(영어)	② 시청자 참여	② 저출산·고령화 사회 대응	② 저출산·고령화 사회 대응	② 과학·문화 진흥
③ 수능교육	③ 수능교육	③ 문화·예술 진흥	③ 문화·예술 진흥	③ 교육 지원
④ 초·중등교육	④ 장애인 시청 지원	④ 과학·기술 진흥	④ 과학·기술 진흥	
⑤ 사회적 소수 대변	⑤ 교육	⑤ 공교육 보완	⑤ 공교육 보완	
⑥ 환경·자연보호	⑥ 환경·과학	⑥ 사회교육 지원	⑥ 사회교육 지원	
⑦ 어린이·청소년	⑦ 순수예술			
⑧ 과학·기술	⑧ 사회적 소수 대변			
⑨ 순수예술·문화				
⑩ 역사·다큐				
10개 분야	8개 분야	6개 분야	6개 분야	3개 분야
16채널 선정	채널 선정 유보	12채널 선정	11채널 선정	9채널 선정

지정된 공익 채널 중에서 분야별로 최소 한 개 이상을 의무적으로 편성해야
한다. 공익적 분야는 처음 10개 분야로 출발했으나 운영 과정에서 너무 과
도하게 많다는 지적에 따라 최근에 세 개 분야로 축소되었다.

2) 공공 채널의 의무편성

공익 채널과 비슷한 성격을 지니는 것으로 공공 채널이 있다. 공공 채널
은 "국가가 공공의 목적으로 이용할 수 있는 채널"로 소유 주체가 국가기관
이라는 측면에서 일반 사업자가 운영하는 공익 채널과 다소 차이가 있다.
현재 공공 채널로 지정된 채널은 〈국민방송KTV〉, 〈국회방송NATV〉, 〈방송대
학TVOUN〉 등 세 개 채널이고, 유료방송 플랫폼들은 이들 세 개 공공 채널
을 모두 의무적으로 편성해야 한다.

하지만 현재 유료방송에서의 공익·공공 채널 의무편성 제도는 공공 채
널과 공익 채널의 구분 기준이 모호하다는 점, 공익 채널을 의무 송출했음

표 3-3 __ 공공 채널 현황

공공 채널	운영 법인	법인 설치 근거	지정 근거
국민방송 (KTV)	한국정책방송원 (문화부 소속)	문화부 및 소속 직제	공보처 고시 (1993.5.29)
방송대학TV (OUN)	한국방송통신대학교 (교육부 관할)	한국방송통신대학교 설치령	공보처 고시 (1995.8.17)
국회방송 (NATV)	국회사무처	국회사무처법	방송위 의결 (2003.12.9)

에도 실제로 다양성 구현이나 시청률 상승효과가 크게 나타나지 않고 있다는 실효성의 문제(김도연, 2014; 김유빈·윤석민, 2010; 도준호·오하영, 2010), 그리고 지정 채널 수의 적정성 문제 등이 제기되고 있다(강명현, 2014). 그럼에도 유료방송의 상업화에 따른 문제점을 보완하고 사회의 다원성과 소수자 이익을 담보할 수 있다는 측면에서 유료방송의 공공성 구현에 긍정적인 제도로 평가되고 있다.

4장

다양성

정책의 목표로서 미디어 다양성은 독점이나 소유 집중에 의해 무시될 수 있는 소수의 의견을 반영하여 민주사회를 유지하기 위한 것이다. 다시 말해 다양한 미디어를 제공함으로써 더 많은 의견과 아이디어가 교환되는 자유로운 아이디어 시장을 만드는 것이 미디어 다양성을 추구하는 목표라고 할 수 있다. 크로티유와 호이네스(Croteau and Hoynes, 2006)는 미디어에서 다양성이 필요한 이유로 다음과 같은 점을 거론했다. 첫째, 사회의 시민들이 더 다양한 의견에 노출되도록 하여 시민들의 의사결정에 도움을 줄 수 있다. 둘째, 미디어의 다양성이 높아지면 공론장에 그만큼 혁신적인 의견이 제기되고, 이는 기존의 가치들을 비판적으로 검토하는 계기가 된다. 셋째, 미디어가 다양해지면 사회 내에서 다양한 문화 공동체들이 자신들의 정체성을 유지할 기회가 높아질 수 있다. 한마디로 나폴리(Napoli, 2001: 125)가 지적했듯이 미디어 다양성이 추구되어야 하는 근본적인 이유는 시민들이 "많은 정보를 가진 상태에서 의사결정, 문화적 다원주의, 시민 복지, 민주주의 사회의 원활한 기능"을 가능하도록 하기 때문이다. 미디어 다양성에 대한 이러한 중요성 때문에 각국의 커뮤니케이션 정책은 지속적으로 어떻게 미디어의 다양성을 보존하고 증진시킬 것인가에 초점이 맞추어져 왔다. 방송정책에서도 예외는 아니어서, 오언(Owen, 1978)은 "방송규제를 해야 하는 중요한 목적 중 하나"라고 언급하기도 했다.

하지만 미디어 다양성이 지니는 이러한 사회적 가치 또는 그 당위성에도 불구하고 미디어가 다양하다는 것은 무엇을 의미하는지, 미디어 다양성은 측정 가능한지, 또 가능하다면 어떤 방법으로 측정할 수 있는지와 같이 미디어 다양성과 관련된 세부적인 논의들은 여전히 정립되지 못하고 있다. 예를 들어 미디어가 다양하다는 것이 지상파, 케이블, IPTV 등 전송매체(플랫폼)가 다양하다는 것인지, KBS, MBC 등 채널이 다양하다는 것인지, 또는 이들 채널에서 보도, 교양 등 프로그램 포맷이 다양하다는 것인지 등 판단하는 대상에 따라 다양성의 개념은 얼마든지 달라질 수 있다. 또한 공급 측면에서 다양해야 하는지, 아니면 수요(이용) 측면에서 다양한 것이 좋은지도 대해서도 명확하게 답변하기 어렵다(성욱제, 2012). 더불어 미디어 다양성은 측정 가능한 것인지, 또 다양성에 영향을 미치는 요인은 무엇이고 이는 정부 규제를 통해 확보될 수 있는지와 같은 정책적 의제들은 여전히 논쟁적이다. 이 장에서는 미디어 다양성의 개념, 측정 방식과 과정, 그리고 미디어 다양성을 확보하기 위한 정책은 어떤 것들이 있는지, 또 그러한 정책의 효과는 어떠한지 등에 대해 자세히 살펴보기로 한다.

1 | 다양성의 개념

다양성이란 개념은 광범위하고 여러 가지 복합적인 의미들이 혼재해 있기 때문에 한마디로 정의하기가 쉬운 일이 아니다. 다시 말해 커뮤니케이션 정책의 당위적인 목표로 간주되었음에도 다양성의 개념은 어떻게 정의되며, 구성요소는 무엇인지, 또 어떤 특징을 지니고 있는지에 대한 구체적 합의가 이루어지지 않았다(Owen and Wildman, 1992; Owen, 1977, 1978). 이는 사람들에 따라 다양성에 대한 견해가 다르기 때문에 발생하는 현상으로, 어쩌면 다양성에 대한 정의를 명확히 제시하려는 시도 자체가 무모한 일인지 모른다. 그렇기에 다양성이란 개념을 정의하기에 앞서 학자들이 제시하는 다양성의 유형을 살펴보는 것이 다양성의 본질에 다가가기 위한 좀 더 현실적인 접근 방법이라고 할 수 있다.

와일드먼과 오언(Wildman and Owen, 1985)은 다양성 개념에 접근할 수 있는 단초를 제공하는데, 이들은 다양성을 접근의 다양성, 내용의 다양성, 사상의 다양성 등 세 차원으로 나누어 설명했다. 여기서 접근의 다양성은 미디어가 사회 각계각층의 다양한 관점을 배제하지 않고 반영해주는 다양성을 의미하며, 내용의 다양성은 시청자들에게 제공되는 프로그램 내용의 다양성을 말한다. 마지막으로 사상의 다양성은 사회의 다양한 이념이나 비판이 제공되고 있는가에 대한 다양성을 뜻한다. 한편 블루머(Blumer, 1992)는 다양성의 종류를 좀 더 자세하게 제시했는데, 실재적 다양성substantive diversity, 프로그램 유형의 다양성program type diversity, 편성의 다양성scheduling diversity, 스타일의 다양성stylistic diversity, 자원 할당의 다양성allocation of resources, 수용자 다양성audience diversity, 질적 다양성qualitative diversity 등으로 다양성의 유형을 언급했다. FCC(2003)도 정책을 통해 추구해야 할 다양성의 종류를 제시했는데, 관점의 다양성viewpoint diversity, 창구의 다양성outlet diversity, 프로그램 다양성program diversity, 공급원의 다양성source diversity, 소수자 및 여성 소유의 다양성minority and female ownership diversity 등이 그것이다. 여기서 관점의 다양성은 프로그램 내용상에서의 의견의 다양성을 말하고, 창구의 다양성은 콘텐츠를 제공하는 채널의 다양성을 뜻한다. 그리고 프로그램 다양성은 포맷이나 장르의 다양성을 의미하며, 공급원의 다양성은 콘텐츠 제작 주체의 다양성을 말한다.

이렇게 산재되어 있는 미디어 다양성에 대한 개념을 비교적 종합적이고 체계적으로 정리한 것은 나폴리(Napoli, 2001)였다. 그는 미디어 다양성을 가치 사슬 단계별로 ① 공급원의 다양성source diversity, ② 콘텐츠(내용)의 다양성content diversity, ③ 노출의 다양성exposure diversity 등으로 분류하여 제시했다. 그는 각 단계별 다양성을 그 자체로 독자적인 중요성을 지니기도 하지만 서로 유기적으로 연관되어 영향을 미치는 것으로 파악했다. 그동안 수많은 국내외 학자들은 미디어 다양성에 대한 본질을 파악하기 위해 여러 가지 용어를 사용하여 차별적인 개념 정의를 시도하기는 했으나 내용상에서는 나폴리가 제시한 다양성 유형의 범주와 본질적으로 큰 차이가 없어 보인다. 예컨대 혹자는 이를 경제적 집중, 콘텐츠 집중, 수용자 집중으로 바꾸어 부를 것을 제안하기도 하고(임정수, 2004), 콘텐츠의 다양성을 상품의 다양성으로(이상우·배선영, 2011), 또 노출의 다양성을 이용의 다양성(성욱제, 2010) 등으로 그 용어를 대체했으나 본질적인 내용은 나폴리가 제시한 유형과 크게 다르지 않다. 나폴리의 다양성 유형이 지니는 또 다른 장점으로는 지금까지 거론되었던 다양성 유형에 비해 비교적 상호 배타적인 항목으로 구성되었다는 점이다. 더불어 다양성의 유형이 콘텐츠의 가치 사슬 단계별로 정리되어 있어 비교적 이해하기 쉽다는 장점도 지닌다. 이러한 이유로 이 장에서도 나폴리의 유형 분류를 미디어 다양성을 이해하는 개념 틀로 사용하여 ① 공급원의 다양성, ② 내용의 다양성, ③ 노출의 다양성과 같은 세 가지 차원으로 구분하여 설명하고자 한다.

1) 공급원의 다양성

공급원의 다양성은 콘텐츠 공급(생산) 단계에서의 다양성을 말한다. 공급원의 다양성은 미디어 기업이 얼마나 많은 사람에 의해 소유되고 있는가 하는 소유주의 다양성ownership diversity이나 실제 제작 과정에 참여하는 사람들, 즉 제작 인력의 다양성workforce diversity 등이 해당된다. 여기서 소유주의 다양성은 콘텐츠를 생산하는 미디어 기업이 특정인에 의해 집중되기보다는 다양한 사람에 의해 소유될수록 미디어의 내용 역시 다양해질 수 있다는 전제를 바탕으로 한다. 더불어 소유주가 아무리 다양하더라도 실제 제작하는 사람이 다양하지 못할 경우 미디어 내용의 다양성은 확보될 수 없는 것으로 가정된다. 가령 한 방송사에 남성 피디의 비율이 많은 경우 그 방송사의 프로그램 내용은 남성 친화적일 가능성이 높은 것으로 예측되는 것과 마찬가지이다. 따라서 제작 인력의 다양성 역시 공급원의 다양성과 관련하여 중요한 요인으로 간주된다. 미국에서 실시하고 있는 동등 고용 기회Equal Employment Opportunity: EEO와 같은 규칙은 제작 인력의 다양성을 추구하기 위한 대표적인 제도로, 방송사가 제작 인력을 고용할 때 성별, 인종, 종교, 출신, 피부색 등의 요인으로 차별하지 않도록 하기 위한 것이다.

2) 내용의 다양성

언론사의 소유주나 제작 인력이 다양하게 구성되어 있다고 하더라도 실제 제공되는 미디어의 내용이 그렇지 못하다면 다양성이 확보되었다고 할 수 없을 것이다. 내용의 다양성은 실제 제공되는 미디어의 내용이 얼마나 다양하게 제공되는가를 의미하는 것으로, 이는 공급원의 다양성이 외부로

발현된 형태의 다양성이라 할 수 있다. 내용의 다양성에 대한 예로는 제공되는 콘텐츠의 포맷(장르)이 얼마나 다양하게 제공되는가, 프로그램에 나타나는 출연진의 분포는 인구 사회학적(성별, 연령별, 직업별, 계층별 등)으로 얼마나 다양한가, 또 정보 제공에서 얼마나 다양한 관점(의견)이 반영되어 있는가 등을 들 수 있다. 이 중에서 프로그램 포맷의 다양성이 가장 흔하게 이용되지만 특정 사안에 대해 다양한 의견들이 제공될 때 시민들이 합리적으로 정치적 판단을 할 수 있다는 점에서 관점의 다양성 역시 중요한 가치로 이해된다. 다만 관점의 다양성은 시간별·상황별로 변화하는 속성을 지니고 있으며 사람에 따른 판단이 주관적일 수 있기 때문에 측정의 어려움이 있는 것이 사실이다(Ho and Quinn, 2009). 결국 내용의 다양성은 콘텐츠의 다양성, 제품의 다양성, 상품의 다양성, 프로그램의 다양성 등과 동일한 개념으로 파악되며, 이는 측정 과정에서 프로그램 포맷의 다양성이나 의견의 다양성 등의 하위 개념으로 조작된다.

3) 노출의 다양성

노출의 다양성은 최종 이용 단계에서의 다양성으로, 수용자가 실제 미디어를 이용할 때 선택 가능한 매체(옵션)가 얼마나 다양한지를 의미하는 것이다. 노출의 다양성은 다시 수평적 다양성과 수직적 다양성으로 구분할 수 있는데(Entman and Wildman, 1992), 수평적 다양성은 특정 시점에서 선택할 수 있는 콘텐츠(매체)의 다양성(채널 간 다양성)을 말하고 수직적 다양성은 특정 채널 내에서 선택할 수 있는 콘텐츠 옵션의 다양성(채널 내 다양성)을 의미한다.

노출의 다양성이 수용 단계에서 다양성을 측정하는 것이기는 하지만 선택할 수 있는 옵션이 많다는 것과 실제로 이를 이용하는 것은 다르다는 점에서 최근에는 이용 다양성에 대한 중요성이 제기되고 있다(성욱제, 2010). 예를 들어 케이블과 같은 다채널 미디어의 등장으로 예전에 비해 다양한 채널이 제공되어 시청자가 선택할 수 있는 채널 선택 폭은 증가했으나 실제로는 선호하는 채널들만 골라서 시청하는 이른바 시청의 집중화 현상이 나타나고 있다는 점(Youn, 1994)은 노출의 다양성이 이용의 다양성과는 다른 개념임을 시사한다. 즉, 퍼거슨과 퍼스(Ferguson and Perse, 1993)가 주장하듯이 '이용 가능성availability'과 실제 '이용use'은 엄밀히 다른 개념인 것이다. 이런 맥락에서 단순히 제공되는 옵션의 수보다는 실제 이용자들이 이용한 매체나 콘텐츠의 다양성이 더 중요하기 때문에 최근 이용에 대한 다양성 측정이 활발히 시도되고 있다. 예컨대 성욱제 외(2009)는 어떤 매체를 주요 시사 정보원으로 이용하는지에 대한 설문조사를 실시하고 그 결과를 바탕으로 다양성을 분석했는데, 이는 이용의 다양성 관점에서 측정한 대표적인 예라고 할 수 있다.

2 | 다양성의 측정

1) 측정 단위와 자료

다양성에 대한 개념을 정의하는 것만큼이나 측정하는 작업 역시 어렵다. 측정하려는 대상을 어떻게 설정할지, 어느 지수를 이용할지, 그리고 어떤 자료를 이용할지에 따라 다양성의 측정 결과가 달라지기 때문이다. 물론 이러한 문제들은 다양성에 대한 정의와 다양성을 측정하고자 하는 목표를 어디에 두느냐의 문제와 연관된다.

먼저 측정하는 대상object의 문제는 예컨대 전체 미디어(예: 텔레비전, 신문 등)를 분석 단위로 할 것인지, 채널(예: KBS, MBC 등)을 단위로 할 것인지, 더 나아가 개별 프로그램 내의 구체적인 내용의 다양성을 측정할 것인지의 문제를 말한다. 이는 측정하려는 목적에 따라 결정되는데, 가령 특정 시장 내의 미디어 사업자 간 다양성을 측정할 경우는 그 시장에 있는 모든 미디어(텔레비전, 신문, 잡지 등)의 다양성을 측정하게 된다. 또한 TV 채널 간 다양성의 정도를 비교하기 위해서는 개별 채널의 다양성을 분석 단위로 측정해 비교하게 되고, 프로그램 내용에서의 출연자 다양성을 비교할 경우에는 프로그램을 분석 단위로 설정하여 등장하는 인물들의 인구 통계학적 비율을 분석하게 된다. 즉, 미디어 다양성에 대한 분석 단위는 측정 목적에 따라 정보의 개별 콘텐츠 단위(예: 텔레비전 프로그램, 뉴스 기사 등), 콘텐츠 번들 단위(TV 채널+신문), 매체 단위(TV, 라디오, 신문 등), 그리고 전체 커뮤니케이션 시스템 단위 등이 있을 수 있다(Van Cuilenburg, 2007).

한편 동일한 분석 목적인데도 실제 어느 자료를 사용하느냐에 따라 결과가 달라질 수 있기 때문에 분석 목적에 적합한 데이터를 선택해 사용하는 것도 중요하다. 예컨대 어느 지역의 텔레비전 시장에서 기업 간 다양성의 정도를 파악하려고 할 때, 공급 측면에서 단순히 기업의 수로 분석할 때와 매출 점유율 자료를 사용할 때의 결과가 다르고, 또 이용 측면에서 시청 점유율 자료를 사용할 때 그 결과가 달라질 수 있다. 그리고 시청 점유율 데이터를 사용할 때도 설문조사를 통해 구해진 자료와 시청률을 통해 얻어진 자료는 다른 측정 결과를 야기할 수 있다.

2) 측정 방법

미디어 다양성 정도를 계량화하고 이를 비교·평가하기 위한 목적으로 그동안 많은 다양성 지수가 개발되었다. 대표적인 다양성 지수로는 집중도 지수, HH 지수, 상대적 엔트로피 지수, 심슨의 D 지수, 로렌츠 곡선 및 지니 계수 등이 있다. 이 지수들은 원래 경제학에서 한 시장에서 특정 사업자에 의한 독과점 가능성이 있는지를 평가하기 위해 고안되었거나(집중도 지수나 HH 지수), 소득 분배가 얼마나 불평등한지(지니 계수) 등을 평가하기 위해 개 발되었으나, 이후 미디어 분야에서 사업자 간 경쟁의 정도를 판단하거나 프 로그램 장르의 다양성 측정을 위해, 또 여론의 독과점 형성 여부 등을 판단 하는 데 응용되고 있다. 주요 다양성 지수 중에서 비교적 활발하게 이용되 는 몇몇 지수의 산출 및 해석 방법을 자세히 살펴보면 다음과 같다.

(1) 집중도 지수

먼저 다양성 지수 중에서 가장 쉽게 산출할 수 있는 지수로는 집중도 지 수Concentration Rate: CR를 들 수 있다. 이 지수는 한 시장에서 각 기업 개개의 점유율을 산출한 후, 이 중 상위 3개 또는 4개(간혹 8개도 사용됨) 기업의 점 유 비율을 합산하는 것으로, 합산된 비율이 높을수록 집중된 시장으로 간주 된다. 이 지수는 측정 과정이 간편하고 그 의미가 분명하다는 장점이 있지 만 상위 기업 이외의 기업 점유율은 지수에 반영되지 않으며 상위 기업의 수를 결정하는 것도 자의적이라는 단점이 있다.

(2) 허핀달-허쉬만 지수

허핀달-허쉬만 지수Herfindahl-Hirschman Index: HHI(일반적으로 HH 지수라 함)는

다양성 지수 중에서 가장 활발하게 이용되고 있다. 이 지수는 원래 미국 법무성에서 시장의 집중 정도를 파악하기 위해 허핀달Orris C. Herfindahl과 허쉬만Albert O. Hirschman이라는 경제학자에 의해 고안된 지수로, 집중도 지수의 단순성을 보완하기 위해 개발되었다. 이 지수는 아래의 공식에서 보듯이 개별 기업의 점유율을 제곱한 후 이를 합산함으로써 그 결과가 산출된다. 상위 몇 개 기업의 점유율만 계산에 포함하는 집중도 지수와 달리 모든 기업의 점유율을 포함한다는 점에서 더욱 정교한 지수로 평가받고 있다.

$$\text{HH 지수} = \sum_{i=1}^{n} (pi)^2$$

pi: 개별 기업의 시장 점유율

이 지수는 개별 기업의 점유 비율이 골고루 분산될수록 점수가 낮아지기 때문에 점수가 낮을수록 그 시장의 다양성이 높은 것으로 해석된다. 하지만 이 지수 역시 모든 기업의 점유율이 계산에 포함될지라도 시장 점유율의 가중 합이기 때문에 결과적으로 점유율이 높은 상위 기업에 상대적으로 높은 가중치가 부여되는 특징을 지닌다(오정일, 2009). 참고로 각 지수의 산출 과정에 대한 이해를 돕기 위해 국내 케이블 시장을 예로 들어 집중도 지수 및 HH 지수를 산출하여 다양성 정도를 평가해보면 다음의 〈표 4-1〉과 같다.

먼저 집중도 지수를 계산하면, 상위 3개 점유 비율이 높은 소유주의 점유율을 합산할 경우 28.3+22.6+16.4=67.3이 된다. 한편 HH 지수로 다양성 정도를 산출해보면 $(28.3)^2+(22.6)^2+(16.4)^2+(9.3)^2+(10.3)^2+(13.1)^2=1944.8$이 된다. 일반적으로 경제학적 관점에서는 HH 지수의 값이 1000 이하이면 낮은 집중도, 1000~1800은 중간 정도의 집중, 그리고 1800 이상이면 집중

표 4-1 __ 국내 케이블 시장의 가입자 점유 비율(2015년 3월 말 기준)

기업명	가입 가구 수	점유 비율(%)	점유 비율의 제곱
CJ 헬로비전	4,115,677	28.3	800.9
티브로드	3,289,210	22.6	510.8
딜라이브(구 C&M)	2,377,472	16.4	268.9
현대 HCN	1,351,449	9.3	86.5
CMB	1,493,532	10.3	106.1
개별 SO	1,909,568	13.1	171.6
전체	14,536,908	100.0	1,944.8

이 심한 산업으로 판단하기 때문에 이러한 기준에 따르면 국내 케이블 시장은 비교적 집중도가 높은 시장으로 평가할 수 있다.*

HH 지수는 비교적 계산 과정이 간편하고 프로그램의 다양성 측정에도 쉽게 응용할 수 있기 때문에 그동안 다양성 측정 방법 중에서 가장 많이 활용되는 지수 중 하나이다. 미디어 다양성 관련 연구를 메타 분석한 한 연구 결과에 따르면, 지난 1995년 이후 15년 동안 국내에서 진행된 미디어 다양성 관련 연구 중 HH 지수를 이용하여 분석한 연구가 전체의 46%로 이용도가 가장 높은 것으로 나타났다(성욱제, 2012).

(3) 상대적 엔트로피 지수

상대적 엔트로피relative entropy 지수는 정보의 질과 다양성을 측정하기 위해 섀넌Claude E. Shannon과 위버Warren Weaver가 개발한 지수로, 전체 비율 중 각

....

* 간혹 방송 프로그램의 다양성 평가 과정에서도 HH 지수를 측정한 후 이러한 산업적 기준을 그대로 적용하여 그 결과를 판단하는 경우가 있다. 하지만 산업적 기준을 방송 프로그램의 장르 다양성 정도를 평가하는 기준으로 사용하는 데는 무리가 있다는 주장도 있다(김봉덕·손승혜, 2008; 홍종배·권상희, 2010).

기업(프로그램 장르)의 구성 비율을 구하고, 그 최댓값으로 나누어 지수를 산출한다.

$$상대적\ 엔트로피\ 지수 = -\sum pi\ log2\ pi$$

pi : 각 기업(장르)의 점유 비율

이 지수는 기업의 수에 비교적 영향을 덜 받고 특정 기업(장르)의 집중도에 민감하지 않기 때문에 다양성을 측정하는 데 효과적이다. 상대적 엔트로피는 0에서 1까지의 값을 가지며, 보통 0.85에서 1.0까지는 다양성이 매우 높은 것으로, 0.70에서 0.79까지는 높은 것으로, 그리고 0.55에서 0.69까지는 보통, 0.01에서 0.34까지는 낮은 것으로 해석된다.

(4) 심슨의 D

심슨의 D 지수Simpson's Diversity Index는 특정 생물이 서식하는 군락 속에 얼마나 다양한 종種이 공생하고 있는지를 측정하기 위해 개발된 지수로, 무작위로 두 개의 샘플을 뽑았을 때 이것이 다른 유목으로 분류될 확률을 의미한다(남시호, 2010). 산출 공식은 다음과 같으며 가장 다양성이 높은 0에서 다양성이 낮은 1까지의 점수로 분포된다.

$$D = 1 - \sum_{i=1}^{n} (pi)^2$$

여기서 n은 유목의 수이며, pi는 i번째 유목에 속한 사례들의 전체 대비 비율($i-1 \cdots k$)을 의미한다.

다양성의 정도를 해석하기가 용이하다는 장점이 있기 때문에 최근 많은 연구에서는 이 지수를 이용해서 다양성 정도를 측정했다(예: 이진영·박재영, 2010; McDonald and Lin, 2004; Lee, 2007).

(5) 지니 계수

원래 지니 계수Gini coefficient는 전체 인구 중 몇 퍼센트가 전체 소득의 몇 퍼센트를 차지하는지를 나타내는, 소득 불균등 정도를 파악하는 지수이다. 일반적으로 지니 계수가 0.5보다 크면 불균등 정도가 높은(즉, 다양하지 않은) 것으로 해석되며, 0.4에서 0.5 정도면 중간 정도의 불균등, 그리고 0.4보다 낮으면 불균등 정도가 낮은(즉, 다양한) 것으로 해석된다. 이 지수를 프로그램 장르에 적용하여 여러 장르가 얼마나 균등하게 분산되었는지를 판단할 수 있다.

3) 합산 영향력 지수

이상과 같은 다양성 지수는 공급원의 측면에서 특정 미디어 기업의 영향력을 판단하거나 내용의 다양성을 측정하기 위한 수단으로 이용되어왔다. 하지만 이들 지수는 신문과 방송, 그리고 인터넷과 같이 미디어가 융합되는 상황에서 다양한 매체의 영향력을 두루 고려하여 평가할 수 없다는 한계가 지적되고 있다. 미디어의 다양성 중에서 특히 여론의 다양성은 어느 한 매체 내에서의 다양성만으로 평가할 수 없기 때문이다. 이러한 이유로 최근에는 한 매체나 개별 미디어에 대한 다양성 평가가 아닌 전체 매체 간 영향을 두루 감안한 이른바 합산 영향력 지수가 개발되고 있다. 합산 영향력 지수란 어느 한 미디어 기업이 신문과 방송(TV)을 모두 보유하고 있을 때 신문과 TV의 매체 영향력은 다르기 때문에 신문의 구독률 등을 TV의 시청 점유율

등으로 환산하는 지수를 말한다.* 예를 들어, 한 미디어 기업이 TV와 신문을 모두 보유하고 있고, 보유한 TV의 시청 점유율은 20%, 신문의 구독률은 전체 신문 시장에서 50%를 차지한다고 가정해보자. 또한 이 시장에서 신문의 영향력은 TV의 절반 정도라고 가정했을 때, 50%의 신문 구독률은 절반인 25%가 된다. 결국 이 미디어 기업의 전체 매체 합산 시장 점유율은 45%(20%+25%)로 환산되는 것이다. 이렇게 다양한 매체의 영향력을 두루 감안하는 합산 영향력 지수의 대표적인 예로는 미국 FCC에서 개발한 다양성 지수Diversity Index: DI와 독일의 미디어 집중조사위원회KEK의 지수, 그리고 우리나라의 통합 시청 점유율 지수 등이 있다.

(1) 미국의 다양성 지수

미국에서 미디어 시장의 집중도를 파악하기 위해 지난 2003년 개발된 다양성 지수Diversity Index: DI는 한 지역 내 모든 정보원 미디어의 개별 점유율을 먼저 산출한 후, 이를 이용 점유율의 가중치로 적용한 지수를 말한다. 이 지수는 먼저 시청률 조사기관인 AC 닐슨의 소비자 매체 이용 조사 결과를 활용하여 한 지역의 모든 정보 미디어의 점유율을 파악하고 이를 가중치로 활용했다. 예를 들어, 특정 지역의 매체 이용 조사를 한 결과, 각 매체의 점유율이 텔레비전 33.8%, 라디오 24.9%, 일간지 20.2%, 주말지 8.6%, 인터넷 12.5%라는 조사 결과가 나왔을 때 텔레비전 0.338, 라디오 0.249, 일간지

---

* 신문 구독률을 시청 점유율로 환산하는 것도 본질적 성격 차이로 인해 등가의 공식으로 전환하기 어렵다는 주장도 있다. 즉, 신문 구독률은 전수조사에 기반을 두고 가구 단위로 이루어지는 반면 시청 점유율은 표본조사를 통해 추정되는 개인적 성격이 강하다. 또한 신문 구독률은 구독 여부만을 알려주는 반면 시청 점유율은 TV 소비 시간 중 채널의 소비 시간 비율을 의미하기 때문에 두 개념은 성격이 다르다는 것이다(정두남·심영섭, 2012).

0.202, 주말지 0.086, 인터넷 0.125라는 가중치를 그대로 사용하여 지수를 계산하는 것이다. 이 지수는 가중치 결정 방식을 조사 결과에 의존하여 간단하게 적용함으로써 운용하기 편리하다는 장점이 있다. 하지만 개별 매체의 점유율을 존재하는 모든 매체의 수로 단지 나눈 것에 불과해 각 미디어의 규모 및 실질적인 매체의 영향력이 정확하게 반영되지 않는다는 비판을 받고 있다. 즉, 다양한 매체의 영향력을 하나의 지수로 통합하고자 한 시도에도 불구하고 여전히 개별 미디어 기업 간 실질적인 영향력 차이가 제대로 반영되지 못했다는 것이다. 그리하여 이 지수는 2004년 연방 제3순회법원에서 채택을 거부당했고, FCC는 2007년 이 지수를 공식 폐기한 것으로 알려지고 있다(조영신, 2009).

(2) 독일의 KEK 지수

오래전부터 독일에서는 시청 점유율 모델을 적용하여 여론 다양성을 평가하는 제도가 확립되어왔다. 이를테면 미디어 집중조사위원회KEK*를 설립했고, 이 기관에서는 3년마다 상업방송 분야에서의 집중 정도와 의견의 다양성을 보장하기 위한 조치들을 담은 보고서를 발간해왔다. 특히 제3차 보고서에서는 여론 지배력을 행사하는 방송 기업의 유관 미디어 시장에서의 영향력을 통합적으로 평가하기 위해 시청 점유율을 통합 산정 기준으로 마련하고 각 매체의 가중 체계 방안을 제시했다. 제시된 가중 체계의 결정 기준으로는 매체가 지니는 소구력, 파급력, 시의성 등 세 가지 기준이 제시되었다. 소구력은 미디어의 내용과 이미지, 음향 등의 조합에 따라 결정되는데, 예를 들어 텔레비전은 텍스트와 영상, 음향 등이 결합된 매체로 가장

---

* 영어로는 'German Commission on Concentration in the Media'가 된다.

소구력이 높은 것으로 평가되었다. 파급력은 수용자의 이용 가능성에 의해 결정되는데, 텔레비전은 인터넷, 잡지, 신문 등에 비해 도달률이 높지만 시공간적 이용 가능성은 낮은 매체로 간주되었다. 시의성은 시사 보도 프로그램의 일상생활과의 관련성이 평가 기준으로, 얼마나 정보가 빠르게 업데이트되는지를 평가한다. 이러한 기준을 두루 고려하여 매체 간 영향력을 평가한 결과, 일간신문은 소구력과 시의성 측면에서 텔레비전 매체와 비슷한 영향력을 지니는 것으로 평가되지만 파급력 측면에서는 이에 미치지 못해 방송의 2/3에 해당하는 가중치가 부여되었다. 한편 인터넷은 독일 내 보급률이 26%로 낮지만 소구력과 시의성이 높아 1/2의 가중치가 부여되었고, 라디오는 소구력이 텔레비전보다 낮은 것으로 평가되어 역시 1/2의 가중치가 부여되었으며, 잡지는 세 가지 기준에서 가장 낮은 평가를 받아 1/10의 가중치가 부여되었다(심영섭, 2009). 그러나 이와 같은 가중치 부여 방식은 실증적 근거가 없으며 평가 기준 역시 자의적이라는 비판을 받고 있다. 독일의 통합 영향력 지수는 상업방송사에만 적용되며 한 미디어 기업의 시청점유율이 채널 수와 관계없이 30%를 넘을 경우 규제를 가하고 있다.

이처럼 독일의 통합 영향력 지수는 매체가 지닌 파급력을 가중치로 사용했고, 미국의 다양성 지수는 점유율을 기준으로 가중치를 부여했다는 차이점을 보인다. 또한 미국의 다양성 지수는 시장 내 플레이어의 수를 기반으로 하는 반면, 독일의 통합력 지수는 시장 내 플레이어의 수보다는 이용의 집중도로 평가하여 가중치를 부여하고 있다. 하지만 두 지수에서 사용한 가중치 부여 방식, 즉 미디어 플레이어의 수나 매체의 파급력 중 어느 것을 반영하더라도 곧 미디어별 영향력과 반드시 일치할 수 없다는 점에서 가중치를 정확하게 산출했다고 말하기 어렵다. 이러한 이유로 매체 합산 다양성 지수는 항상 논란의 여지가 따른다. 그럼에도 합산 다양성 지수의 개발은

한 사회에서 특정 미디어 기업에 의한 여론 독과점을 통합적으로 관리하여 여론의 다양성을 보장하기 위한 노력의 일환이라는 점에서 긍정적으로 평가되어야 할 것이다.

(3) 한국의 통합 시청 점유율 지수

우리나라도 지난 2009년 종편 채널이 방송시장에 진입하자 신문 기업들의 방송 겸영을 통한 여론 독과점 현상이 우려되었다. 그리하여 특정 미디어 기업에 의한 여론 독과점 현상을 막고자 신문과 방송매체의 합산 시청점유율 지수를 개발하고 특정 채널의 시청 점유율이 30%를 넘지 못하도록 규제하고 있다(방송법 제69조의 2). TV의 시청 점유율은 매년 6월 30일까지 직전 연도의 시청 점유율을 이용하도록 했고, 일간신문 구독률의 시청률 환산은 일간신문과 텔레비전 방송의 매체 특성·이용 현황 및 시장 규모 등을 종합적으로 고려한 이른바 매체 교환율을 정하여 이를 곱하도록 했다. 즉, 매체 교환율은 텔레비전 방송과 일간신문의 매체 영향력 차이로서 텔레비전 방송을 1로 볼 때 일간신문의 상대적인 비율을 말한다. 여기서 매체 영향력은 각 매체의 이용자와 시장에 대한 영향력을 고려하여 측정하며, 측정 결과 값을 산술 평균하여 산출하도록 했다. 먼저 이용자에 대한 영향력은 이용자 설문조사를 통해 측정하며, 조사 내용은 시사 정보 이용률, 시사 정보 이용 시간, 매체 의존도로 하고, 각각의 측정 비율 값을 산술 평균한다. 또한 시장에 대한 영향력은 신문과 텔레비전의 광고 매출 조사를 통해 측정하며, 그 값은 텔레비전 방송의 광고 매출 금액에 대한 일간신문 광고 매출 금액의 비율로 결정하도록 했다. 이와 같은 방식으로 산출한 매체 교환율은 매년 방송통신위원회가 공표하도록 하고 있다.

3 | 다양성에 영향을 미치는 요인

1) 시장의 구조

미디어 다양성에 영향을 미치는 첫 번째 요인으로는 시장의 구조를 들수 있다. 시장의 종류는 보통 그 시장 안에 얼마나 많은 기업이 존재하는가에 따라 완전경쟁시장, 경쟁적 독점시장, 과점시장, 독점시장 등으로 구분된다. 예를 들어 지상파 텔레비전 시장은 전파의 희소성으로 인해 3~4개의방송사만 존재하는 전형적인 과점시장으로 분류된다. 과점시장은 기업의수가 제한되어 있기 때문에 경쟁 기업의 전략을 쉽게 파악할 수 있다는 특징을 지닌다. 그동안 지상파 텔레비전들은 이런 구조적 특성을 이용해 서로서로 비슷한 포맷의 프로그램 유형을 제공함으로써 채널 간 지나친 출혈 경쟁을 피해왔다. 실제로 미국 지상파 3대 네트워크 텔레비전에 대한 프라임타임대 편성 분석을 한 연구 결과에 따르면, ABC, NBC, CBS 세 네트워크의 프로그램 다양성은 지난 30년간 거의 비슷한 것으로 나타났다(Dominick and Pearce, 1976). 이러한 연구 결과는 미디어가 처한 시장의 구조적 특성이미디어 내용의 다양성에 영향을 미칠 수 있음을 보여준다.

2) 경쟁

미디어 간 경쟁 역시 미디어 내용의 다양성에 영향을 미치는 요인으로파악된다. 미디어 간 경쟁이 치열할수록 미디어들은 내용 차별화의 한 수단으로 다양한 포맷의 프로그램을 개발하고 제공하려는 경향이 있다. 이러한점을 뒷받침하는 연구 결과도 많다. 1970년대 중·후반 미국 3대 네트워크

들 간에 일시적으로 치열한 시청률 경쟁이 있었는데, 이 기간의 다양성이 어떻게 변화하는지를 분석한 리트먼(Litman, 1979)의 연구에 따르면 네트워크 간 경쟁이 심해짐에 따라 다양성도 증가하는 것으로 나타났다. 채널 간 경쟁이 미디어 내용의 다양성을 증가시킨다는 연구 결과는 한국에서도 나타났다. 예컨대 한국에서 1991년 신생 채널인 SBS가 등장한 이후 전체 지상파 채널의 다양성이 이전에 비해 높아진 것으로 분석되었다(박소라, 2003; Kang, 1997). 같은 맥락에서 네트워크 간의 경쟁이 약화되면 다양성은 감소하는 경향을 보이는데, 롱(Long, 1979)의 연구에 따르면 1950년대 미국에서 뒤몽 네트워크DuMont Network의 붕괴 이후 네트워크 간 다양성이 감소한 것으로 나타났다. 이와 같은 연구 결과들은 네트워크 간의 경쟁이 프로그램 다양성에 영향을 미치고 있음을 보여준다. 그렇다고 네트워크 수의 증가나 경쟁이 반드시 다양성의 증가를 보장해주지는 않는다. 예를 들어 케이블이나 위성과 같은 다채널이 1980년대 미국 텔레비전 시장에 등장한 이후 채널 다양성이 증가했는지를 분석한 린(Lin, 1995)의 연구 결과에서는 예상과 달리 다양성의 증가가 나타나지 않았다.

3) 광고

광고 또한 미디어 다양성을 저해하는 원인의 하나가 된다(Einstein, 2004). 왜냐하면 광고주는 시청자들이 즐겨보는 프로그램에 광고를 하려고 할 것이고 광고를 재원으로 하는 미디어는 속성상 시청자들의 선호도가 높은 프로그램 유형만을 집중적으로 제작하려고 할 것이기 때문이다. 그리하여 시청자들이 공통적으로 좋아하는 프로그램 제작은 활발하게 이루어지는 반면 소수 시청자들만이 선호하는 장르는 미디어 시장에서 도태될 것이다. 따라서 미디어 기업이 광고에 의존하는 한 미디어 시장에서 다양한 장르의 제작은 구조적으로 어렵게 될 수밖에 없다.

4) 정부 정책

정부 정책도 미디어 내용의 다양성에 영향을 미치는 요인으로 작용한다. 하지만 정부 정책이 실제 미디어 내용의 다양성 증진에 도움이 되는지에 대해서는 의견이 분분하다. 정부 정책에 회의적 시각을 지니는 시장주의자들은 시장의 자동 조정 기능을 강조하면서 시장에 맡겨놓는 것이 오히려 자연스럽게 다양한 의견이 제공될 수 있다고 믿는다. 반면 규제 옹호론자들은 정부의 적절한 정책이 가해질 때에 미디어의 다양성이 확보될 수 있다고 생각한다. 이들은 정부가 개입하지 않을 경우, 미디어 시장은 몇몇 힘센 사업자에 의해 독점될 것이고, 이렇게 되면 그들만의 목소리가 미디어 내용에 투영될 것이라고 우려한다. 이러한 믿음을 바탕으로 실제로 대다수 나라에서는 특정 기업이 과도하게 미디어 시장을 장악하는 것을 금하는 소유규제 정책을 취하고 있다. 그러나 정부 규제가 다양성을 보장해줄 것이라는 믿음에도 불구하고 실증적인 논거는 충분하게 뒷받침되지 않고 있다. 예를 들어 와시래그와 애덤스(Wakshlag and Adams, 1985)에 따르면 1971년 시행된 프라임타임 액세스 룰Prime Time Access Rule의 경우 다양성을 증가시키기 위한 당초의 목적에도 불구하고 정책 시행 이후 다양성이 오히려 감소한 것으로 나타났다. 한국에서도 제작원의 다양성을 위해 도입된 외주정책이 실제 지상파 프로그램의 다양성 증가에 영향을 미쳤는지를 분석한 결과, 외주정책 도입 이후 지상파 방송의 다양성은 큰 변화가 없는 것으로 나타났다(박소라·양현모, 2006). 이 결과는 다양성 확보를 목적으로 도입된 외주제작 제도가 실제 미디어 내용의 다양성으로 연결되지 않고 있음을 말해준다. 따라서 소유규제와 같은 정부 정책이 정당성을 확보하기 위해서는 정부 정책을 통해 실제로 미디어 내용의 다양성이 증진되고 있음을 입증하는 노력이 지속될 필요가 있다.

4 | 다양성 구현정책

세계 각국은 미디어 다양성이 문화적 다원주의 실현에 기여할 수 있다는 믿음하에 미디어 다양성을 증진하기 위한 다양한 제도적 장치를 마련하고 있다.

표 4-2 __ 다양성 이념의 구성 개념 및 구현정책

정책 이념 (개념적 차원)	구성 개념 (조직적 차원)	구현정책 (실천적 차원)
다양성	공급의 다양성	· 소유규제 · 외주정책 · 평등고용원칙(EEO)
	내용의 다양성	· 편성 쿼터제
	이용의 다양성	· 시청 점유율 규제 · 다양성 지수 및 다양성 위원회

1) 공급 다양성 구현정책

다양성의 가치에 대한 사회적 합의에도 불구하고 다양성을 확보하기 위한 구체적인 구현 방법에는 의견이 분분한 상황이다. 프로그램 내용의 다양성이 중요하다는 의견이 있는가 하면, 혹자는 내용에 대한 다양한 시청자의 접근권을 강조하기도 한다. 그러나 미디어 다양성 실현을 위한 핵심적인 관건은 뭐니 뭐니 해도 공급원 측면에서의 다양성 확보일 것이다. 이는 공급원이 다양하면 미디어 내용은 여기에 연계되어 자연스럽게 다양해질 것이라는 고전적인 믿음을 바탕으로 한다. 공급원의 다양성을 확보하기 위한 제도적인 장치로는 소유규제 정책 및 콘텐츠의 제작 인력 다원화 정책 등이 있다.

(1) 소유규제 정책

소유규제 정책은 다음과 같은 기본적인 전제를 바탕으로 한다(Compaine and Gomery, 2000). 첫째, 큰 것은 좋지 않다bigness is bad는 가정이다. 경제학자들은 기업의 크기는 효율성이 최대가 되는 적정한 규모가 있게 마련이며 이러한 범위를 넘어서는 것은 오히려 경제적 효율성 차원에서 바람직하지 않다는 점을 지적한다. 두 번째 전제는 다양한 것은 좋은 것이다diversity is good라는 가정이다. 다원주의 사회에서 사상이나 의견의 다양한 스펙트럼을 확보하는 것이 바람직하다는 데 의문의 여지가 없기 때문에 다양성을 구현하기 위해서 정부 또는 소수집단에 대한 통제가 불가피하다는 것이다. 그리하여 어느 국가를 막론하고 미디어 기업에 대한 소유규제가 가해지지 않는 국가는 사실상 없다고 해도 과언이 아니다. 이 중 미국과 한국에서 다양성 확보를 위해 실시되고 있는 소유규제 정책의 내용을 자세히 살펴보기로 한다.

먼저 미국의 지상파 방송사에게 행해지는 소유규제는 크게 두 가지로 구분된다. 한 시장에서 특정 방송사가 소유할 수 있는 소유규제가 있고, 또 다른 유형으로는 전국 시장을 기준으로 한 방송사가 가맹사를 얼마까지 소유할 수 있는가에 대한 제한 규정이 있다. 전자는 1940년대 채택된 복점 금지

표 4-3 __ 미국의 주요 소유규제 내용

주요 오너십 규제	내용
지역 시장 라디오/TV 소유규제	동일 시장에서 라디오 및 TV 방송사 소유 제한 · 라디오: 45개 이상인 라디오 시장에서는 최대 8개 소유 가능 · TV: 합병 후 8개 이상 TV가 있는 시장에서는 한 시장에서 복수 소유 가능
전국 시장 TV 소유규제	1953년 시작하여 점차 소유규제 완화 · 7-7-7(AM/FM/TV의 순) · 12-12-12(1953) · 30-30-12(1992) · TV: 미국 전체 시장 기준, 시청 도달률이 35%를 넘지 않을 것(1996) / 39%를 넘지 않을 것(현재)
라디오/TV 복수 소유규제 (duopoly rule)	1970년대 시작된 것으로 동일 시장에서 라디오와 TV의 보유 수를 제한 · 예) 합병 후에도 10개가 넘는 시장: 2개 TV + 4개 라디오 · 1996년 연방통신법 이후 폐지
신문/방송 교차 소유	1975년부터 실시, 동일 시장에서 신문과 방송을 동시에 소유하는 것을 제한 · 1996년 이후 점차 폐지되는 추세

정책duopoly rule을 그 예로 들 수 있고, 후자로는 네트워크의 가맹사 소유 제한 규정을 들 수 있다. 복점 금지란 동일한 시장에서 한 방송사업자가 다른 방송매체를 소유할 수 없도록 규정한 것으로, 만약 TV 방송을 소유한 A라는 사업자는 같은 시장에서 라디오나 다른 TV 방송사를 소유할 수 없도록 금지한 조치를 말한다. 이 규제는 이후 점차 완화되어 1999년 시장의 크기와 해당 시장에 있는 방송사의 수에 따라 일부 시장의 경우에는 2개 이상을 소유할 있도록 허용되었고, 이후 2003년에는 극히 소수의 시장을 제외하고 완전 폐지되었다. 또한 지상파 네트워크는 다른 지상파 네트워크를 소유할 수 없도록 하는 복수 네트워크 소유규제dual TV network ownership가 있는데, 이는 특정 지상파 방송의 영향력이 시장에서 과도하게 발휘되는 것을 방지하기 위해 1946년에 도입되었다.

한편 한국에서도 특정 기업에 의한 소유의 독점을 막기 위해 다양한 규제가 가해지고 있다. 먼저 소유지분 제한은 특정인이 방송을 전부 또는 일

표 4-4 __ 한국의 주요 소유규제 내용

소유 주체 \ 소유 대상	일반적 1인 지분 제한	대기업	일간신문·뉴스 통신	외국자본
지상파 방송	40%[1]	10%	10%[2]	원칙적으로 금지
종합편성 PP (IPTV PP 포함)	40%[1]	30%	30%[2]	20%
보도전문편성 PP (IPTV PP 포함)	40%[1]	30%	30%[2]	10%
유료방송 플랫폼 (위성방송, SO, IPTV)	-	-	49%	49%
일반전문편성 PP (IPTV PP 포함)	-	-	-	49% (FTA 체결국 예외)

주: 1) KBS·MBC·종교방송은 제외(제8조 2항).
　　2) 구독률 20% 미만인 일간신문만 해당(제8조 4항).

부 소유하지 못하도록 지분을 제한하는 것으로, 대표적인 예로는 1인 소유 제한 규제를 들 수 있다. 이 규제에 따르면 누구든지 지상파 방송 사업자나 종합편성 또는 보도전문편성을 하는 방송 채널 사용 사업자의 주식이나 지분을 40% 이상 소유할 수 없다.* 종전에는 30%였으나 2009년 7월 방송법 개정을 통해 1인이 보유할 수 있는 범위가 확대되었다. 유료방송에서도 특정 사업자의 영향력을 과도하게 남용할 수 없도록 소유규제가 가해지고 있는데, 예컨대 한 유료방송 사업자가 전체 유료방송 가입 가구의 33%를 초과하지 않는 범위 내에서 소유 겸영이 가능하도록 제한되어 있다. 한편 그동안 우리나라에서는 TV 방송사가 라디오 방송을 동시에 소유·운영하는 것이 허용되었으나, 신문사가 방송사를 운영하는 이른바 신문·방송 겸영은 허용되지 않았다. 그러나 2009년 법 개정을 통해 일간신문 및 대기업의 지

---

* 단, 방송문화진흥회가 방송에 출자하는 경우와 선교를 목적으로 종교방송에 출자하는 사람의 지분은 예외로 하고 있다. 따라서 MBC 대주주인 방문진은 현재 MBC 주식의 70%를 소유하고 있다.

상파 방송 지분 소유가 허용되었다. 개정된 방송법 제8조 3항에 따르면 일간신문, 뉴스 통신사는 지상파 주식 또는 지분의 10%까지, 종합편성 및 보도전문 채널은 30%까지 소유할 수 있도록 허용했다. 이로써 우리나라도 신문과 방송 간의 교차 소유가 가능하게 되었다.

(2) 핀신 규칙 및 외주제작 제도

1970년대 미국에서 실시한 핀신 규칙Fin-Syn: Financial Interest and Syndication Rules은 제작원의 다양성을 추구하기 위한 대표적인 제도라고 할 수 있다. 1970년에 처음 미국에서 채택된 이 규칙은 신디케이션 시장에 지상파 3대 네트워크의 참여를 제한하고 방영된 프로그램에 대한 소유권 정도를 제한하기 위해 실시되었다. 이 규칙은 표면적으로 프로그램 공급자(즉, 독립 프로덕션)의 수익을 증대시키고, 지상파 네트워크들의 구매력을 감소시키며, 네트워크들로 하여금 경제적 이익을 얻을 수 있는 프로그램에 대한 선호 경향을 막기 위해 마련되었다. 그러나 이 정책의 궁극적인 목표는 프로그램 배급 과정에서 네트워크의 통제력을 약화시키고 다양한 프로그램 소스를 통해 프로그램의 다양성을 증진하기 위함이었다.

이와 비슷하게 한국에서 현재 실시되고 있는 외주제작 제도 역시 다양성 증진을 위해 도입된 것이다. 1991년부터 실시된 이 제도는 그간 지상파 방송사에 의해 독점되었던 국내 방송 제작시장에서 제작원의 다원화를 구현하기 위해 도입되었다. 도입 초기 전체 방송 분량의 3%를 외주제작사 프로그램으로 편성할 것을 의무화했고, 1995년에는 15%까지 높아졌으며, 현재는 매 분기 전체 채널 방송 시간의 40%까지 편성하도록 확대되었다(외주정책에 대한 자세한 사항은 8장 참조). 하지만 실제 분석 결과에 따르면 외주정책 도입 이후 독립제작 수의 양적 증가세에도 불구하고 기대했던 것처럼 지상파 프로그램의 다양성에는 큰 변화가 없는 것으로 나타났다(박소라·양현모, 2006).

(3) 제작 인력 평등고용 정책

제작 인력 차원에서의 다양성을 추구하기 위한 정책도 찾아볼 수 있다. 하지만 아직까지 한국에서는 이를 법적 제도로 강제하고 있지는 않으며, 미국과 같은 일부 국가에서 소유주나 제작 인력의 다원화를 추구하는 정책을 실시하고 있다. 미국의 FCC는 방송 면허 부여나 재허가의 중요한 판단 기준 중 하나로 평등고용의 준수equal employment opportunity rules: EEO 여부를 중요한 잣대로 판단하고 있다. 평등고용이란 방송사 직원을 고용할 때 해당 방송 지역의 인구 분포 성향을 얼마나 잘 반영했는가를 판단하는 것으로, 이는 소유주의 다양성을 확보하기 위한 정책적 판단에 근거한다. 판단 기준으로는 50% 종족 비율을 설정한 바 있는데, 이 기준에 따르면 가령 해당 지역에서 한 종족이 40%를 차지할 경우 해당 방송사는 그 분포의 반인 20%를 반드시 그 종족으로 고용해야 한다. 하지만 이러한 규칙에 대해 많은 방송사들은 경력이나 개인적 자질보다 단지 종족에 의한 고용을 강요한다는 점을 들어 많은 불만을 제기했다. 그리하여 2000년 FCC는 좀 더 완화된 새로운 규칙을 마련했는데, 여기서는 고용에 대한 정보를 적극적으로 알림으로써 다양한 사람들이 지원할 수 있도록 하는 데 초점을 맞추었다. 그 내용을 살펴보면 첫째, 방송사는 주당 30시간 이상 일하는 정규직을 고용할 때 이를 광범위하게 공지할 것, 둘째, 방송사는 고용 계획에 대한 정보를 요청할 경우 반드시 제공할 것, 셋째, 방송사는 취업 박람회나 인턴십 등과 같은 고용 활동에 적극 참여할 것 등이다.

이와 함께 FCC는 전통적으로 여성과 소수자 우대정책을 펼쳐왔는데, 이는 주류 집단에 비해 이들 집단이 방송에 대한 소유 비율이 상대적으로 적었기 때문이다. 이런 소수집단 우대정책은 1990년 미국 대법원 판결[Metro Broadcasting v. FCC, 497 U.S. 547(1990)]에 의해서도 지지되었으나, 1990년대 이후에는 역차별이라는 이유로 인정되지 않는 경향이다. 예를 들어 여성 우대정책의 경우, 1992년 람프레히트와 FCC 간의 사건[Lamprecht v. FCC, 958 F.2d 382(D.C. Cir. 1992)]에서 연방 항소법원은 FCC가 여성 우대정책이 방송의 다양성 증진에 구체적으로 어떤 효과가 있는지를 입증하지 못했다는 이유로 FCC의 패소 판결을 내린 바 있고, 1995년 미국 대법원은 애더랜드와 피나 간의 사건[Adarand v. Pena, 515 U.S. 200(1995)]에서 소수자 우대정책은 다른 집단(이를테면 백인 남성)과 같은 집단에 대한 역차별을 불러올 수 있다는 점을 들어 위헌이라는 판결을 내렸다. 이렇게 최근 소수자 우대정책이 점차 인정받지 못하게 되는 것은 실제로 그러한 정책이 방송의 다양성 증진에 어떤 긍정적 기능을 하는지에 대한 명확한 근거가 없다는 점, 그리고 점차 소유주의 다양성이 높아지는 추세 때문으로 풀이된다. 그럼에도 소수자 우대정책과 같은 인력의 다양성 확보정책이 공익에 기여할 것이라는 FCC의 가치 판단은 여전히 유효하다.

2) 내용 다양성 구현정책

내용의 다양성은 소유규제와 같은 제작원의 다양성 정책을 통해 간접적인 방법으로 실현하기도 하나 직접적인 내용규제를 가하기도 한다. 방송 내용의 다양성을 위해 추구하는 대표적인 제도적 장치로는 우리나라의 편성규제를 들 수 있다. 우리나라 방송법 제69조에서는 종합편성 방송사업자로 하여금 보도, 교양 및 오락에 관한 방송 프로그램을 상호 간에 조화를 이루도록 편성하도록 하고 있다(제69조 3항). 더 구체적으로는 오락 프로그램을 전체 방송량의 50% 이하로 편성할 것을 규정하고 있는데, 이는 방송사가 오락 프로그램 제작에만 치중하지 않도록 하고 최소한의 교양이나 보도 프로그램 등을 편성하게 함으로써 다양성을 확보하기 위한 취지로 볼 수 있다. 미국에서 1949년부터 1987년까지 지속된 형평성 원칙fairness doctrine도 미디어 내용의 다양성을 확보하기 위한 정책으로 볼 수 있다(유승관, 2003). 이 규칙은 방송사가 사회적인 주요한 공중의 의제를 다룰 경우 방송사로 하여금 반대 의견을 동등하게 취급하도록 함으로써 특히 관점(의견)의 다양성을 추구하기 위한 것이다(자세한 사항은 2장 참조).

3) 이용 다양성 구현정책

지금까지 미디어 다양성 정책은 주로 소유규제와 같은 공급자 차원에 초점이 맞추어졌을 뿐 소비자 차원에서의 정책은 그리 활발하게 구현되지 못했다. 하지만 소비자들이 실제로 얼마나 다양한 미디어를 이용하고 있느냐라는 관점에서 볼 때 다양성 정책도 실제 이용 측면에 초점을 맞추는 것이 필요해 보인다. 이러한 점을 반영하여 최근 기존 방송사의 수나 매출액을 중심으로 다양성을 규제하는 방식에서 실제 소비자들의 매체 이용 정도를 고려하는 방식으로 규제 패턴이 전환되고 있다. 앞에서 살펴본 미국의 다양성 지수나 독일의 매체 영향력 지수 등이 이러한 맥락에서 개발된 것이다. 영국에서도 미디어 소유권의 다원성 정도를 가늠하기 위해 미디어 점유율을 파악하는데, 광고나 구독료, 시청료같이 미디어 판매로부터 발생하는 수익을 분석하는 매출액 점유율 방식보다는 신문의 발행 부수나 시청자 점유율과 같은 수용자 점유율 방식을 선호해왔다(한국언론재단, 2009).

우리나라도 지난 2009년 대기업의 방송시장 진입과 신문·방송 겸영이 허용됨에 따라 여론의 독과점 현상 등 사회적으로 야기될 수 있는 부작용을 최소화하기 위해 방송사업자의 시청 점유율 상한제를 도입했고, 일간신문 구독률을 시청 점유율로 환산하는 통합 시청 점유율 지수를 도입했다(정인숙, 2013). 즉, 특정 언론사의 여론 독과점을 막기 위해 신문 구독률을 시청 점유율로 환산한 후 이를 합산하여 방송사업자의 시청 점유율 상한을 30%로 제한하고 있다. 이러한 지수 개발은 방송통신위원회 내의 미디어 다양성 위원회라는 소위원회를 통해 추진되었다. 이 위원회는 미디어 다양성의 확보라는 정책 목표를 달성하기 위해 방송사업자의 시청 점유율 조사 및 산정, 매체 간 합산 영향력 지수 개발, 여론 다양성 증진을 위한 연구 등을 주요 업무로 하고 있다.

5장

지역성

방송정책에서 로컬리즘localism, 즉 지역성은 대부분의 국가에서 다양성과 함께 오랫동안 커뮤니케이션 정책에서 추구되어온 중요한 목표 중 하나이다(Napoli, 2001a; Cole and Murck, 2007; 정용준, 2007). 미국의 경우 최초의 방송법이라 할 수 있는 '1927년 라디오 법'에서 언급된 이래 지역성은 지속적으로 추구되어온 대표적인 방송 이념 중 하나로 자리매김되어왔다. 독일에서도 지역성은 주요한 방송정책의 지향점이었는데, 이는 전후 나치즘에 의한 정치적 대중 조작을 위해 방송이 악용되었던 경험 때문에 중앙 정치권력의 간섭을 배제하고 철저하게 지방 분권체제를 선호했기 때문이다. 이러한 분위기 속에서 독일의 공영방송들은 주 방송법과 주 간 협약에 의해 운영되며, 공영방송 ARD는 주 단위 지방 방송사의 연합체로 운영된다. 방송 이념으로서의 지역성은 신자유주의 및 방송의 산업성을 강조하는 사회적 분위기와 맞물리면서 그 가치가 점점 퇴색되어가고 있기는 하지만 우리의 방송정책에서도 마찬가지로 추구되어야 할 중요한 방송 이념으로 항상 거론되어왔다(백미숙 외, 2007; 정용준, 2011).

나폴리(Napoli, 2001a)는 지역성이 방송정책의 중요한 가치로 취급되는 이유에 대해 정치적 측면과 사회·문화적 측면으로 나누어 설명했다. 먼저 정치적 측면에서 지역성은 정치적 통제력의 분산 수단으로 작용한다는 것이다. 지역성을 통한 정부 정치력의 지역 분산화는 시민 개인과 사회적 단위 모두에게 공익적 가치를 지니는 것으로 간주된다. 가령 정치 분산에 따른 지역성의 강화는 개인적 차원에서 정치적 참여와 교육에 대한 관심을 증가시키는 역할을 하게 되고, 사회적 차원에서 공동체 의식을 강화함으로써 궁극적으로 민주 시민의 진정한 가치와 지역 이익에 조응하는 결정 과정에 대한 참여를 도와주게 된다(Frug, 1980). 예컨대 우리나라에서 지역 지상파 채널을 케이블에서 의무적으로 재송신하도록 요구하는 정책을 실시하는 근본적 목적은 해당 지역의 뉴스 또는 시사 프로그램을 통해 지역의 건강한 민주적 시민을 양성한다는 이른바 정치적 차원의 지역성을 담보하기 위한 의도로 파악된다. 또한 지역성은 사회·문화적 차원에서도 정책적 가치를 부여받게 되는데, 이는 특정 지역의 고유한 문화적 가치와 전통이 그 지역사회의 공동 연대감을 형성하기 위한 기본적 요인이라고 인식되기 때문이다.

이 장에서는 방송 이념으로서 지역성이란 무엇인지, 또 어떤 하위적 개념들로 구성되는지를 살펴보고자 한다. 이어 지역성을 구현하기 위해 각국에서는 어떤 법적·제도적 장치들을 마련해왔는지, 그리고 최근 기술 변화에 따른 지역성 개념이 재정립되어야 할 필요성에 대해 논의해보기로 한다.

1 | 지역성의 개념

지역성이라는 개념을 정확하게 정의하기란 그리 쉬운 일이 아니다(Cole

and Murck, 2007). 그리고 현재까지도 방송정책에서 추구해야 할 지역성에 대해 명확하게 개념이 정립되어 있지 않은 것이 사실이다. 지역성이란 개념이 지역이라는 일정 범위의 물리적 공간을 바탕으로 하면서도 동시에 고려해야 할 다차원적 의미가 복잡하게 상호작용하기 때문이다.

개념적으로 지역성이란 "정체성의 하나로 개인 또는 공동체가 특정 공간 또는 장소와 연계해 가지는 일종의 사회적·집단적 정체성"으로 정의된다(조항제, 2006: 279). 즉, 지역성이란 기본적으로 영토적 공간을 바탕으로 하면서 여기에 사회적·정치적·문화적 의미가 더해진 다층적·복합적 개념이며, 방송정책에서의 지역성 이념은 방송매체가 얼마나 원활하게 규정된 지역성과 상호작용하느냐에 초점이 맞추어진다. 그럼에도 지역성이라는 개념이 지니는 포괄성과 다의성 그리고 추상성 때문에 그동안 방송 이념으로서 지역성은 규범적 지역성의 논의에 매몰되어왔다. 여기서 규범적 지역성이란 현실과 무관하게 이상화된 규범에 의해 규정되는 지역성으로, 이는 방송이 지니는 공적 성격에 기반을 두고 있다. 즉, 규범적 지역성 논의에서 지역은 일종의 규범적 공동체로 가정되는데, 경제적 효율성과 무관하게 보호·육성해야 할 공익적 가치로 간주된다. 이러한 규범적 차원의 지역성은 그동안 지역방송 논의에서 정도의 차이는 있지만 거의 통념화한 전제로 다루어졌다. 혹자는 규범적 지역성을 동질적인 문화적 공동체로 재개념화하기도 하고, 자치와 참여 공동체로 이상화하기도 한다(임영호, 2002). 이렇듯 규범적 지역성은 그동안 지역방송 논의에서 근간을 이루고 있음에도 이것의 의미가 무엇인지, 어떤 사회적 범위에 적용되는지, 새로운 매체 환경에서는 어떻게 변화되어야 하는지와 같은 구체적이고 효율적인 정책 방향을 도출하는 데는 큰 기여를 하지 못하고 있다. 그래서 최근에는 지역성에 대한 개념을 도구적 성격의 개념들로 대체하는 접근법, 즉 조작적·계량적·지수화 작업들이 활발하게 시도되고 있다. 이는 지역성이란 개념을 몇 가지 하위 개념으로 조작적으로 정의하고 이에 대한 실제에 접근해가는 방법이다. 예컨대 영국의 '커뮤니케이션 법'(Ofcom, 2006)에서 지역성을 각 지역 내의 문화적 관심과 전통, 그리고 서로 다른 지역사회의 관심과 생활을 반영하는 충분한 양의 프로그램을 보장하는 것으로 규정하거나 국내에서 지역성 지수(예: 주정민, 2004; 정용준, 2006) 등의 개발을 시도하는 것도 지역성 개념이 지니는 추상성 및 포괄성을 극복하기 위한 노력의 일환으로 볼 수 있다.

그럼, 여기서 방송정책과 관련한 지역성은 어떻게 조작적으로 정의되는지를 몇 가지 예를 통해 살펴보기로 한다. 일례로 구 방송위원회(2006)에서는 지역성 개념을 어떻게 규정해야 하는지, 그리고 이를 어떻게 제도화시킬 수 있는지에 대한 연구를 통해 지역성을 다음과 같이 공간적 지역성, 행정적 지역성, 산업적(경제적) 지역성이라는 도구적 정의를 통해 지역성을 설명하고 있다(방송위원회, 2006).

먼저 공간적 지역성은 지역성 논의에서 가장 일반적이고 기본적인 잣대로, 여기서 지역이란 기술적·지리적 한계에 의해 규정된 일정한 범위로 이해된다. 이러한 전제를 바탕으로 지역성은 일정한 지리적 범위 내에 거주하는 주민들의 요구와 관심사에 부합해야 한다는 의미를 지니게 된다. 방송의 공간적 특성에 기초한 대표적인 예로 방송권역을 들 수 있다. 이는 방송 초기 주파수 간 혼선interference을 일으키는 방송의 물리적 특성을 효율적으로 관리하기 위해 설정된 용어로 오랫동안 공간적 지역성 개념의 토대가 되어 왔다. 하지만 최근 커뮤니케이션 기술의 발전 및 신자유주의적 분위기와 맞물려 이러한 공간적 지역성 구분은 중요성이 점차 약화되고 그 대신 사회적 지역성과 같은 여타 지역성의 설명력이 점차 높아지는 추세이다(강명현·홍석민, 2005; Starvitsky, 1994).

두 번째로 행정적 지역성이 있을 수 있다. 이는 행정단위 내의 기능이라는 측면에서 파악되는 지역성으로, 행정구역의 설정은 행정적 관리의 효율성뿐 아니라 일상 생활권이나 지역 역사 등 다양한 요인을 고려하여 이루어지기 때문에 그간 우리의 지역방송 정책에서는 행정적 성격의 지역성이 많이 활용되었다. 예컨대 도 단위로 지역 민영 방송사를 허가한다든지, 케이블 방송사의 사업 영역을 시·군·구 단위로 구분한 것은 행정적 지역성이 지니는 편의성 때문이었다. 하지만 행정구역은 사회적·정치적 여건을 고려하여 설정된 단위이기 때문에 한번 설정되면 변경이 쉽지 않다는 단점을 지닌다. 그리하여 시간의 변화에 따른 사회적·공간적 특성을 능동적으로 반영하기 어려운 경우가 많다. 행정구역이 설정된 시점과 현재 기준 간의 차이가 크면 클수록 이러한 괴리는 더욱 커지게 될 것이다.

셋째로 사회·문화적 지역성이 있을 수 있다. 이는 공유된 문화나 사회적 연대감에 초점을 맞춘 사회적 공간으로서의 지역 혹은 지역성에 접근하는 것이다. 사회·문화적 지역성 개념은 지리적 공간에 국한되었던 지역성의 이념을 내용적 측면으로 확장하는 토대를 제공한다. 즉, 이러한 개념을 적용하면 기존 지역 프로그램의 기준이 '어디에서 제작되었느냐'에서 '지역의 이해나 관심이 반영되었는지'로 개념이 확장되기 때문이다.

마지막으로 경제적 지역성은 경제적·산업적 관점에서 지역성을 규명하려는 접근 방식을 의미한다. 경제적 관점에서 지역성 문제를 파악하려는 시도는 사실 그동안 국내 방송정책에서 그리 주목을 받지 못했다. 지역성 자체가 경제적 효율성 추구보다는 공공적 성격을 내재하기 때문이다. 하지만 1980년대 이후 신자유주의적 분위기와 공간적 제약을 극복하는 커뮤니케이션 기술이 등장한 이래로 지역이라는 공간적 존립의 근거가 점차 희석되면서 경제적 효율성을 강조하는 방향으로 지역성을 규정하는 움직임이 나타나기 시작했다. 지역방송 광역화 논의가 대표적인 예이다. 광역화의 필요성을 주장하는 논리에는 지역의 규모를 확대하여 지역 방송사로 하여금 규모의 경제와 같은 경제적 효율성을 통해 지역 프로그램의 경쟁력을 키워야 한다는 인식이 자리 잡고 있다. 이러한 경제적 지역성은 공간적·사회적 지역성을 훼손할 수 있다는 우려의 시각에도 불구하고 방송의 산업화 시각과 맞물리면서 실제 방송정책 결정 과정에서 많은 설득력을 얻고 있다.

한편 지역성에 대한 도구적 접근은 맥도웰과 리(McDowell and Lee, 2007)가 제시하는 지역성에 대한 세 가지 하위 구성요소element를 통해서도 파악된다. 그들이 제시한 세 가지 구성요소는 ① 지리적geographic location 지역성 요인, ② 상호작용적local outreach 지역성 요인, ③ 프로그램적locally oriented programming 지역성 요인인데, 이러한 조작적 개념은 지역방송 종사자 및 정책 집행가들에게 지역성의 실체에 접근하는 유용한 분석 틀을 제공한다.

(1) 지리적 지역성

이 요인은 지역성의 고유 개념인 공간적 지역성과 관련되는 것이다. 지리적 지역성은 지역 방송사의 메인 스튜디오가 어디에 위치해 있는가(지역 방송사의 위치), 해당 지역민이 방송사를 소유하고 있는가(오너십), 해당 지역 출신을 얼마나 고용하고 있는가(고용 정도) 등과 같이 주로 공간적 차원의 요소들이 얼마나 고려되는가를 지역성의 잣대로 판단한다. 이러한 기준에 따르면, 인적·물적 자원들이 해당 지역에 기반을 두고 있을수록 그 방송사의 지역성은 높은 것으로 평가된다. 해당 지역 출신에 의해 지역 방송사가 소유되거나 고용되어야 한다는 논리는 해당 지역에 대한 이해와 관심의 폭이 넓기 때문에 결과적으로 지역사회에 좀 더 잘 기여할 수 있을 것이라는 사고에 기초하고 있다. 지난 2003년 미국의 FCC는 지역 라디오 소유권 제한정책을 유지하기로 결정하는 등 지역민에 의한 지역 미디어 소유는 여전히 공익에 기여하게 될 것임을 인정하고 있다(Sadler, 2005).

(2) 상호작용적 지역성

상호작용적 지역성은 지역 방송사가 해당 지역 및 지역민과 얼마나 유기적으로 상호작용하고 있는가를 기준으로 지역성의 정도를 파악하는 것이다. 예컨대 지역 주민과 소통할 수 있는 유기적 커뮤니케이션 채널이 운용되는가, 또는 지역의 문화적 이벤트 등을 얼마나 자주 제공하는가와 같은 요인들을 통해 지역성을 평가할 수 있다는 것이다. 지역민과 상호작용할 수 있는 체계를 많이 가지고 있을수록 그 방송사의 지역성은 높은 것으로 평가된다. 상호작용 요인을 통한 지역성 강화정책의 예로는 우리나라의 시청자위원회의 의무적 운용을 들 수 있다. 예컨대 방송법 제87조에서는 종합편성이나 보도전문편성을 하는 방송사로 하여금 시청자위원회를 운영하도록 하고 있는데, 이는 지역 시청자들의 다양한 의견을 수렴하도록 하는 유기적 상호작용 체계 중 하나로 볼 수 있다. 미국에서도 한때 지역민들의 필요와 욕구가 무엇인지를 조사하도록 하는 확증 조사ascertainment study 제도가 의무화되었는데, 이 또한 지역 방송사들이 주민들의 의견을 능동적으로 수렴하도록 한 제도적 장치로 간주된다.

(3) 프로그램적 지역성

프로그램적 지역성은 지역 방송사의 본연의 기능이라 할 수 있는 프로그램 차원에서 지역성을 평가하는 것이다. 즉, 지역 프로그램을 얼마나 제작하는가, 지역 프로그램이 얼마나 지역의 이슈를 잘 다루는가, 지역의 다양한 관점을 잘 반영하는가 등을 지역성의 핵심 요소로 파악하는 것이다.

표 5-1 __ 지역성 구성 차원

지역성 구성 차원	해당 내용
지리적 지역성	· 지역민의 소유 여부 · 메인 스튜디오의 위치 · 지역 출신 고용 비율
상호작용적 지역성	· 문화 행사 제공 정도 · 지역 이슈 및 여론조사 빈도 · 지역사회 봉사 정도
프로그램적 지역성	· 지역 프로그램 제작 비율 · 지역의 이슈 반영 정도 · 지역의 다양한 관점 반영 정도

자료: McDowell and Lee(2007).

국내에서도 이와 비슷하게 지역성을 조작화하려는 시도가 있었는데, 가령 정용준(2006)은 지역성을 구성하는 하위 요소로 지리적 지역성, 내용적 지역성, 과정적 지역성을 제시했다. 지리적 지역성은 행정구역, 인구수, 생활 여건과 같이 방송권역에서 고려하는 주요 요소로, 맥도웰과 리(McDowell and Lee, 2007)가 제시한 지리적 지역성 요인과 일치한다. 또한 과정적 지역성은 사회권력적 측면에서 지역주의를 반영하는 것으로 지역 순회 청문회, 여론조사 등이 여기에 해당되는데, 이는 상호작용적 지역성과 흡사한 개념이고, 내용적 지역성은 지역사회의 이해관계를 대변하는 콘텐츠를 제작하는가를 의미하는 것으로 맥도웰과 리의 프로그램적 지역성과 유사하다.

도구적 접근의 이런 지역성 개념은 최근에 실제로 방송정책 과정에 적용되고 있다. 예컨대 '지역방송지원특별법'에서는 지역 방송사의 지역성에 관한 역할을 지역성 지수로 계량화하여 평가할 것을 명문화하고 있다(제7조). 이 지역성 지수에서 평가하는 내용은 방송사의 방송 내용과 편성 영역 그리고 방송 운영 영역으로, 방송 내용·편성 영역에서는 방송 프로그램의 우수성, 지역 밀착성 확보 노력, 편성의 적정성 등을 평가하고, 방송 운영 영역에서는 경영의 적정성, 지역사회 기여도, 지역 시청자 권익 보호 등을 계량화하여 평가한다. 내용 및 편성 영역은 프로그램적 지역성, 그리고 운영 영역은 지리적·상호작용적 지역성의 내용이 일부 반영된 것으로 볼 수 있다.

2 ⏐ 지역성의 재개념화 *

1) 지역성 개념의 변화 요인

앞에서 언급했듯이 지역성에 대한 전통적 개념은 주로 공간성을 바탕으로 확립되었다(Stavitsky, 1994). 즉, 지리적으로 근접한 공간을 행정적 단위들, 가령 도·시·구 등으로 구분하고 같은 지역으로 분류된 영역 내에서의 공동 이해관계를 지칭하는 개념으로 파악되었다(Calhoun, 1980). 공간성을 바탕으로 한 지역 구분은 지역 방송사 사이의 역할이나 권한을 효율적으로 배분할 수 있다는 장점을 지니게 된다. 하지만 최근 위성방송, IPTV, OTT over-the-top와 같은 새로운 커뮤니케이션 기술의 발전은 공간성을 바탕으로 한 범위 구분의 의미를 퇴색하게 만들고 있다. 즉, 이런 새로운 형태의 커뮤니케이션 기술은 마셜 매클루언Marshall Mcluhan이 주장한 지구촌global village 을 실질적으로 가능하게 만들었고 더 나아가 지리적 연대와는 별개의 새로운 형태의 사회적 공동체 형성을 가능하게 했다.** 이러한 점은 전통적으로 사

----

* 이 부분의 주요 내용은 강명현·홍석민(2005)을 바탕으로 했다.
** 공간적인 연대를 바탕으로 하지 않은 채 인터넷상에서 공통된 취향이나 관심사를 기반으로 하는 '카페'와 같은 사이버 공동체가 이러한 예에 해당된다.

용되어왔던 공간적spatial 차원의 지역성 개념으로는 더 이상 변화하는 사회적 환경을 설명하는 데 한계를 지니고 있음을 의미한다.

그렇다면 새로운 방송 환경에 맞는 지역성의 접근 방법은 무엇일까? 최근 일부 학자들(Dillman, 1985; 임영호, 2002)은 공간적 시각에서 탈피해 공유된 문화나 사회적 연대감에 초점을 맞춘 접근법, 즉 사회적social 공간으로서의 지역 또는 지역방송에 대한 접근을 주장한다. 여기서 사회적 공간이란 공간을 매개로 벌어지는 사회적 현상을 말하는데, 이는 기존 특정 공간 내의 현상에서 그 공간을 둘러싸는 제반 사회·경제·문화적 측면으로 시각을 확대해야 한다는 점을 지적한다. 즉, 임영호(2002: 292)가 역설하듯 지리적 공간분포의 사회적 차원이란 지역이 단지 사회생활이 전개되는 물리적 장이 아니라 "사회관계가 생산되고 재생산되게 하는 매개체"로 규정되는 것이다.●
이처럼 공간적 지역의 개념은 이전의 단일한 형태에서 점차 복잡하고 다양한 형태로 바뀌어갔다. 이는 단적으로 탈영토화de-territorialization로 표현되는, 지역이 가진 영토적 의미가 탈색되는 과정과 다르지 않다(조항제, 2006). 이러한 지역성 개념의 변화는 공간의 차원과 개념을 지리적·사회적, 절대적·상대적인 것으로 나누어 유형화한 다음의 〈표 5-2〉를 통해 잘 설명된다. 여기서 지리적·사회적 차원으로 구분되는 것은 예전에는 물리적 장소로 명확하게 규정된 지리적 공간('영토', '로컬')이 하나의 사회적 공간으로 변화되고 있음을 의미한다. 또한 절대적 공간과 상대적 공간은 공간 자체에서 지리적

● 가령 일본에서 〈겨울연가〉를 시청했던 팬들이 이 드라마의 촬영지인 춘천시를 매개로 '춘천을 사랑하는 사람들의 모임'을 결성했다고 가정하자. 이는 비록 춘천 내에서 일어난 문제는 아닐지라도 춘천이라는 공간을 매개로 이루어진 사회적 차원의 현상이라고 할 수 있다. 또한 여기서 중요한 점은 공간을 사회적 차원에서 접근한다고 해서 지리적 공간의 개념이 의미를 상실하지는 않는다는 것이다. 공간의 사회적 개념은 반드시 특정 공간을 바탕으로 형성되는 개념이기 때문이다. 마치 위에서 가정한 모임이 춘천이라는 공간을 매개로 하지 않고는 이루어질 수 없는 것과 같다.

표 5-2 __ 공간의 차원과 개념

| 공간의 차원 | 공간의 개념 | |
	절대적	상대적
지리적 공간	본질·용기로서의 장소	(장소 내) 요소 사이의 위치 관계의 틀 / 지리적 관계와 질서 속에 배태된 (물질적) 대상의 지형
사회적 공간	인정과 배제의 사회적 공간 (예: 국민-국가)	사회적 관계, 상징체 (예: 사이버 공간)

자료: Pries(2005: 172). 조항제(2006: 284)에서 재인용.

절대성을 부여하느냐 또는 그러한 절대성을 인정하지 않고 장소 내 요소 사이의 위치 관계의 틀framework이 공간을 구성하느냐에 따라 구분된다. 이러한 도식을 지역성 개념에 적용하면, 지역성 개념의 방향은 지리적에서 사회적으로, 그리고 절대적에서 상대적 개념으로 변화되고 있음을 알 수 있다.

2) 지역성 개념의 확장

이와 같이 공간성을 넘어 지역성에 대한 사회적 개념화의 요구는 지역방송에서 지역성을 어떻게 담보할 수 있느냐 하는 문제로 귀결된다. 즉, 어떤 프로그램이 지역적이냐 하는 기준은 지역성에 대한 개념을 어떻게 규정하느냐에 따라 달라진다. 일반적으로 공간적 개념을 기준으로 지역성을 정의할 경우에는 공간적 기준을 적용하게 되고, 지역성을 사회적 개념으로 정의할 경우에는 내용적 기준이 적용된다(Napoli, 2001b).

(1) 공간적 기준(geography-based criteria)

먼저 지역성을 공간적 개념으로 규정할 경우, 프로그램이 지역적인가는 그 프로그램의 제작 지역point of origin이 어디인가를 주된 기준으로 삼게 된다. 이러한 기준에 의하면, 특정 지역 내에서 제작된 미디어 생산물은 그 지역의 지역적 이념을 충족하는 것으로 받아들여진다. 전통적으로 지역성과 관련된 방송정책은 주로 공간적 기준을 바탕으로 이루어진 경우가 많았다. 예를 들면 미국의 텔레비전 주파수 배정 정책의 경우에서도 FCC는 지역성을 위해 가급적 많은 지방도시에 적어도 한 개 이상의 방송국을 배정하는 정책을 견지해왔다(FCC, 1952). 그 결과, 심지어 재정 능력이 열악하거나 규모가 작은 지역에도 공간적 구분에 의해 텔레비전 면허를 할당받게 되었다. 마치 1980년대 우리나라에서 있었던 '1도 1사' 지역 신문사 정책과 흡사한 것으로, 이러한 정책은 좀 더 많은 방송사를 할당받을 수 있는 거대 지역(시장)에는 역으로 불리하게 작용했다.*

(2) 내용적 기준(content-based criteria)

지리적 기준 이외에 프로그램의 내용이 무엇이냐에 대한 것을 기준으로 지역 프로그램을 구분하는 방식이 있다. 이러한 기준을 적용하면, 지역적 프로그램의 기준은 어느 지역에서 제작되었는가에 상관없이 특정 지역사회의 고유한 이해interest나 관심사concern가 얼마나 반영되었느냐가 중요한 요인으로 작용하게 된다. 이러한 내용적 기준을 적용하는 이유는 기존의 로컬 프로그램 정책에 내재된 지역 프로그램local origination이 지역민의 욕구를 잘 반영하는 적절한 수단이 되었는가에 대한 회의적 시각을 바탕으로 한다. 이처럼 지역 프로그램에서 구현될 수 있는 지역성 형태를 두 가지 기준, 즉

---

* FCC의 이러한 주파수 분배정책은 결국 지역성을 위한 정책 목표 때문에 이루어졌으나 결과적으로는 미국 메이저 지상파 방송 3사의 독과점 구조를 형성시켜주는 원인으로 작용했다. 왜냐하면 시장의 크기에 관계없이 지역 단위로 주파수를 배정함으로써 빅 3채널의 전국 네트워크화를 가능하게 했기 때문이다. 여기에 대해서는 Thomas and Litman(1991) 참조.

표 5-3 __ 지역 프로그램의 로컬리즘 형태

구분		공간적 기준	
		지역 내 제작	탈지역 제작
내용적 기준	지역 이해 반영	I	II
	지역 이해 미반영	III	IV

공간적 기준과 내용적 기준을 적용하여 구분해보면 〈표 5-3〉과 같이 네 가지 형태로 분류될 수 있다.

〈표 5-3〉에서 '유형 I'은 특정 지역에서 제작되면서 그 지역민의 이해를 반영하는 프로그램으로, 뉴스나 토론 프로그램 등 전통적인 지역 프로그램이 여기에 해당된다. '유형 II'는 특정 지역 내에서 제작되지는 않았을지라도 그 지역민의 관심사나 이해를 반영하는 프로그램이다. 가령 전국 MBC의 공동제작 프로그램인 〈네트워크 스페셜〉과 같은 프로그램이 여기에 해당되는데, 이 프로그램은 해당 지역의 방송사가 제작하지 않았을지라도 전체 지역민들과 관계되는 이슈를 다루기 때문이다. '유형 III'은 특정 지역에서 제작되는 프로그램이지만 그 지역민의 관심사나 이해관계와는 다소 거리가 먼 오락 프로그램들, 예컨대 지역 민방 공동제작 프로그램인 〈세상발견 유레카〉와 같은 프로그램이 이러한 유형에 해당된다. 마지막으로 '유형 IV'는 지역성과 전혀 관계가 없는 형태의 프로그램, 즉 특정 지역에서 제작되지도 않을뿐더러 그 지역민의 이해관계와도 관계가 없는 프로그램으로, 전국 네트워크의 프로그램들이 대부분 여기에 해당된다. 이렇게 네 가지 유형으로 구분했을 때 지역성이 가장 잘 실현될 수 있는 것은 당연히 '유형 I'의 프로그램이다. 왜냐하면 일반적으로 지역을 기반으로 제작되는 프로그램은 대체로 지역민의 이해가 반영되는 특징을 지니기 때문이다(Berkowitz, 1984; Collins, 1980). 또한 지역성의 개념이 공간적 개념에서 사회적 개념으

로 확대되고 있다는 이론적 논의를 적용해보면 향후 지역방송 프로그램을 통한 지역성의 구현은 '유형 I'이나 '유형 III'에서 '유형 II'로의 방향 전환이 요구된다. 즉, 일부에서 주장하는 것처럼(예: Napoli, 2001b; 강명현·홍석민, 2005), 기존의 지역이라는 개념이 주로 공간적 측면이 강조된 데 반해 이제 지역방송이 지향하는 지역성의 개념도 특정 지역의 공간 내에서 발생한 소재나 그곳에서 제작된 프로그램locally produced programming이라는 소극적 개념에서 지역의 시각과 입장을 반영하는 프로그램locally oriented programming이라는 더 적극적인 의미로의 개념 전환이 필요하다. 사회적 지역성 개념을 강조하는 입장에 따르면 광역이나 국가, 그리고 국제적인 것이 늘어가고 있는 현 상황에서 지역에 영향을 줄 수 있는 사안에 대해 지역방송 스스로의 관찰·취재·해석이 필요한 것이다. 최근 지역방송이 해당 지역의 취재 범위를 확대하여 국경을 넘나드는 제작 방식이 점차 증가하고 있는 이른바 글로컬리즘glocalism 현상은 이러한 사회적 지역성의 필요성을 인식하고 있기 때문으로 풀이된다.

3 | 지역성 구현정책

일찍이 미국에서는 지역성이 공익성을 구성하는 핵심적인 방송정책의 이념으로 자리 잡아왔다. 예를 들어 '1934년 커뮤니케이션 법'에 따라 특정 지역에 라디오 방송사들이 편중되는 것을 방지하고 이를 분산시켜야 하는 의무가 FCC에 부과되었다. 당시 FCC는 지역방송을 지역신문의 전자판으로 인식하고 방송 역시 지역에 골고루 분산되어야 지역의 참여 민주주의 발전에 기여할 것으로 판단했다. 이후 지역성이라는 가치를 위해 그동안 미국

표 5-4 __ 국내 방송법에 명시된 지역성 관련 규정

규정	주요 내용
공익성 (제6조)	⑥ 지역사회의 균형 있는 발전
허가의 심사 기준(제10조)	③ 지역적·사회적·문화적 필요성과 타당성
재허가의 심사 기준(제17조)	③ 지역사회 발전에 이바지한 정도
지역 프로그램 쿼터(제69조)	⑥ 다른 한 방송사업자(예: 네트워크)의 제작물을 일정 비율 이상 편성 금지
역외 재송신 금지(제78조)	④ 당해 방송 구역 이외의 지상파 방송을 재송신하고자 할 때 승인을 얻도록 함
지역 채널 운용(제70조)	④ 케이블 사업자는 지역 채널을 운용해야 함
지역방송발전위원회 설치 (특별법 제9조)	지역방송의 발전 및 지역방송 콘텐츠의 경쟁력 강화 등을 위해 방통위에 설치함

에서는 의회나 FCC에서 각종 법률이나 규칙 등의 제정을 통해 이를 제도화했다. 이를테면 네트워크의 지나친 힘을 분산시키고 가급적 지역 방송사를 장려하기 위해 도입된 주 시청 시간대 접근 규칙이나 복수 소유규제, 확중 정책, 그리고 지역 프로그램 재전송 등이 지역성을 담보하기 위한 대표적인 정책에 해당한다. 지역성을 그 어느 나라보다 최고의 정책적 가치를 부여해 왔다는 점에서 미국의 지역성 정책은 지금까지도 다른 국가들의 정책적 준거 기능을 하고 있다.

우리나라 역시 지역성이라는 이념을 추구하기 위해 다양한 지역성 구현 정책을 추진하고 있다. 우선 방송법에 명시된 지역성 관련 주요 정책의 내용을 살펴보면 〈표 5-4〉와 같다. 이 표에서 보는 바와 같이 우선 방송법에서는 방송의 공익성과 관련한 조항의 하나로 "지역사회의 균형 있는 발전"을 명시하여(제6조 6항) 지역성이 공익성을 구성하는 하나의 하위 개념임을 암시적으로 밝히고 있다. 그리고 방송법 곳곳에 지역성을 위한 제도적 장치들을 언급하고 있다. 가령 방송사 허가 및 재허가 심사 기준의 하나로 지역성을 거론하여 방송사 설립 요건에 해당함을 밝히고 있다(제10조). 더 나아

표 5-5 _ 지역성 이념의 구성 개념 및 구현정책

정책 이념 (개념적 차원)	구성 개념 (조작적 차원)	구현정책 (실천적 차원)
지역성	공간적 지역성	· 메인 스튜디오 정책 · 소출력 라디오
	상호작용적 지역성	· 확증정책 · 지역 현안 목록 비치 제도
	프로그램적 지역성	· 주 시청 시간대 접근 규칙 · 지역 프로그램 쿼터 정책 · 지역 채널(케이블) · 역외 재송신 금지

가 일부 지역 방송사에게는 방송사 운영 단계에서 지역 자체 프로그램의 편성을 의무화하고 있다(제69조). 지역성 구현은 유료방송 정책에서도 예외가 아니어서 케이블이나 위성방송사가 지역(지상파) 방송사의 프로그램을 재송신할 때도 기본적으로 해당 권역의 프로그램을 의무적으로 재송신하도록 요구하고 있으며(제78조), 지역 채널을 의무적으로 운영하도록(제70조) 하는 등의 장치로 지역성을 보호하고 있다. 지역성을 구현하기 위한 정책의 내용을 구성 개념별로 구분해 살펴보면 〈표 5-5〉와 같다.

1) 공간적 지역성 정책

(1) 메인 스튜디오 정책

공간적 차원의 지역성 구현정책으로는 미국의 메인 스튜디오 정책main studio rule이 대표적이다. 이 정책은 미국에서 주 시청 시간대 정책과 확증정책이 폐지된 이후 현재까지 유지되는 지역성 구현정책이다. 메인 스튜디오 정책이란 지역 방송사가 방송 면허를 받은 지역에 반드시 메인 스튜디오가 있어야 한다는 의무 규칙을 말하는 것으로, 과거 방송의 공간적 지역성을 실현하기 위해 시도된 정책으로 볼 수 있다. 메인 스튜디오에는 프로그램 제작 시설이 갖추어져 있어야 하며 담당 직원이 적어도 8시간 이상 상주하도록 하고 있다. 이는 지역민과의 유기적 관계를 유지하기 위함이다. 지역성을 구현하고자 일찍이 실시되었던 여러 지역방송 정책들이 1980년대 이후 점차 폐지된 것과 달리 이 규칙은 여전히 지역성을 위한 정책으로 유지되고 있다. FCC가 처음 이 정책을 도입한 데는 다음과 같은 몇 가지 이유를 바탕으로 하고 있다(Silverman and Tobenkin, 2001). 먼저 대도시 지역을 중심으로 지역 방송사가 집중되는 것을 방지하기 위해서이다. 즉, 지역 방송사의 본거지를 분산시키지 않을 경우 운영에 이점이 많은 대도시에 집중되는 폐단을 막기 위해 이러한 규칙을 제정한 것이다. 또한 지역 주민들이 쉽게 방송 제작자들이나 방송사 관련 파일을 접할 수 있도록 하기 위함이다. 즉, 지리적 근접성을 유지하도록 하여 지역 주민의 방송사 접근을 용이하게 하도록 했다. 셋째, 지역 현안에 대해 방송사가 적극적으로 참여involvement하도록 하기 위함이다. 이는 지역 방송사가 아무래도 지리적으로 지역 내에 존재해야 좀 더 적극적으로 지역 현안에 개입할 수 있을 것이라는 전제를 바탕으로 한다. 넷째, 지역 프로그램의 제작을 독려하기 위함이다. 이 역시 지역 내에 방송사가 존재할수록 지역 관련 프로그램의 제작이 활성화될 것이라는 기대를 바탕으로 하고 있다. 마지막으로 지역 프로그램에 대한 지역민의 참여를 권장하기 위해서이다. 이는 지역 프로그램에 대한 지역민의 참여가 원활하도록 돕기 위해서는 지역 방송사가 지리적으로 가까워야 한다는 판단 때문이었다.

1939년 FCC는 처음 이 정책에 대한 상세한 규칙을 마련했는데, 이를테면 메인 스튜디오의 정의에서부터 메인 스튜디오의 공간 위치 등에 대한 규정을 정립했다. 메인 스튜디오에 대한 정의는 오리지널 지역 프로그램의 대부분을 제작하는 곳으로 정의되었고, 공간은 면허를 얻은 시나 지역 내에 위치하도록 규정되었다. 시행 초기에 이 규칙은 비교적 엄격하게 실시되었는데, 예를 들어 1950년에는 이를 활성화하기 위해 지역 자체제작 프로그램에 대한 메인 스튜디오 내 의무제작 비율이 강제되었다. 네트워크에 가맹된 라디오 방송사인 경우, 자체제작 프로그램의 2/3 이상을 지역의 메인 스튜디오에서 제작하도록 의무화한 것이다. 하지만 이후 이 규칙은 점차 완화되었는데, 예컨대 1979년에는 2/3 이상 의무적 자체제작에서 50% 이상만 메인 스튜디오에서 제작하면 되는 것으로 완화되었다. 또한 지역에서 제작되더라도 음악과 같이 지역과 관련이 없는 성격의 프로그램에 대해서는 이러한 규정에서 예외로 인정해주기도 했다. 그리고 반드시 면허를 획득한 지역 내에 메인 스튜디오가 있어야 한다는 규정도 예외를 인정했다. 즉, 복수의 방송사를 운영할 경우, 두 메인 스튜디오를 운영하는 데 따른 과도한 부담이 인정되면 해당 공간 내에 메인 스튜디오가 반드시 위치하지 않아도 된다고 한 것이다. 이러한 일부 완화 조치에도 불구하고 지역 방송사 연합단체들은 지속적으로 완전 폐지를 요구했다. 그들은 기술 발전으로 6mm 카메라와 같은 포터블 방송 장비가 등장했기에 굳이 스튜디오의 위치를 특정 공간에 국한할 필요가 없다고 주장했다. 이러한 요구를 받아들여 결국 FCC는 1987년 '보고와 명령Report and Order'을 발표하여 자체제작 프로그램을 굳이 메인 스튜디오 내에서 제작해야 한다는 의무 사항을 없앴다. 그럼에도 FCC는 이러한 조치가 이 규정의 전면적인 폐지를 의미하는 것은 아님을 분명히 했다. 즉, 로컬리즘의 보호를 위해 메인 스튜디오가 지역에 유지해야 한다는 정책적 가치는 여전히 유효한 것으로 판단했다. 그러한 이유에 대해 FCC는 지역의 각종 현안과 여타 지역 매체와의 빈번한 접촉은 방송사가 지역의 필요와 관심을 파악하는 데 도움을 줄 것이고, 이러한 점은 지역 방송사가 지역적인 요구를 충족시켜주는 데 필요한 것으로 판단했다. 또한 스튜디오가 지역 내에 위치해 있으면 지역 프로그램에 대한 지역 주민들의 참여 기회가 많아질 것으로 인식했다(Silverman and Tobenkin, 2001). 메인 스튜디오 규정을 위반할 경우, FCC는 최소 7000달러에서 최대 2만 달러까지의 벌금을 부과할 수 있다. 일례로 2004년 테네시 주의 맨체스터 시에 있는 WMSR-AM 방송은 직원을 상주시키지 않았다는 이유로 7000달러의 벌금을 받았는데, 이는 2002년 FCC 직원이 해당 방송사의 메인 스튜디오를 불시에 검문하다가 그러한 사실이 발각되었기 때문이다.

(2) 소출력 FM

미국의 '1996년 연방통신법'은 라디오 소유 제한선 25%를 완전히 철폐했다. 그리하여 전국 단위의 라디오 회사들이 지역 라디오를 인수·합병하면서 지역 매체로서의 라디오의 영향력은 감소하기 시작했다. FCC는 그 대안으로 소출력 FM 라디오를 육성하기 시작했다. 2000년 FCC는 소출력 라디오를 매우 지역적이고 지역 내의 소수 그룹에 봉사할 수 있는 적합한 매체로 인정하고 이에 대한 가이드라인을 마련했다. 가이드라인에는 송출 범위, 소유자의 자격, 면허 기간, 오너십 규정, 편성 규칙 등이 포함되었다. 예를 들어 편성 규칙으로는 주당 적어도 36시간 이상 방송하도록 했으며 정치 프로그램 의무 규정이나 외설 프로그램 금지와 같은 기본적인 FCC의 규칙을 준수하도록 했다. 면허를 보유할 수 있는 단체는 교육기관이나 지역 시민단체와 같은 비상업적 목적을 지닌 단체로 했으며, 면허 기간은 8년으로 했다. 2003년 현재, 미국에서는 약 195개의 소출력 라디오가 전파를 송출하고 있는 것으로 조사되었으며, 주로 종교단체 등이 운영하고 있다. 주요 프로그램으로는 음악, 뉴스, 날씨, 정보, 지역 스포츠 등을 다룬 내용이 많았다. 소출력 FM 방송은 비영리적 목적으로 운영되어야 하기 때문에 주로 자원봉사자에 의해 방송사가 운영되고 있다. 2004년 한 방송사의 프로그램이 마치 광고와 유사하다고 하여 FCC로부터 경고 서한을 받기도 하는 등 비영리적 목적이 충실하게 지켜지도록 하고 있다.

한편 우리나라에서 소출력 라디오는 지역에 따라 1와트에서 최대 10와트까지 송출할 수 있는 방송으로 규정하고 있다. 반경 1와트의 경우 최대 송출 범위는 5km까지 가능하다. 국내에서는 지난 2005년부터 시범사업을 통해 공동체 라디오라는 이름으로 실시되었다. 이후 2006년 법 개정을 통해 기존 소출력 방송이라는 명칭을 '공동체 라디오 방송'이라는 이름으로 바꾸어 정식으로 방송사업자의 지위를 부여했다(방송법 제9조 11항). 그리하여 공동체 라디오 방송은 허가사업으로 규정되었으며 2009년 방송통신위원회가 7개 사업자를 정규 방송사업자로 허가했다. 허가된 7개 사업자는 금강 에프엠 방송(충남 공주), 문화복지미디어 연대(성남 분당), 광주시민방송(광주 북구), 성서공동체 에프엠(대구 달서구), 관악공동체 라디오(서울 관악구), 마포공동체 라디오(서울 마포구), 영주 에프엠 방송(경북 영주) 등이다. 방송 허가 기간은 3년이다. 이 소출력 방송사들은 청취자 참여 프로그램을 일정 비율 이상 편성해야 하며(방송법 제69조 10항), 해당 지역에서 뉴스, 보도를 제외한 음악, 문화 정보 제공 프로그램(지역 관련 소식에 한정) 등을 방송하게 된다.

2) 상호작용적 지역성 정책

(1) 확증정책

확증정책ascertainment rule이란 지역의 현안이 무엇인지를 확증하는 데 의무적으로 지역 여론을 수렴하도록 하는 제도로, 지역 주민의 요구 사항을 프로그램에 반영하기 위한 취지에서 출발했다. 미국에서는 1971년부터 모든 지역 방송사에 이 제도를 의무화했다(Creech, 2007). 재허가를 받으려는 지역 방송사의 경우, 확증 조사 결과를 통해 지역 주민들의 욕구를 해당 방송사가 얼마나 충족시켜주고 있는지, 만약 그렇지 못했을 경우 향후 어떻게 이를 충족시킬 것인가에 대한 계획을 제출하도록 했다. 또한 지역 리더들과의 면담을 통해 지역 프로그램에 대한 자문 여부 등을 제출하도록 요구되었다. 확증정책은 크게 네 가지 단계로 구성되었다. 첫째는 지역사회의 당면 요구 사항과 주요 사안을 파악하기 위해 지역 주민들을 대상으로 여론조사를 실시할 것, 둘째는 지역사회의 각계 지도자community leaders를 대상으로 여론조사를 실시할 것, 셋째는 여론조사 결과를 토대로 해당 지역사회의 주요 현안과 문제점을 파악하여 이를 FCC에 제출하고 이후 이를 문서로 비치할 것, 그리고 마지막으로 여론조사를 통해 파악한 지역사회의 요구 사항과 문제점을 충족·해결하는 데 도움을 줄 수 있는 내용의 프로그램을 제안, 이를 실제로 방송할 것 등이다. 하지만 1980년대 들어 확증정책의 요구 사항이 점차 완화되었는데, 1981년 공중과 지역 지도자의 여론조사를 간략히 하도록 했고, 지역의 주요 이슈 역시 5~10개 정도로 간소화했다. 더 나아가 FCC는 1984년에 확증정책 자체를 아예 폐지했다. 당시 확증정책을 폐지한 것은 무엇보다도 먼저 이 정책이 지역 방송사에 과도한 부담으로 작용했기 때문이다. 확증정책은 일정 정도 지역민과 지역의 지도자들을 대상으로 여론조사를 할 것을 강제했는데, 예를 들어 인구 50만 명 이상의 방송사는 3년 동안 약 220명의 지역 지도자와 인터뷰해야 하고, 일부 방송사의 경우 매년 약 2400명의 주민과 인터뷰를 해야 하는 부담을 지니게 되었다. 또 다른 이유로는 지역 현안을 반영할 때 직접 지역민을 대상으로 여론조사를 하는 것보다 시장의 힘에 의존하는 것이 더 효과적일 수 있다고 판단했기 때문이다. 이후 FCC는 지역성을 어떻게 구현해야 하는지에 대한 구체적인 규제는 하지 않았다. 그럼에도 2003년 FCC는 지역 현안을 파악하기 위해 지역의 문제를 확증해주는 이와 비슷한 정책의 필요성을 느끼고 지역 순회 청문회를 열어 여론을 수렴한 바 있다.

(2) 지역 현안 목록 비치 제도

현안/프로그램 목록issues/programs list이라고 불리는 이 파일은 지역 방송사가 지역 현안을 다룬 프로그램의 목록, 각종 FCC 제출 서류, 면허장, 주주 구성 현황 사본, 벌금 부과 사항, 각종 시청자 불만 처리 사항 등을 정리한 파일을 말하는데, 현재 미국에서는 이 파일의 방송사 내 비치가 의무화되어 있다. 이는 지역 주민들로 하여금 방송사가 지역 현안을 얼마나 잘 다루고 있는지를 감시하도록 하기 위함이며, 지역 주민들에게 언제나 프로그램 목록을 열람할 수 있는 권리를 부여하기 위해서이다. 일단 지역 방송사들은 매 분기 5~10개 정도의 주요 지역 현안이 무엇인지를 파악하여 이를 목록으로 작성한다. 그리고 이러한 현안을 다룬 해당 방송 프로그램의 제목, 간략한 내용, 방영 시간 등을 열거해놓는다. 이들 프로그램은 지역 현안과 관련이 있어야 하나, 그렇다고 반드시 해당 방송사에서 제작되어야 하는 것은 아니다. 이러한 프로그램 목록은 매 분기마다 공중 감시 파일public inspection file을 통해 비치해놓아야 한다. 이러한 목록 비치는 방송사의 재허가를 받을 때 중요한 요소로 고려되며, 이를 위반할 경우에는 제재를 받을 수도 있다. 1991년 아칸소 주의 한 방송사는 이러한 공중 파일 비치 의무를 위반했다는 이유로 FCC로부터 제재를 받기도 했다. 한편 최근에는 이러한 파일을 더 이상 물리적인 방송사 공간이 아닌 인터넷을 통해 공개해야 한다는 의견

표 5-6 __ 프로그램 이슈 목록의 예

이슈	프로그램 제목	프로그램 내용	날짜	시간	방영 분량
도로포장	〈저녁 뉴스〉	도로포장 개선책	1/2~5/2	6:24 pm	각 4분
지역경제	〈In-Focus〉	시 경제 활성화	3/25	10:00 am	30분

자료: Creech(2007: 174)에서 재구성.

이 제기된 바 있다(Silverman and Tobenkin, 2001).

3) 프로그램적 지역성 정책

(1) 주 시청 시간대 접근 규칙(Prime Time Access Rule: PTAR)

이 정책은 1970년대 지역성 강화를 위해 FCC에 의해 채택된 정책이다. 구체적인 내용은 상위 50대 시장에 있는 지역 방송사는 프라임타임대[저녁 7~11시(4시간)]에 네트워크 프로그램을 3시간 이상 방송하지 못하도록 했고, 그 대신 시장 점유율이 낮은 신설 네트워크, 그리고 네트워크 뉴스, 다큐멘터리, 어린이 프로그램은 이 규칙의 예외로 인정했다(Csaplar, 1983). 이 정책을 도입한 이유는 크게 두 가지이다. 첫째는 지역성을 구현하기 위함이다. 즉, 지방의 가맹사로 하여금 최소 1시간은 지역 방송사가 자체적으로 지역 프로그램을 편성하도록 함으로써 지역 프로그램의 활성화를 유도했다. 둘째는 독립제작사를 활성화시켜 다양성을 증진하기 위함이다. 지역 방송사가 자체적으로 제작하기 어려울 경우, 이를 독립제작사의 프로그램으로 대체해 편성하도록 함으로써 결과적으로 지역의 독립제작사를 보호하기 위한 측면도 있었다. 하지만 이러한 취지에도 불구하고 이 정책은 네트워크의 프로그램 시간대 이동 등으로 지역방송 활성화라는 본래의 목적이 큰 실효성을 거두지 못했으며(Csaplar, 1983), 결국 1996년에 폐지되었다.

FCC는 1990년대 들어 네트워크와 가맹 계약을 맺지 않은 독립 방송사의 수가 증가하여 여론의 다양성이 증가한 점을 직접적인 폐지 이유로 들었다. 또한 기존 네트워크의 시청 점유율이 50%대로 떨어져 네트워크의 영향력이 과거에 비해 약화된 점도 폐지를 결정하게 된 이유로 작용했다(Rivera-Sanchez, 2000).

(2) 지역 프로그램 의무편성

지역성 구현과 관련하여 더 직접적인 효과를 거둘 수 있는 정책 수단은 지역 프로그램에 대한 편성규제를 가하는 것이다. 현재 우리나라에서는 지역 방송사들로 하여금 최소한의 비율만큼 지역 관련 프로그램의 제작을 강제함으로써 프로그램 차원에서의 지역성을 실현하도록 요구하고 있다. 예를 들어 지역 민영 방송사들로 하여금 최소 15%에서 50%까지 지역 프로그램을 자체 편성하도록 의무화했다. 지역 방송사에 대한 편성규제 정책의 목표는 지역방송이 수도권의 방송을 단순히 중계하는 것에서 벗어나 일정 부분 지역민을 위한 방송 프로그램 제작에 투자하도록 함으로써 지역성을 활성화하기 위함이다. 하지만 현재 지역 프로그램에 대한 편성규제에는 몇 가지 문제점이 제기되고 있는데, 우선 편성 의무화 대상이 지역 민영 방송사에만 적용될 뿐 정작 공영방송인 KBS 지역국과 지역 MBC에는 강제하지 않고 있다는 점이다. 물론 지역성의 정도를 지역 프로그램의 편성량만으로 판단할 수는 없지만 공영방송으로서 지역성 구현에 선도적인 역할이 요구되는 KBS 지역국과 지역 MBC에는 이러한 편성규제가 가해지지 않고 있다는 점은 방송사 간 형평성 차원에서나 공익적 역할이라는 당위적 차원에서도 선뜻 납득되지 않는 부분이다. 또 다른 문제점은 이러한 규제가 지역 관련 프로그램의 자체제작을 활성화하기 위함에도 불구하고 단순히 자체 편성

량에 대한 규제에 그침으로써 한계를 보이고 있다는 것이다. 그리하여 지역과 하등 관련이 없는 구매된 외화 프로그램들이 지역 민영 방송사의 자체 편성 프로그램으로 간주되는 기현상이 발생하고 있다.

(3) 역외 재송신 금지

재송신이란 특정 방송사가 자신의 시설을 이용해 다른 방송사의 프로그램을 수신하여 이를 그대로 송출하는 것을 말한다. 우리나라에서는 1995년 케이블이 도입되면서 지상파 방송 프로그램을 재송신할 필요성이 발생하여 일부 지상파 채널(KBS1, EBS)에 대한 동시 재송신이 의무화되었다. 또한 의무 재송신하는 지상파 채널 이외의 지상파 채널(즉, MBC, SBS 등)을 재송신하고자 할 때는 지상파 방송이 허가된 방송 구역 내에서만 수신되도록 local to local 하는 이른바 당해 지상파 방송의 재송신만이 허용되고 있다. 즉, 케이블이나 위성방송사는 해당 권역 지상파 방송 이외의 권역 지상파 방송의 재송신을 하지 못하도록 규정했는데, 이는 지역 지상파 방송사의 수익구조를 보호하고 해당 지역민들에게 지역 프로그램의 시청권을 보장하는 등 지역성 보호정책에 기반을 둔 것으로 볼 수 있다. 만약 부득이 해당 지역 이외에서 재송신이 필요할 경우는 반드시 미래창조과학부 장관의 승인을 얻도록 하고 있다(제78조 4항).

(4) 지역 채널 의무편성

현행 우리나라 방송법에서는 케이블 방송사들에게도 지역 정보 및 방송 프로그램 안내와 공지사항 등을 제작, 편성 및 송신하는 지역 채널을 의무적으로 운용하도록 명시하고 있는데(제70조), 이 또한 지역 지상파 방송과 함께 케이블 매체에서도 지역과 관련된 프로그램 제작을 통해 지역성을 구현하기 위함이다. 지역 케이블 방송사SO는 각기 허가된 지역의 배타적 방송권역franchise을 갖는 지역 밀착형 매체이기 때문에 지역민의 욕구를 반영할 수 있는 지역 채널 운용을 의무화한 것이다. 현재 지역 채널에 담을 수 있는 내용은 지역 정보, 방송 프로그램 안내, 지역의 공지사항 등이다. 케이블 방송 출범 초기에 허가 권역 내에서 취재·보도를 허용할 것인지를 놓고 논란이 있었는데, 1998년 뉴스 해설 및 논평을 금지하는 조건으로 취재 보도는 허용되었다. 그동안 케이블 방송사의 지역 채널은 지역의 취재 보도뿐 아니라 국회의원 선거를 비롯한 각종 지자체 선거 시에 선거방송 매체로서 역할을 수행하는 등 지역의 풀뿌리 민주주의 발전에 기여하고 있다는 평가를 받고 있다.

(5) 지역방송발전위원회 신설

지난 2007년 방송법 개정을 통해 지역방송의 발전 및 지역방송 콘텐츠의 경쟁력 강화와 유통구조 개선 등을 지원하기 위한 목적으로 방송통신위원회 산하에 지역방송발전위원회가 신설되었다. 이후 '지역방송발전특별법'이 2014년 6월에 새롭게 제정됨에 따라 지역방송발전위원회의 직무 및 구성에 관한 사항은 방송법에서 특별법의 규정으로 이관되었다. 이 위원회는 지역방송 발전을 위한 방송정책 수립, 지역방송 콘텐츠 경쟁력 강화 및 유통구조 개선 등 지역방송 발전을 자문하는 기구이다. 위원회의 구체적인 직무로는 지역방송에 관한 지원정책 심의, 지역방송의 전국적 유통 기반 마련을 위한 시책 평가, 그리고 지역방송 발전 지원에 대한 주요 시책의 평가 등이 있으며, 대체적으로 지역 지상파 방송의 콘텐츠 경쟁력 강화를 지원하는 역할을 담당한다.

이상과 같은 지역성 구현을 위한 다양한 제도적 장치에도 불구하고 그동안 우리나라 방송정책에서 지역성 이념은 "지역 문화와 지역사회 발전을 위해 지역 방송시장을 보호해야 한다는 규범적" 차원에서 주로 논의되어왔다 (백미숙 외, 2007: 333). 즉, 우리나라의 지역성 구현정책은 미국과 달리 정책적 목표와 방향성이 불명확하여 정책의 효과가 낮았고(정용준, 2011), 특히 탈규제의 산업적 진흥 분위기 때문에 지역성 이념은 지역 방송사들의 이해를 대변하는 산업발전론의 수사로 전환되었다는 부정적인 평가가 지배적이다. 그만큼 산업화 논리 속에서 점차 약화되어가는 지역성에 대한 공공적 가치를 제도적 차원에서 보호하려는 노력이 더욱 요구되는 상황이다.

6장

보편적 서비스

보편적 서비스univeral service는 "사람들이 인간다운 생활을 영위함에 있어 필수적인 공공재에 대한 최소한의 이용권을 보장하는 것"을 의미한다(곽정호, 2003: 39). 보편적 서비스는 원래 19세기 말 교통 부문에서 처음 도입된 개념으로, 의료 및 교육 분야와 같은 공공 재화 영역에 적용되었고 이후 유선전화 및 인터넷(브로드밴드)과 같은 통신 분야, 그리고 최근에는 방송서비스에 이르기까지 적용 범위가 점차 확대되고 있다. 커뮤니케이션 분야에서 보편적 서비스가 중요한 정책 목표로 등장하게 된 데는 정보화가 진전되면서 교육이나 전기, 의료 서비스와 마찬가지로 이제는 방송과 통신 같은 커뮤니케이션 서비스 역시 사람들의 일상생활에 없어서는 안 되는 필수적인 공공 재화로 인식되었기 때문이다. 즉, 20세기 들어 유선전화가 필수 재화로 인식되면서 지역이나 경제적 차별 없이 모든 사람들이 통신 서비스를 이용할 수 있어야 한다는 인식을 바탕으로 보편적 서비스 개념이 도입되었고, 주로 저소득 가구를 대상으로 한 보조금 정책을 통해 구현되는 것으로 이해되었다. 커뮤니케이션 분야에서 보편적 서비스가 중요한 것은 정치적 차원에서 계층 간 형평성과 비차별성, 기회균등이라는 자유 민주주의의 기본 원칙을 준수한다는 의미를 지니기 때문이다. 또한 경제적 차원에서 네트워크의 외부성* 효과를 통해 사회적 후생을 증진시킬 수 있는 정책적 수단으로 받아들여지며 사회·문화적 측면에서 정보격차 해소를 통해 사회적 형평 및 국민 화합을 기대할 수 있기 때문이다.

이 장에서는 보편적 서비스의 기원과 개념을 자세히 살펴보고, 통신 분야에 적용되었던 보편적 서비스 제도가 왜 최근 방송 분야에도 적용되어야 하는지에 대해 살펴보기로 한다. 더불어 방송 분야에서의 보편적 서비스 내용은 무엇인지, 그리고 어떠한 제도적 장치를 통해 구현될 수 있는지를 모색해보기로 한다.

1 | 보편적 서비스의 개념

1) 개념의 변천 과정

보편적 서비스라는 용어가 통신 분야에서 처음으로 등장하게 된 것은 1907년 미국의 유선전화 회사 AT&T 회장인 시어도어 베일Theodore N. Vail에 의해 처음 사용되면서부터였다. 1884년 알렉산더 벨Alexander G. Bell에 의해 처음 전화 서비스가 제공되기 시작한 이후, 벨 전화 회사는 19세기 말까지 독점으로 전화 서비스를 제공했다. 이후 독립적인 전화 회사들이 우후죽순

---

* 네트워크(망)의 외부성(network externality)이란 전화와 인터넷처럼 상호 의존성이 높은 서비스에서 이용자가 많아질수록 망의 가치와 망 사용자의 효율성이 높아지는 현상을 말한다.

생겨나서 영세한 전화 회사들 간에 경쟁이 치열해졌고, 당시 전화 회사의 수는 약 2000여 개나 되었다(Mueller, 1993). 하지만 벨 전화 시스템과 여타 전화 회사들 간 서비스가 호환되지 않는다는 문제가 발생했다. 그래서 벨이 아닌 다른 전화 서비스 사용자들은 극단적으로 두 개의 별도 전화 서비스에 가입해야 했다. 당시 전화 가입자의 절반 정도가 두 개의 전화 서비스에 동시에 가입한 것으로 알려졌다. 이렇게 전화 회사 간 지나친 경쟁으로 소비자의 불편이 심해지자 당시 AT&T 회장이었던 베일은 "하나의 시스템, 하나의 정책, 그리고 보편적 서비스one policy, one system, and universal service"라는 슬로건을 내걸면서 네트워크 간 상호 호환성을 강조했다(Dordick, 1990). 즉, 1910년 발간된 AT&T의 연차 보고서에서 그는 "어떤 서비스에 가입되어 있든지 간에 전화 서비스는 보편적·독립적·상호통화적 기회를 제공해야 한다"라고 주창했다. 이후 전화 사업자 간의 네트워크가 호환됨에 따라 네트워크의 외부성 효과로 망의 가치가 높아졌고 소비자들은 이중으로 전화 회사에 가입하지 않아도 되었다(Mueller, 1993). 이처럼 초기 보편적 서비스라는 개념은 현재와 같이 모든 사람에게 접근 가능한 서비스를 제공한다는 의미, 즉 네트워크의 편재성ubiquity of the network 개념보다는 네트워크 간의 상호 호환성interconnection이라는 의미로 주로 사용되었다(Napoli, 2001). 또한 정책 기관에 의해 공익적 차원에서 도입된 개념이라기보다는 AT&T와 같은 사업자에 의해 제안된 일종의 경쟁 차별화 전략의 일환이었다.

이후 상호 호환성이라는 당초의 의미는 소외 계층에 대한 필수 서비스라는 사회적·경제적 개념이 가미되면서 보편적 서비스에 대한 개념이 더욱 확장되었고, 개념적 논의 수준에서 제도적 차원으로 구체화되었다. 예를 들어 미국의 '1934년 커뮤니케이션 법Communication Act of 1934' 제1조에서는 "모든 미국 국민에게 가능한 한 신속하고도 효율적인, 미국 및 전 세계를 커버하는 유선·무선 서비스를 충분한 설비와 합리적 요금으로 제공해야 한다"라고 명시하여 보편적 서비스에 대한 법적 근거가 마련되었다(곽정호, 2005: 9 재인용). 이를 바탕으로 보편적 서비스는 제도적 정책으로 구체화되었다. 이를테면 첫째, 전국적인 통신망을 구축하여 국민이 통신 서비스에 접근할 수 있는 권리를 제공해야 하고, 둘째, 서비스 간의 상호 보조cross subsidization를 통해 기본료와 시내 전화료를 인하하며, 셋째 전국 평균 요금에 의해 지역에 따른 요금 차별을 없애고, 넷째 이용자 간 평균 요금의 책정으로 저소득층의 가입료와 통화료를 보조하는 정책들이 요구되었다(Prieger, 1998). 특히 미국의 보편적 서비스는 전화와 같은 기본 통신 서비스를 모든 국민들이 널리 이용할 수 있도록 합리적 비용affordable price을 적정하게 유지하는 데 초점이 맞추어졌다. 최근에는 '1996년 연방통신법Telecommunication Act of 1996'에서 비용 보조 제도의 도입이 명시되었고 보편적 서비스의 적용 범위도 확대되었다. 예컨대 통신시장에서 사업자 간 경쟁 확대로 상호 보조가 어려워짐에 따라 보편적 서비스 기금을 조성하는 등의 제도적 장치가 마련되었다. 초기 미국을 중심으로 정착된 이와 같은 보편적 서비스의 개념은 현재 비슷한 형태로 프랑스, 독일 등에서 광범위하게 받아들여지고 있다. 유럽에서는 EU의 보편적 서비스 지침에서 EU 국민들의 최소한의 통신 이용권을 보장하기 위한 보편적 서비스의 원칙, 제공 범위, 비용 보전 등에 관한 전반적인 사항에 대해 명시하고 있다(이상우 외, 2005).

우리나라에서 보편적 서비스 제도가 본격적으로 시행된 것은 1998년 '전기통신사업법'의 개정을 통해 보편적 서비스 제도를 시행할 법적 근거가 마련되면서부터였다. 이 법의 제2조에서는 보편적 서비스를 "모든 이용자가 언제 어디서나 적정한 요금으로 제공받을 수 있는 기본적인 전기통신 서비스"로 정의하고, 시행령에서 보편적 서비스의 제공 범위, 비용 분담 제도,

손실 분담금 산정 등과 같은 세부적인 내용이 제시되었다. 이어 1999년에는 '정보화 촉진 기본법'에 의해 인터넷과 같은 브로드밴드 네트워크도 보편적 서비스로 제공할 것을 명시하여 적용 대상에 포함시켰다(김대호, 2009). 즉, 동법 제3조에서는 "브로드밴드의 지역적·경제적 차별이 없는 균등한 조건의 보편적 서비스 제공"을 명시했다. 전화뿐 아니라 인터넷 역시 국민 생활에 필수적이라는 인식이 일반화됨에 따라 보편적 서비스의 제공 역무에 초고속 인터넷 서비스를 확대·적용한 것이다. 최근에는 방송 서비스에 대해서도 이러한 보편적 서비스 개념을 도입하여 최소한의 방송 이용권을 제도적으로 보장해야 한다는 논의가 활발하게 제기되고 있다.

2) 보편적 서비스의 판단 기준

그렇다면 무엇을 보편적 서비스로 볼 수 있는가? 또한 보편적 서비스는 구체적으로 어떤 방법을 통해 구현될 수 있는가? 이를 위해 먼저 보편적 서비스 여부를 가늠할 수 있는 판단 기준을 살펴볼 필요가 있다. 보편적 서비스 개념을 처음으로 도입한 미국의 경우 '1996년 연방통신법'에서 보편적 서비스에 대한 판단 기준을 다음과 같이 설정하고 있다(Telecommunication Act of 1996).

첫째, 해당 서비스가 교육이나 공중의 보건, 안전에 필수 불가결한 서비스인지를 판단한다. 즉, 서비스의 성격이 사회적으로 중요성을 지닌 필수 서비스인지를 첫 번째 판단 기준으로 삼는다. 둘째, 해당 서비스가 주민의 상당수에 의해 가입(또는 이용)되고 있는가의 여부이다. 즉, 이용의 광범위성이 두 번째 판단 기준으로 작용하고 있다. 셋째, 해당 서비스가 공공의 통신 네트워크로 운영되는가를 판단한다. 마지막으로, 해당 서비스가 공중의 이익, 편의, 필요와 얼마나 일치하는가, 즉 서비스의 공익성을 판단 기준으로 삼는다. 유럽에서는 2002년 유럽연합의 '보편적 서비스 지침'에서 보편적 서비스에 대한 판단 기준이 제시되었는데, 그것은 첫째, 소비자 대다수가 이용 가능한 서비스인가, 둘째, 공적 개입이 정당화될 수 있을 정도로 모든 소비자에게 혜택이 돌아가는가 등의 여부로 판단하고 있다(OECD, 2006). 일본에서는 2년마다 보편적 서비스의 적용 범위를 검토하는데, 이를 판단하는 기준으로 첫째, 서비스의 대중화 정도, 둘째, 서비스에 대한 사회적 요구, 셋째, 기술 발전 등의 요소를 고려하고 있다(김대호, 2009). 한편 자비에(Xavier, 1997)는 시장 수요의 중요성, 필수 서비스의 여부, 광범위한 이용의 중요성 여부 등을 고려해야 한다고 주장하면서 구체적으로 다음과 같은 세부적인 판단 기준을 제시했다.

- 고려하고 있는 서비스가 사회적으로 중요한 필수 불가결한 서비스인가?
- 서비스의 시장 보급률 정도는 어떠한가?
- 그 서비스가 제공되지 않는 정도와 범위, 그리고 그 이유는 무엇인가?
- 정부 관여가 없다면 그 서비스에 접근하지 못했을 때 발생할 수 있는 사회적·경제적 불이익은 어떠한가?
- 정부 관여의 비용은 어떠한가? 보편적 서비스를 통한 정부 개입의 비용과 다른 접근법을 통한 비용을 비교했을 때 어떠한가? 정부 관여를 통해 얻는 이익이 비용을 초과하는가?

국내에서도 보편적 서비스의 제공 범위에 대해 활발하게 논의되었는데 예를 들어 전기통신사업법 제3조에서는 보편적 서비스를 판단하는 다섯 가지 기준을 제시하고 있다. 그것은 ① 정보통신 기술의 발전 정도, ② 전기통신 서비스의 보급 정도, ③ 공공의 이익과 안전의 기여, ④ 사회복지 증진, ⑤ 정보화 촉진 등이다.

이처럼 세계 각국에서 사용하고 있는 보편적 서비스에 대한 판단 기준은 국가마다 다소 차이를 보이기는 하지만, 공통적으로는 국민들의 일상생활에 필수적인지를 고려하여 필수 설비 서비스에 대한 판단, 이용의 광범위성, 공공의 이익에 대한 기여 정도, 서비스의 보급 정도 등을 주요 판단 기준으로 사용하고 있다.

3) 보편적 서비스 개념의 확장

보편적 서비스는 고정된 개념이 아니라 역동적으로 진화하는 개념이다. 즉, 보편적 서비스에 대한 정의와 범위는 기술 발전, 보편성, 공공의 이익 등에 따라 탄력적으로 변화한다. 미국의 '1996년 연방통신법'에서도 보편적 서비스를 진화 단계evolving level로 규정하면서 기술 및 서비스의 진전 정도와 시장 동향을 고려하여 정기적으로 검토할 필요가 있다고 강조했다. 통신 서비스만 하더라도 기존에는 유선전화가 핵심 서비스였으나 최근에는 인터넷 접속 서비스 등 고도화된 통신 서비스의 이용이 필수적인 요소로 자리 잡고 있어 이들 서비스에 대해서도 보편적 서비스가 확대·적용되고 있다. 실제적으로 인터넷이 일상생활에서 차지하는 비중이 점차 확대됨에 따라 인터넷을 이용하는 계층과 그렇지 못한 계층 간에 발생할 수 있는 정보격차의 문제가 사회적 이슈로 부상하면서 보편적 서비스로의 확대·적용이 불가피해지고 있다. 방송 서비스도 마찬가지다. 방송 서비스 역시 최근 통신망과의 융합으로 통신과 유사한 형태로 서비스가 제공되고 있고 유료화가 진전되면서 저소득층, 소수집단에 대한 방송 이용권의 문제가 사회적인 문제로 대두되고 있다(곽정호, 2005; 김영주, 2008; 정인숙, 2006). 방송 영역에도 보편적 서비스 개념이 적용되어야 하는 이유에 대해서는 구체적으로 다음과 같은 점이 거론되고 있다(곽정호, 2005).

첫째, 방송과 통신의 융합 현상이다. 과거에는 통신의 경우 양방향 통신망을 이용하여 양방향 음성 서비스를 위주로 했고 방송은 전기통신 설비를 이용하여 불특정 다수에게 단방향적 서비스를 제공하는 등 사업상의 경계가 분명하게 존재했다. 하지만 방송·통신 융합으로 기존의 통신과 방송의 경계가 허물어지고 양 서비스가 중첩됨에 따라 기존 통신산업에 적용되었던 규제 원칙이 방송에도 적용되어야 하는 논리에 직면하게 되었다. 다시 말해 통신 부문에만 적용되었던 보편적 서비스 개념이 불가피하게 방송 영역에도 적용되지 않을 수 없게 된 것이다.

둘째, 기술 발전으로 인한 뉴미디어 도입으로 계층 간 정보 이용의 불평등이 심화되고 있다. 즉, 새로운 미디어가 도입되면서 이용자들에게 다양한 편익을 제공할 수 있기는 하나, 그렇지 못한 계층에게는 오히려 정보격차로 인한 불평등 구조를 야기할 수 있다. 예를 들어 고가의 방송 장비가 등장하는 등 방송 서비스에 대한 접근 비용이 점차 높아지고 있다. 이러한 접근 비용의 증가는 방송 부문에서의 디지털 격차 digital divide 문제를 야기함으로써 최소한의 방송 정보 이용권을 보장하는 보편적 서비스 제도의 도입 필요성이 제기되었다.

셋째는 방송 서비스의 유료화 추세이다. 국내에서도 케이블과 위성방송, IPTV와 같은 유료방송 서비스가 도입됨에 따라 경제적 어려움을 겪는 계층은 점차 기본적인 방송 서비스에 대한 접근이 점차 제한되고 있다. 방송의 유료화 현상으로 인해 방송의 본원적 역할인 공공 서비스의 역할이 점차 축소될 우려가 있어 보편적 서비스 개념을 도입하여 이용자의 시청권을 보장해야 한다는 요구가 높아졌다.

마지막으로 경제적 차원에서 방송에도 보편적 서비스 제도가 도입되면 망의 외부성network externality을 기대할 수 있다. 기존에 양방향 통신망을 이용하던 통신 서비스는 본원적으로 망의 외부성이 작용했지만, 그동안 일방향 전송에 의존했던 방송 서비스는 이러한 망의 외부성 효과를 기대하기 어려웠다. 하지만 방송·통신 융합으로 방송망 역시 양방향 서비스가 가능해지면서 외부성을 실현할 수 있게 되었다. 따라서 방송 서비스에도 보편적 서비스 제도를 도입하여 이용자 수의 증대를 통해 망의 외부성 효과를 기대할 수 있다.

이상과 같은 제반 이유를 바탕으로 방송 영역에도 보편적 서비스가 확대 적용되어야 하다는 주장이 폭넓게 제기되고 있다(김영주, 2008; 곽정호, 2005; 류춘열·배진한, 2000; 이수영·박은희, 2002; 정인숙, 2006). 사실 우리나라에서는 그동안 명시적으로 규정되지 않았을 뿐, 공익성이라는 포괄적 개념 안에 이미 암묵적으로 보편적 서비스에 대한 이념이 내재된 것으로 간주되어왔다(윤석민, 1999; 이상식, 2003). 방송의 공익성과 통신의 보편적 서비스 개념은 둘 다 보편성을 지향하고 있고 특히 소수 계층에 대한 배려를 강조하기 때문에 유사한 성격을 지닌다는 것이다. 다만, 방송에서의 공익성 이념이 공공의 이해를 우선하는 평등한 서비스를 강조하는 데 반해 보편적 서비스는 상업적 이해 속에서 기본적 서비스를 구현하는 것에 초점을 맞추고 있다는 차이를 지닌다. 또 이를 구현하는 수단적 측면에서도 공익성에서는 방송 사업자에 대한 규제정책을 주로 사용하지만 보편적 서비스에서는 이용자에 대한 지원정책을 주로 사용한다(곽정호, 2005; 이상식, 2003).

그럼에도 공익성이라는 개념은 여전히 그 자체로 추상적이고 포괄적이기 때문에 공익성 개념과는 차별적인 방송의 보편적 서비스에 대한 더 구체

표 6-1 __ 통신과 방송 서비스 간 보편적 서비스 제도 비교

비교		공익성(방송)	보편적 서비스(통신)
공통점		보편성 추구	
차이점	지향점	공익을 우선하는 평등 서비스 제공	상업적 이해 속의 기본적 서비스 구현
	정책적 초점	실질적 불평등 해소(서비스의 고른 향유)	형식적 불평등 해소(고른 접근 기회)
	수단	직접 규제(국가 정책)	간접 규제(가격/비용 보조)
	법제화 정도	암묵적 제도화	명시된 제도화

자료: 곽정호(2005), 이상식(2003) 등을 참고로 재구성.

적이고 명확한 역무 및 대상을 설정하는 작업이 요구되었다.

2 ㅣ 방송의 보편적 서비스

그렇다면 방송 영역에서는 내용을 보편적 서비스의 범주에 포함시킬 수 있을 것인가? 그동안 방송 영역의 차별적인 보편적 서비스의 적용 범위와 관련하여 적지 않은 논의가 있어왔다. 곽정호(2005)는 방송과 통신에서의 보편적 서비스를 통신 이용권과 방송 시청권으로 구분하고, 방송에서의 보편적 서비스는 공공적 성격을 지니는 지상파 방송에 대한 보편적 시청권을 보장하는 것이 핵심적 요체임을 주장했다. 또한 윤석민(1999)은 방송 영역에서의 보편성을 방송신호 도달의 보편성, 서비스 이용 가능성의 보편성, 서비스 내용에서의 보편성 등 세 가지 영역으로 구분하여 제시했다. 먼저 신호 도달의 보편성이란 방송신호가 사회 구성원 누구에게나 기술적으로 수신되어야 한다는 것으로, 지상파 방송의 난시청 해소가 여기에 해당된다. 서비스 이용 가능성의 보편성이란 누구나 염가로 방송 서비스 내용을 이용할 수 있어야 한다는 것으로, 곽정호(2005)가 주장한 보편적 시청권과 유사

하다. 서비스 내용에서의 보편성이란 서비스 내용이 특정 계층에 편중됨이 없이 다양한 시청 집단의 필요를 고루 반영해야 한다는 것으로, 이를테면 방송 내용에서의 사회적 다양성이 여기에 해당한다. 한편 정인숙(2006)은 방송에서의 보편적 서비스를 콘텐츠 측면의 보편적 서비스(보편적 콘텐츠)와 접근권 측면의 보편적 서비스(보편적 액세스)라는 두 가지 차원으로 제시했다. 여기서 보편적 콘텐츠는 내용상의 보편성을 추구하는 것을 말하며, 보편적 액세스는 이용 및 참여의 보편성을 포괄하는 개념으로 규정했다. 김영주(2008)도 방송의 보편적 서비스를 크게 접근권 차원의 보편적 서비스와 내용 차원의 보편적 서비스로 구분했다. 접근 차원의 보편성은 난시청 해소와 보편적 시청권 등과 같이 주로 이용과 관련된 보편성을 의미하는 개념이고, 내용 차원의 보편성은 방송 내용이 불특정 다수, 즉 국민 일반을 대상으로 해야 한다는 것을 의미한다.

이상의 논의에서처럼 방송 영역에서 규정되는 보편적 서비스는 대체로 방송망에 대한 접근권과 보편적 콘텐츠에 대한 접근권으로 구분된다. 방송망에 대한 접근권은 통신 영역에서 전통적으로 강조되던 망 이용에 대한 보편적 접근권universal access을 방송 서비스에 그대로 적용하는 개념이다. 예컨대 적절한 요금을 통한 망 접근의 문제는 방송 영역에서도 그대로 적용되는데 방송 서비스 유료화에 따른 비용의 접근 격차가 발생할 수 있기 때문이다. 즉, 경제적 능력에 따라 이용 가능한 서비스가 차별화되고 지불 능력이 없는 계층은 신규 방송 서비스에 대한 접근과 이용에 어려움을 겪게 될 것이다. 특히 전체 가구의 90% 이상이 유료 채널에 가입되어 있는 우리나라에서 광범위한 이용이 중요하다고 판단될 경우 가입 요금의 적정성 문제는 이용 접근권 차원에서 다루어야 할 중요한 문제로 인식된다(곽정호, 2005). 이 외에도 지상파 난시청 해소의 문제 및 장애인의 방송 서비스 액세스 문

표 6-2 __ 보편적 서비스 이념의 구성 개념 및 구현정책

정책 이념 (개념적 차원)	구성 개념 (조직적 차원)	구현정책 (실천적 차원)
보편적 서비스	방송망에 대한 접근권 (전통적인 보편적 서비스)	· 난시청 해소(지상파) · 이용 요금(유료방송) · 장애인 접근권
	보편적 콘텐츠에 대한 접근권 (차별적인 보편적 서비스)	· 재난방송 · 보편적 시청권 · 지상파 의무 재송신

제 역시 방송망 차원의 접근권에 해당한다.

한편 보편적 콘텐츠에 대한 접근권 문제는 방송 영역의 차별적인 보편적 서비스의 범주로, 이는 내용이 보편적인 성격을 지닌 콘텐츠는 누구나 볼 수 있도록 접근을 보장해야 하는 권리를 의미한다. 방송 영역에서 보편적 성격을 지니는 콘텐츠는 통신에서의 필수 설비와 비슷한 개념으로 파악되기 때문이다. 누구나 봐야 하는 보편적 성격을 지니는 콘텐츠로는 재난 프로그램과 국민적 관심이 높은 스포츠 프로그램, 그리고 공공적 성격을 지니는 일부 지상파 채널(예컨대 KBS1, EBS 등)을 들 수 있다.

3 | 보편적 서비스 구현정책

1) 방송망 접근권 정책

(1) 난시청 해소

공공적 성격이 강한 지상파 방송에 대한 접근권 보장을 위해서는 난시청 환경 개선 및 공시청 설비 이용이 보장되어야 한다. 우리나라 방송정책에서

는 그동안 지상파 방송의 난시청 해소와 관련하여 구 '방송공사법'의 제1조에서 "전국에 방송의 시청을 가능케 함으로써……"라고 하여 국가 기간방송이라 할 수 있는 KBS의 존립 이유로 보편적 접근권 보장의 의무가 있음을 명시한 바 있다. 이후 통합 방송법에서는 이 조항을 폐지하고 그 대신 "양질의 방송 서비스를 제공받을 수 있도록 노력"할 것을 명시했는데(제44조 2항), 이는 KBS로 하여금 난시청 해소 노력을 촉구하기 위함이다. 2015년 현재, 별도의 수신장치 없이 지상파 방송의 시청이 어려운 난시청 가구는 약 45만 가구에 달하여 난시청 문제가 상당 부분 해소된 것으로 파악된다.

한편 케이블이나 IPTV와 같은 유료방송을 가입하지 않고 디지털 지상파 방송을 직접 수신하기 위해서는 공시청망Master Antena TV: MATV의 활용이 필요하다. 그동안 우리나라에서는 지상파 방송의 직접 시청을 돕기 위해 주택법과 방송법 등에서 공시청 안테나 시설을 의무화하도록 하여 수용자의 방송 수신권을 보호해왔다. 하지만 공동 시청 설비인 MATV가 노후화되고 케이블 TV 사업자가 이 시설을 이용하는 등의 문제가 발생하고 있다. 따라서 지상파의 직접 수신 환경을 개선하기 위해 노후된 공동주택과 훼손된 공시청 설비의 보수 작업이 필요하며 동시에 공시청망의 관리 주체를 명확히 하는 등의 법제도 개선이 요구된다.

(2) 이용 요금

전통적으로 통신 영역에서의 보편적 서비스 정책은 그 사회의 구성원으로서 누려야 할 최소한의 정보 접근권 및 이용권을 보장하기 위한 저렴한 요금 문제에 초점이 맞추어져 왔다. 그리고 저렴한 요금을 위한 수단으로는 보조금subsidy 제도가 주로 이용되었다. 보조금 제도는 크게 내부 보조implicit subsidy 방식과 외부 보조explicit subsidy 방식으로 나뉘는데, 전자는 사업자가 내부적으로 서비스 간 가격 조정을 통해 보조하는 방식이고, 후자는 공익적 목적으로 사용되는 곳에 외부적인 재정 지원을 하는 것을 말한다. 국가가 장애인이나 노인의 통신 요금을 할인해주는 것이 외부 보조의 대표적인 예에 해당한다. 미국에서 통신 서비스에 대한 보조금 지급은 1960년대 중반부터 시작되었고, 주로 내부 보조금 제도를 이용했다. 가령 지역 전화 요금을 낮게 유지하기 위해 장거리 전화 요금을 올리는 방식으로 손해를 보존해주었다. 또한 비도시 지역민들의 통신 요금이 도시 사람들에 비해 높게 나오는 것을 방지하기 위해 모든 이용자의 요금을 평균하여 요금을 책정했다. 이는 단가가 높은 비도시 이용자들의 통신 요금을 도시 이용자들의 요금을 통해 내부적으로 보조해주기 위함이다.

방송 영역에서는 그동안 서비스가 무료로 제공되었으나 점차 가입자 기반의 유료 채널 및 콘텐츠의 유료화가 진행되면서 경제적 능력에 의한 이용의 차별화 문제를 보편적 서비스 차원에서 어떻게 접근해야 하는지가 새롭게 부상했다. 유료방송의 경우, 특히 소비자가 직접 지불해야 하는 비용의 문제는 접근 및 이용 격차를 야기하는 대표적 변수로 작용하고 있다. 우리나라에서는 유료방송에서의 보편적 접근을 위해 유료 채널 요금에 대한 가격규제를 실시하고 있다. 즉, 케이블과 위성방송, IPTV 같은 유료방송 사업자가 지나치게 높은 가격을 책정하지 못하도록 요금을 승인받도록 하고 있고, 이용 요금을 변경할 경우에도 승인을 얻도록 하고 있다('방송법' 제77조, '인터넷 멀티미디어 방송사업법' 제15조). 다만, 케이블과 위성방송의 경우는 가격 상한제의 적용을 받고 있으나 IPTV는 정액으로 승인을 받고 있다.

하지만 우리나라 유료방송 산업은 여타 국가에 비해 저가형 구조로 되어 있어 유료방송 산업 발전을 위해서는 이러한 이용 요금 규제를 완화해야 한다는 주장이 제기되고 있다. 즉, 현재와 같은 저가형 구조는 보편적 이용권 차원에서는 바람직할 수 있지만 전체 유료방송의 성장에 부정적 영향을 미칠 수 있어 사회적 취약 계층에 초점을 맞추는 좀 더 신중한 지원 방안이 모색될 필요가 있다. 예컨대 필수 채널로 구성되는 티어tier에 대해서는 저가로 공급하고 상위 티어에 대한 가격규제는 없애는 이른바 내부 교차보조 방식을 도입하거나 경제적 취약 계층에 대해서는 보편적 서비스 기금과 같은 공적 기금을 조성해서 이를 지원하는 방안들을 고려해볼 필요가 있다.

(3) 장애인 이용 접근권

필수 설비에 대해 모든 사람이 차별 없이 이용할 수 있어야 한다는 전통적인 보편적 서비스 개념은 방송에서도 장애인에 대한 접근권 보장을 요구하고 있다. 그리하여 세계 각국에서는 장애인에 대한 방송 서비스의 보편적 접근권을 위한 정책을 실시하고 있다. 영국에서는 2003년 '커뮤니케이션법'을 통해 사회적 취약 계층에 대한 방송 접근권을 위해 '시청각 장애인을 위한 텔레비전 서비스에 관한 규약'을 제시한 바 있다. 여기에서는 방송사에 장애인의 텔레비전 액세스 지침을 마련하도록 요구하고 있다. 일본에서도 '통신 방송의 신체장애인 이용 원활화 사업 추진에 관한 법'의 제정을 통해 시청각 장애인을 위한 해설 프로그램 및 자막 프로그램 등의 방송 시간 확대와 보조금 지급을 규정했다(김영주, 2008). 우리나라도 방송법에서 모든 방송사업자로 하여금 장애인의 시청 접근권을 도울 수 있도록 수화, 폐쇄 자막, 화면 해설 등 이른바 장애인 방송을 해야 할 의무를 명시했으며, 이에 따른 필요한 경비는 방송통신발전기금에서 지원할 수 있도록 규정하고 있다(제69조 8항). 또 장애인들이 그러한 방송을 시청할 수 있도록 수신기 보급을 위한 경비도 공적 기금을 통해 지원하고 있다.

2) 보편적 콘텐츠 접근권 정책

(1) 재난방송

재난방송은 공공의 안전에 필수적이고 공공의 이익에 기여하는 정도가 큰 것으로 판단되는 서비스이므로 방송에서 보편적 서비스로 지정하여 모든 사람이 접근할 수 있도록 제도화하는 것이 필요하다. 이러한 이유로 우리나라에서도 모든 방송사업자로 하여금 재해 또는 재난이 발생할 우려가 있는 경우에는 그 발생을 예방하거나 그 피해를 줄일 수 있는 재난방송을 하도록 제도화했다. 재난방송을 의무적으로 실시하도록 한 대상 방송사는 원래 종합편성 및 보도전문편성 채널 방송사에 한정되었으나, 지난 2005년부터 모든 방송사업자로 확대·적용되었다. 또한 재난 발생이 예상될 때 재난을 예방하거나 피해를 줄일 수 있는 재난방송을 방송사에 요구할 수 있는 권한을 방통위에 부여했다. 그럴 경우 방송사는 특별한 사유가 없는 한 재난방송을 하도록 했다. 또한 국가는 KBS를 재난 주관 방송사로 지정할 수 있도록 했다. 당초 방송법(제75조)에 언급된 재난방송에 관한 규정은 이후 2010년 3월 '방송통신발전 기본법'이 제정됨에 따라 이 법 제40조로 이관되었다. 그러나 그 내용은 전과 동일하다. 이와 비슷하게 미국에서도 재난에 관한 정보를 누구나 접하도록 하는 정책을 실시하고 있다. 즉, 미국에서는 모든 지상파 방송사로 하여금 디지털 EAS 시그널을 수신하고 송출할 수 있는 재난경보 시스템Emergency Alert System을 갖추도록 했고, 케이블의 경우도 2002년까지 완료했다. 이 재난경보 시스템은 주로 날씨나 홍수, 토네이도 등과 같은 재난이 발생했을 때 자동으로 방송 프로그램을 중단하고 경고음을 발신하도록 하는 장치로서 지역 단위에서 자주 이용되고 있다.

(2) 보편적 시청권

보편적 시청권은 올림픽이나 월드컵처럼 국민적 관심이 높은 스포츠 경기나 문화 행사 등과 같은 보편적 성격의 방송 콘텐츠를 누구든지 접근하여 시청할 수 있는 권리를 말한다. 즉, 공공재public goods 성격을 지니는 국민적 스포츠 행사가 점차 사유재private goods로 전환됨에 따라 국민들이 무료로 시청할 수 없는 경우가 발생하자 이를 국가 규제를 통해 무료 시청권을 보장해주는 제도로, 우리나라에서는 2007년부터 보편적 시청권을 법에 규정하여 보장하고 있다.

보편적 시청권의 문제는 유료방송 시대의 개막과 함께 그동안 지상파를 통해 무료로 시청할 수 있었던 주요 콘텐츠를 유료 채널이 전송하면서 발생하기 시작했다. 그동안 우리나라에서는 올림픽이나 월드컵과 같은 대형 스포츠 행사를 지상파 방송사가 중복 중계하거나 순차적으로 중계하는 것이 관행화되어 별 문제가 발생하지 않았다. 하지만 최근 유료방송이 도입 되고 일부 케이블 채널들이 국민적 관심사가 높은 스포츠 프로그램을 독점적으로 중계하자 지상파 방송사들이 반발했고, 이로써 방송 분야에서 보편적 서비스에 대한 논쟁이 불거졌다.

국내에서 보편적 시청권이 처음 사회적 문제로 대두된 것은 지난 2005년부터였다. 당시 케이블 채널인 엑스포츠XSports를 소유한 비지상파 스포츠 대행사인 IB 스포츠가 메이저리그 및 월드 베이스볼 클래식WBC 중계권을 획득하면서 지상파를 통한 무료 시청이 불가능하게 되었고, 이때부터 보편적 시청권에 대한 논의가 본격적으로 쟁점화되기 시작했다. 또한 지상파 방송 간에도 2010년과 2014년 월드컵 중계권, 그리고 2012년과 2016년 동계·하계 올림픽 중계권을 SBS가 독점하면서 지상파 방송사 간 갈등 양상으로 비화되었다. SBS의 올림픽과 월드컵 중계권 독점에 대해 당시 KBS와 MBC

는 공동 협상을 하기로 한 협약을 깨고 SBS가 엄청나게 폭등한 가격으로 계약함으로써 국부 유출을 했다며 맹비난하기도 했다.

이러한 일련의 사태가 발생하자 국민적 관심이 큰 스포츠 경기 및 주요 행사 등에 대해 일반 국민이 무료로 시청할 수 있는 권리, 즉 보편적 시청권을 우리나라에도 도입해야 한다는 논의가 본격화되었다. 그리하여 우리나라에서도 지난 2007년 방송법에 보편적 시청권에 대한 내용을 포함시킴으로써 이 제도를 공식적으로 도입했다.

먼저 방송법에서는 보편적 시청권을 "국민적 관심이 매우 큰 체육경기 대회 및 그 밖의 주요 행사 등에 관한 방송을 일반 국민이 시청할 수 있는 권리"라고 정의하고(제2조 15호), 방송통신위원회 산하에 보편적 시청권 보장 위원회를 신설했다(제76조 2의 2항). 7인 이내의 위원으로 구성되는 이 위원회의 가장 큰 역할은 국민적 관심 행사에 해당되는 콘텐츠를 심의하여 고시하는 것이다. 이와 함께 보편적 시청권을 촉진하기 위한 다양한 법적 장치를 마련했는데, 한 방송사가 다른 방송사에 프로그램을 공급할 때 공정하고 합리적인 가격으로 차별 없이 제공하도록 했으며(제76조 3항), 과다한 중복 편성으로 인해 시청자의 권익이 침해되지 않도록 채널별·매체별로 순차 편성할 것을 요구했다(제76조 5의 1항). 또한 방송통신위원회에는 중계권 확보에 따른 과도한 경쟁을 방지하기 위해 공동 계약이나 순차 편성이 효율적으로 이루어질 수 있도록 권고할 수 있는 권한을 부여했다.

사실 우리나라의 보편적 시청권 제도는 우리보다 앞서 유료방송이 도입되어 보편적 시청권 제도를 채택해왔던 외국의 사례가 많은 영향을 미쳤다. 먼저 영국은 1996년 개정된 방송법에서 국왕의 즉위식이나 윔블던 테니스 대회와 같은 국민의 관심이 큰 이벤트를 보편적 시청권 대상으로 설정하고 위성방송과 같은 뉴미디어가 독점 중계권을 갖지 못하도록 규정한 바 있다.

그리하여 국가적 이벤트는 무료로 제공되는 지상파 방송사가 중계하도록 제도화되어 있다. EU 역시 '국경 없는 TV 지침'에서 "일반 공중이 올림픽, 월드컵과 같은 주요 이벤트에 폭넓게 접근하는 것을 보호하는 조치를 유럽 연합 국가들이 취할 수 있다"(제3조 a항)라고 규정하여 보편적 시청권 제도를 인정하고 있다. 호주도 '방송법' 제115조에 의해 문화부 장관이 무료로 시청할 수 있는 행사 목록을 지정하고 있다. 반면 상업방송이 발달한 미국에서는 보편적 시청권 규제를 표현의 자유를 제한하고 방송사 간 경쟁을 제약하는 것으로 보고 인정하지 않고 있다. 미국에서는 1970년대 인기 스포츠에 대한 FCC의 보편적 시청권 규제anti-siphoning rules에 대해 수정헌법 1조의 표현의 자유를 위반한다는 이유로 무효 판결이 내려졌다. 당시 FCC는 인기 스포츠 이벤트를 유료 TV에서 방송한다면 TV 오락물에 대한 공공적 흥미가 감소될 것이라는 우려를 제기하면서 보편적 시청권 규칙을 제정하고자 했다. 하지만 HBO와 같은 유료 채널들이 법원에 제소했고, 1977년 법원은 케이블 채널을 통한 스포츠 프로그램 전송이 공공의 이익에 부합하지 않는다는 증거가 없다는 이유로 FCC의 규칙을 무효화했다(정용준, 2008).

그렇다면 보편적 시청권 제도를 도입하는 국가들은 어떠한 콘텐츠를 보편적 시청권의 대상으로 설정하고 있는가? 우선 EU는 이에 대한 판단 기준으로 ① 전통적으로 무료 방송사에 의해 방송되었고, 많은 국내 시청자들이 시청한 이벤트인가, ② 국가의 문화적 정체성에 중요한 이벤트인가, ③ 국가 대표팀이 참가한 주요 국제 경기인가, ④ 국가에 중요한 공익성이 있는 이벤트인가와 같은 네 가지 요건을 제시하고 이 중 두 가지 이상의 요건을 충족할 경우 보편적 시청권의 대상으로 할 수 있다는 가이드라인을 마련했다(정용준, 2008). 한편 영국에서는 이벤트의 중요도에 따라 보편적 콘텐츠를 A 리스트와 B 리스트로 구분하고 있다. A 리스트는 국민적 공감이 있어

표 6-3 __ 주요 국가의 보편적 시청권 인정 기준과 내용

국가		지정 콘텐츠
영국	A 리스트	동계·하계 올림픽, 축구(월드컵, 유럽 챔피언스리그, FA 결승), 테니스(윔블던 결승), 경마(The Derby)
	B 리스트	Commonwealth Game, 테니스(윔블던 결승 제외), 골프(브리티시 오픈)
이탈리아	올림픽	동계·하계
	축구	월드컵, 유럽 챔피언스리그
	기타	사이클(Tour of Italy), 자동차 경주(F1 그랑프리), 음악(산레모 가요제)
독일	올림픽	동계·하계
	축구	월드컵, 유럽 챔피언스리그
프랑스	올림픽	동계·하계
	축구	월드컵, 유럽 챔피언스리그
	기타	사이클(Tour de France), 럭비(Five Nations Championship)

자료: 정용준(2002)를 참고로 재구성.

국민을 통합하는 이벤트를 말한다. 여기에는 탁월한 국내·국제 스포츠 이벤트, 그리고 국가를 대표하는 팀이나 선수가 출장하는 경기 등의 요건을 갖춘 스포츠가 해당된다. A 리스트로 지정된 스포츠는 무료 지상파 방송사에 의한 생중계권이 부여되도록 했다. B 리스트는 이보다 중요도가 낮은 콘텐츠로 비지상파 방송사가 중계권을 가질 수 있다. 하지만 이 경우도 무료 지상파 방송사에 2차 중계권을 제공하도록 하고 있다. 이탈리아는 EU의 지침과 비슷하게 이탈리아에서 널리 관심이 있는 이벤트, 이탈리아 문화적 정체성을 강화하는 이벤트, 국가 대표팀이 참가하는 국제적 이벤트, 전통적으로 무료 TV에서 시청해온 이벤트라는 네 가지 요건 중 적어도 두 가지 이상을 충족할 경우 보편적 시청권 대상에 포함하고 있다. 특히 보편적 시청권의 대상에 스포츠뿐만 아니라 '산레모 가요제'와 같은 문화 행사 프로그램이 포함되어 있다는 점이 특이하다.

이상에서 살펴본 바와 같이 주요 국가에서 보편적 시청권을 설정하는 판단 기준으로는 대체적으로 국가 대표팀이 참가하는 이벤트인가, 그리고 문화적 정체성과 관련된 이벤트인가 하는 요건을 공통적 잣대로 사용하고 있음을 알 수 있다. 이러한 기준에 의거하여 올림픽과 월드컵을 보편적 시청권의 범주에 포함하는 경향이 많으며, 다만 자국 내 인기 있는 스포츠의 경우는 국가에 따라 지정 여부가 달리 적용되고 있다. 영국의 경우는 프리미어리그가 시청권 지정 목록에 포함되지 않는 반면, 독일의 경우는 FA컵 준결승과 결승전이 포함되어 있다.

그렇다면 우리나라의 경우는 어떠한가? 우리나라에서는 지난 2009년 '국민적 관심이 큰 체육경기 대회 및 그 밖의 주요 행사'에 대한 고시를 통해 보편적 시청권에 해당되는 범위를 상세하게 규정했다. 그 내용을 살펴보면, 동계·하계 올림픽과 월드컵은 국민 전체 가구 수의 90/100 이상이 시청할 수 있는 방송 수단을 확보한 방송사만이 중계할 수 있도록 규정했다. 즉, 올림픽과 월드컵은 보편적 서비스 대상에 포함시켜 실질적으로 지상파 방송사만을 중계권자로 인정하고 있다. 이보다 국민적 관심이 덜한 콘텐츠, 예컨대 아시안 게임, 야구 WBC(월드 베이스볼 클래식), 국가 대표가 출전하는 축구 A 매치(월드컵 축구 예선 포함) 등은 국민 전체 가구 수의 75/100 이상이 시청할 수 있는 방송 수단을 확보한 방송사도 중계할 수 있도록 규정했다. 그리하여 이러한 콘텐츠는 유료 채널에서도 중계할 수 있도록 했다. 이처럼 지상파 채널이 단독으로 중계할 수 있는 콘텐츠와 유료방송사도 중계할 수 있는 콘텐츠를 명확히 구분했는데, 이는 보편적 시청권과 매체 간 경쟁을 동시에 고려한 조치로 해석된다.

이상과 같은 보편적 시청권에 대한 제도적 규정은 우리나라에서도 보편적 성격을 지니는 콘텐츠를 방송의 보편적 서비스 범주에 포함시켰다는 점에서 그 의의가 있다. 다만 일부 조항들, 즉 공정하고 합리적인 가격으로 타 방송사에 제공하도록 규정하고 있지만 공정하고 합리적인 가격의 기준이 불분명하여 공급 가격을 둘러싼 사업자 간 갈등의 여지를 남겨두고 있다는 점, 그리고 공동 계약 및 순차 편성 권고 등은 도입 취지에도 불구하고 법적 강제성을 지니지 못하는 권고 사항에 그쳐 제도적 실효성을 기대하기 어렵다는 한계를 지니고 있다.

(3) 지상파 의무 재송신

지상파 방송의 의무 재송신이란 KBS1과 EBS 같은 공적 성격이 강한 지상파 채널을 유료방송 사업자들이 중간에 송신을 거부하지 않고 의무적으로 재송신하도록 하는 제도를 말한다. 다시 말해 누구든지 이들 채널에 접근할 수 있는 권리를 제도적으로 보장하는 장치라고 할 수 있다. 이 제도는 당초 미국을 비롯한 서구에서 케이블 TV 및 위성방송, IPTV 등의 유료방송 플랫폼이 등장하면서 공공성이 높은 무료 지상파 방송을 전 국민들에게 공급하기 위한 취지에서 도입되었다. 우리나라에서도 1990년대 중반, 케이블 방송이 등장하면서 KBS와 EBS에 대한 케이블 TV 동시 재송신을 의무화하면서 이 제도가 도입되었다. 도입 초기 케이블 사업자들이 재산권과 직업 선택의 자유 등을 침해한다면서 헌법 소원을 제기했으나 헌법재판소는 "지상파 방송의 동시 재송신의 의무화는 종합유선방송의 공익성 확보와 난시청 지역 시청자의 시청료 이중 부담의 문제를 해결하기 위한 조치로서 입법 목적의 정당성이 인정되고", "의무화되는 공중파 방송도 공영방송인 한국방송공사와 교육방송의 2개로 제한되어 제한의 방법과 정도의 적정성도 인정"된다고 확인한 바 있다(헌법재판소, 1996.3.28). KBS1과 EBS를 초기부터 일관되게 의무 재전송 대상 채널로 지정하는 것은 이 두 채널을 국민의 교육과 사회적 중요성을 지닌 필수 서비스로 판단하고 있기 때문이다. KBS의 경우 방송법에 의해 국가 기간방송으로의 역할을 부여받고 있으며(제43조), 공영방송으로서 공적 책임 수행, 공익성 실현, 보편적 접근권 등의 역할을 주문받고 있기 때문에 공익적 기여가 큰 채널로 간주된다. 따라서 모든 국민의 시청권이 보장되어야 하는 보편적 서비스의 제공 의무를 부여받는 것이 당연하다. EBS 역시 설립 목적이 "국민의 평생교육과 민주적 교육발전에 이바지함을 목적으로 한다"로 규정되어 있고 계층 간, 세대 간 정보의 지식격차 해소에 기여하는 공적 역할이 분명하므로 보편적 서비스 대상에 포함되는 것이 타당할 것으로 판단된다. 이처럼 일부 공공적 성격의 지상파 채널에 대한 의무 재송신 정책은 시청자의 보편적 시청권을 보장하는 차원에서 대체적인 사회적 합의가 이루어져 왔다. 이러한 이유로 현재 의무 재송신 대상 채널로 지정되어 있는 KBS1과 EBS 같은 공공 채널의 의무 재송신에 대해서는 사회적으로 큰 이견이 없는 상황이다. 다만 보편적 접근권 보장 차원에서 의무 재전송 대상 채널의 범위, 즉 현재처럼 두 채널을 유지할지, 아니면 다른 지상파 채널로 확대·적용할지에 대해서는 아직도 이견이 분분한 상황이다.

우리나라에서 의무 재송신 대상 채널은 시기적으로 많은 변화가 있어왔다. 케이블TV가 도입된 초기에는 KBS1, KBS2, EBS, MBC 등 네 개 채널이 의무 재송신 대상이었으나, 2000년 방송법에서는 KBS1, KBS2, EBS 등 세 개 채널로 그 대상이 축소되었다. 이후 위성방송 출범 직전인 지난 2002년에는 KBS2가 광고를 하는 상업적 성격이 짙다는 이유로 의무 재송신 대상에서 제외되었다. 그리하여 현재는 KBS1과 EBS만이 의무 재전송 대상으로 지정되어 있다. 이런 의무 재송신 대상 범위에 대해 일부에서는 최소 KBS2 채널은 다시 의무 재송신 대상에 포함시켜야 한다는 의견이 제기되고 있다

(정용준, 2013; 정인숙, 2014). 그 이유로는 1996년 헌재의 판결에서 재송신의 범위를 수신료를 기준으로 하는 기간 공익 서비스로 제시한 바 있기 때문에 수신료를 근간으로 하는 모든 KBS 채널이 의무 재송신 대상에 포함되어야 한다는 것이다. 또한 방송법은 원래 채널이 아닌 방송사를 기준으로 적용되어야 하기 때문에 법 적용의 일관성 차원에서도 두 채널이 모두 포함되어야 한다는 것이다. 이러한 요구에 대해 2011년 방통위는 한때 의무 재송신 대상 채널을 확대하되 그 대신 저작권 대가를 지급받는 방향으로 재송신 제도의 개선을 추진하기도 했다.

의무 재송신 대상 채널을 어디까지 설정하느냐 하는 문제는 사실 각 지상파 채널에 대한 법적 성격, 재원, 그리고 그 채널에 부여되는 사회적 역할 등을 두루 고려해야 하는 복잡한 사안이다. 특히 보편적 시청권의 대상 범위를 결정할 때는 그 채널이 지니는 법적 성격과 재원의 성격이 무엇보다 중요한 판단의 잣대가 되어야 한다. 이런 점에서 KBS2는 국가 기간방송으로서 법적 성격이 공영방송임이 명백하고 재원 역시 수신료를 이용하기 때문에 일차적으로 보편적 시청권의 대상에 포함시키는 것이 타당할 것이다. 다만 이에 따른 재원 손실은 보전될 필요가 있다. 즉, 의무 재송신 지정을 확대할 경우, 보편적 서비스 기금 등을 조성하여 손실 비용을 보전하는 방안이 강구되어야 한다. 보편적 서비스 기금은 보편적 서비스를 위해 사용하는 목적성 기금으로, 방송발전기금이나 정보통신진흥기금 등에서 일부를 분리하여 보편적 서비스를 위한 목적에만 사용할 수 있도록 하는 것이다. MBC, SBS와 같은 여타 지상파 채널을 의무 재송신 대상에 포함시킬 것인가에 대한 논의에서도 이러한 비용 보전 방안이 동시에 고려될 필요가 있다.

재송신과 관련하여 추가적으로 해결되어야 할 과제로는 의무 재송신 대상에서 제외되는 지상파 채널에 대한 재송신 대가 산정의 문제와 지상파 채널과 유료방송사 간 재송신 분쟁이 해결되지 않았을 때 국가 규제기구의 역할은 어디까지인가에 대한 문제 등이 있다(정인숙, 2014). 먼저 의무 재송신 대상이 아닌 지상파 채널(KBS2, MBC, SBS)에 대해 재송신 대가를 어떻게 합리적으로 산정하는가 하는 문제이다. 초기 케이블 TV는 이들 채널에 대해 아무런 대가를 지불하지 않았으나, IPTV가 등장하면서 이 지상파 방송 채널들이 재송신 대가를 요구하기 시작했다. 그리하여 초기 가입자당 월 요금 cost per subscriber: CPS을 280원으로 합의하여 대가를 지불하기 시작했다. 하지만 이후 재계약 때마다 적정한 대가 비용을 놓고 지상파 방송 채널과 유료 플랫폼 사업자 간 갈등이 재연되고 있다.* 심지어 지난 2011년에는 이러한 갈등으로 케이블 방송사들이 지상파 채널의 송출을 중단하기도 했다. 협상이 결렬되자 지상파 방송사들은 법원에 소송을 제기했고 2011년 서울고등법원은 케이블 TV의 동시 재송신이 수신 보조 행위가 아니라 적극적인 영리 창출 행위로서 저작권을 침해했기 때문에 KBS2, MBC, SBS 채널에 대한 송출 중단은 위법하다는 결정을 내리기도 했다. 그동안 합리적인 지상파 재전송의 대가 산출 방식을 놓고 양쪽 이해 당사자는 재송신으로 발생하는 비용과 수익을 대가 산정에 반영해야 한다는 점은 인정하고 있으나, 그렇다면 어떤 비용 및 수익 요소를 반영해야 하는지, 또 구체적으로 어느 정도 반영

---

* 케이블 업계와 지상파가 맺은 재송신 계약이 2014~2015년에 모두 종료되자 이후 지상파 방송사는 최대 430원으로 인상하는 방안을 주장하여 분쟁의 골이 깊어지고 있다. 실제로 지난 2012년 케이블 업계가 지상파 고화질(HD) 방송 송출을 전격 중단해 '블랙아웃' 사태가 발생했고, 2015년에는 일부 케이블 업체들에 VOD 공급이 중단되기도 했다. 2016년에는 KT스카이라이프가 블랙아웃 위기에 몰렸지만, 방통위의 방송 유지 명령으로 한시적으로 중단 사태를 피하기도 했다(≪아주경제≫, 2016년 10월 20일 자). 한편 최근에는 유료방송사들이 지상파 요금을 별도로 고지하는 이른바 '지상파 요금 별도 표시제' 도입을 주장했는데, 이는 요금 고지서에서 지상파 재송신 가격을 표시하여 지상파가 재송신 수수료를 올리는 만큼 지상파 채널 이용 요금을 가입자에게 요구하자는 것이다(≪미디어 오늘≫, 2016년 11월 10일 자).

해야 하는지에 대해서는 합의점을 찾지 못하고 있다. 그리하여 때때로 방송이 중단되는 이른바 블랙아웃blackout* 사태가 빈번히 발생했으며 그 피해가 시청자들에게 고스란히 전가된다는 비판을 받고 있다.

한편 사업자 간 갈등으로 인해 이와 같은 시청권 침해가 발생했을 때 방송규제 기관이 방송 재개를 명령할 수 있느냐 하는 것도 사회적 쟁점이 되었다. 현재 방송사업자 간 분쟁이 발생했을 때 법적 갈등 조정 시스템으로 방송통신위원회 산하에 방송분쟁조정위원회가 있는데, 분쟁 당사자 일방 또는 쌍방이 분쟁 조정을 신청할 경우 이 기구에서 심의하도록 되어 있다. 이때 조정의 성립은 재판상 화해와 같은 효력을 지닌다. 하지만 방송규제 기관에 부여된 현행 사전 화해 조정 방식은 막상 협상 결렬로 인한 블랙아웃과 같은 시청권 침해 사례가 발생했을 때 이를 적절하게 대응하기에는 미흡하다는 지적을 받아왔다. 그리하여 이용자의 이익이 현저히 침해되거나 침해될 우려가 있을 경우 이를 적극적으로 해결할 수 있는 권한이 규제기관에 부여되어야 한다는 주장이 제기되었다. 이러한 권한으로는 당사자의 분쟁 조정 신청이 없어도 직권으로 조정 절차를 개시할 수 있도록 하는 직권 조정권과 블랙아웃이 발생했을 때 방송을 재개하도록 명령할 수 있도록 하는 재개 명령권 등이 있다. 결국 2015년 방송법 개정을 통해 시청자의 이익이 현저히 저해되거나 저해될 우려가 있는 때에는 30일 이내에 방송통신위원회가 방송 프로그램이나 채널의 공급 또는 송출을 유지하거나 재개할 수 있도록 하는 방송 유지 및 재개 명령권을 부여했다(제91조의 7).

---

* 지난 2011년 11월 28일 전국 93개 케이블 SO는 지상파 방송사와 재송신료에 대한 협상이 결렬되자 KBS2, MBC, SBS에 대한 HD 방송 재송신을 중단했다. 이듬해 1월에는 케이블 업계에서 KBS2의 디지털과 아날로그 방송 송출을 하루 동안 중단하기도 했다. 당시 KBS 2TV 송출 중단으로 1200만 가구가 KBS를 시청하지 못했다.

Principles of Korean Broadcasting Policy

7장

경쟁

방송정책에서 경쟁은 뉴미디어의 도입과 함께 방송의 산업적 성격이 강조되면서 최근에 중요한 정책 이념 중 하나로 부상하고 있다. 주지하다시피 미국에서는 '1996년 연방통신법'에서 지역성, 다양성, 경쟁이라는 세 가지 주요 정책 이념이 제시되었고, 그중에서도 경쟁을 가장 우선시하는 이념으로 표방한 바 있다(Napoli, 2001). 즉, '1996년 연방통신법'의 서문에서는 "이 법의 목적이 소비자들에게 낮은 가격과 향상된 상품의 질을 제공하기 위해 규제를 철폐하고 기업 간 경쟁을 촉진하는 것"이라고 선언하고 있다. 이 법 이전까지 미국에서는 전화 회사들이 케이블 회사를 소유하는 것이 금지되어 있었다. 하지만 '1996년 연방통신법'에서는 경쟁을 촉진하고자 이러한 규제를 철폐했다. 지역 전화 회사들이 케이블 회사를 소유·운영할 수 있도록 허용했으며, 장거리 전화 및 인터넷 사업으로의 진출도 허용되었다. 동시에 스프린트Sprint나 AT&T와 같은 장거리 전화 회사들 역시 지역 전화 및 인터넷, 그리고 방송(비디오) 사업을 할 수 있도록 규제가 완화되었다. 이로써 전화 회사와 케이블 사업자 간, 그리고 지역 전화 회사와 장거리 전화 회사 간에 방송사업, 전화사업, 인터넷 사업 영역에서의 경쟁이 촉진되었다 (Sadler, 2005). 영국도 2003년 '커뮤니케이션 법'에서 오프컴의 설립 목적을 시민의 권익을 보호하는 것과 경쟁을 촉진함으로써 시장 내에서의 시민과 소비자의 이익을 옹호하는 것이라고 규정하여 경쟁을 방송정책의 목표로 설정하고 있다.

우리나라에서도 2000년 통합 방송법이 제정된 이후 방송시장에서 사업 자 간 경쟁이 본격화되었다(노기영, 2001). 다채널 방송시장만 하더라도 일반 채널 사용 사업자program provider: PP에 대한 진입장벽이 승인제에서 등록제로 완화되었고 중계유선 사업자를 종합유선방송 사업자로 전환시켜 경쟁 체 제를 형성했다. 또한 위성방송 및 IPTV가 유료방송 시장에 추가적으로 진 입함으로써 외형적으로 독점에서 과점으로, 또는 과점에서 독점적 경쟁시 장 구조로 전환되었다. 신규 사업자들이 규제 완화를 통해 시장에 진출하는 과정에서 이들의 안정적 진입을 제도적으로 지원하기 위한 공정경쟁 정책 도 추진되었다. 예를 들어 2008년 새로 출범한 방송통신위원회의 역할을 규정한 '방송통신위원회의 설치 및 운영에 관한 법률'에서는 방송통신위원 회의 주요 직무 중 하나로 "방송통신위원회는 방송·통신사업의 공정한 경 쟁환경의 조성을 위하여 노력하여야 한다"(제2조 2항)라고 명시하여 보편적 서비스(1항), 공공의 이익(3항)과 함께 공정경쟁을 주요 방송정책의 하나로 규정했다.

이 장에서는 새로운 방송정책 이념으로 주목받고 있는 경쟁 이념이 방송 산업에서 필요한 이유는 무엇인지, 그리고 실제 방송시장에서 나타나는 경 쟁정책의 효과는 어떠한지를 살펴보기로 한다. 이후 사업자 간 공정경쟁을 위한 제도적 장치는 어떠한 것들이 있는지를 알아보기로 한다.

1 ⎮ 경쟁의 개념

1) 경쟁정책의 목표

방송산업에서 경쟁정책의 목표는 다양한 미디어가 경쟁하는 시장구조 형성을 통해 궁극적으로 이용자들의 복지를 증진하는 데 있다. 이를 위해 정부의 간섭을 최대한 배제하고 시장의 기능에 맡기고자 한다. 즉, 경쟁주의자들은 미디어 시장의 효율성을 증가시켜 산업을 활성화하며 궁극적으로는 이용자의 복지를 증진해야 한다는 시장주의 논리를 바탕으로 하고 있다. 이는 시장이 가져다주는 다음과 같은 장점을 신뢰하기 때문이다(Croteau and Hoynes, 2006).

첫째, 시장은 효율성efficiency을 증진한다. 기업은 기본적으로 이윤을 추구하기 때문에 가능한 한 적은 비용으로 상품을 생산하고자 노력한다. 따라서 생산 과정에서 효율성을 추구하게 되고, 결과적으로 소비자들은 낮은 가격에 상품을 구입할 수 있다. 하지만 효율성이 추구되기 위해서는 기업 간 경쟁 환경이 전제되어야 한다. 독점으로 상품을 생산하는 기업은 효율성을 추구할 필요성을 느끼지 못하기 때문이다.

둘째, 시장은 소비자의 욕구에 즉각 반응한다. 시장은 수요와 공급의 원리에 따라 움직이기 때문에 소비자들이 원하는 것에 바로 반응한다.

셋째, 시장은 탄력적이다. 정부의 규제가 없기 때문에 새로운 수요가 발생하면 그러한 수요에 쉽게 대처할 수 있게 한다. 즉, 수요가 늘어나면 공급을 늘리고, 수요가 감소하면 공급을 줄이는 등 소비자의 반응에 능동적으로 대처할 수 있다.

넷째, 시장은 혁신innovation을 가져온다. 기업의 이윤이 증가하면 새로운 상품을 개발하기 위해 기업은 혁신을 추구하게 된다. 하지만 기업 간에 경쟁이 없을 경우, 기업들은 가급적 혁신을 추구하는 데서 발생하는 위험을 피하려는 경향을 보일 것이다. 예컨대 독과점 구조를 지니고 있는 지상파 방송사들이 새로운 포맷을 개발하기보다는 안정적인 포맷을 서로 모방하는 경향을 보이는 것도 경쟁이 이루어지지 않기 때문이다.

경쟁주의자들은 시장이 지니는 이러한 장점이 여타 상품 시장과 마찬가지로 미디어 시장에도 적용될 것으로 믿는다. 즉, 그들은 일반 상품과 마찬가지로 미디어 시장에서도 경쟁적 시장구조가 소비자의 수요에 쉽게 반응하고 새로운 제품을 개발하며 효율성을 추구할 수 있다고 생각한다. 따라서 미디어 시장도 다른 제품 시장과 같이 동일한 경쟁 환경을 조성할 때 이용자들 역시 시장이 제공하는 이점들을 향유할 수 있다는 것이다.

2) 경쟁의 효과

(1) 긍정적 효과

그렇다면 경쟁은 미디어 시장에 어떤 효과를 가져다줄 수 있는가? 경쟁이 미디어 시장에 가져다주는 구체적인 이점으로는 제품의 질적 향상과 다양성 증진, 그리고 선택의 폭과 저렴한 가격 등을 들 수 있다.

먼저 미디어 기업 간 경쟁은 기업들로 하여금 투자를 증가시켜 결과적으로 미디어 제품의 질적 향상을 가져올 수 있다. 이러한 사실은 시장에서 미디어 기업들의 재정 투입이 늘어날수록 상품의 질이 향상된다는 재정 투입 이론financial commitment을 통해 확인된다(Lacy and Riffe, 1994). 예를 들어 지역 뉴스 간 경쟁이 심해지자 방송사들이 지역 뉴스 프로그램에 대한 투자비를 증가시켜 결과적으로 지역 뉴스의 질과 로컬리즘의 향상에 기여했다는 연구 결과는 경쟁이 방송 프로그램의 질에 미치는 이러한 영향을 확인하게 한다(Busterna, 1988; Lacy and Riffe, 1994).

경쟁은 미디어의 다양성 증가에도 기여한다. 방송사 간 경쟁이 심해질수록 프로그램의 다양성이 증가한다는 연구 결과(Litman, 1979) 역시 방송사 간 경쟁의 정도가 다양성 증가에 긍정적 영향을 미칠 수 있음을 보여준다. 또한 소형 미디어 기업은 특정한 유형의 콘텐츠에 집중하는 경향이 있어 다양성에 도움이 되지 않지만 대형 미디어 그룹이 탄생하면 이들은 다양한 콘텐츠를 개발함으로써 이용자 선택 가능성을 높일 수 있다. 따라서 소유규제 완화를 통한 시장 경쟁의 형성은 다양성을 제고하여 공익에 기여할 수 있다.

마지막으로 경쟁은 이용자의 편익 증가에도 기여한다. 미국 케이블 시장에서 경쟁의 효과를 분석한 배럿(Barrett, 1995)의 연구 결과에 따르면 사업자 간 경쟁은 가격 경쟁 및 고객 서비스 측면에서 긍정적인 영향을 미치는 것으로 나타났다. 즉, 동일한 구역 내 2개 케이블 사업자 간 경쟁이 미디어 성과에 어떤 영향을 미치는지를 분석한 이 연구에서는 사업자 간 경쟁이 가격을 낮추고 고객 서비스의 질도 향상시키는 것으로 나타났다. 사업자 간 경쟁의 효과는 대만 케이블 시장에서도 확인되었다. 대만 케이블 시장에서 경쟁이 미디어 성과에 미치는 영향력을 프로그램 서비스, 고객 서비스, 공동체 서비스로 구분하여 측정한 리(Li, 2004)의 연구에 따르면 프로그램 질에 대한 경쟁 지역의 평가가 독점 지역에 비해 높은 것으로 나타났으며, 이러한 효과는 공동체 서비스 항목에서도 부분적으로 확인되었다. 경쟁이 소비자의 후생 성과에 긍정적 영향을 미친다는 것은 국내 케이블 시장을 대상으로 한 연구 결과에서도 입증되었다. SO는 아니지만 국내 중계유선RO 시장에서 동일 권역 내 복수 RO 간 경쟁의 효과를 분석한 연구에 따르면 경쟁이 존재하는 지역은 비경쟁 지역에 비해 채널당 수신료가 낮게 형성되는 것으로 밝혀졌다(윤충한·이인찬, 2001). 즉, 동일한 방송권역에서 복수의 RO가 경쟁할 경우, 시청자들이 지불하는 채널당 수신료는 경쟁이 없는 단독 RO 지역에 비해 72% 수준에 불과했다. 한편 중계유선의 전환에 따라 경쟁적 시장구조가 형성된 국내 케이블 시장에서 경쟁 지역과 독점 지역 간 시장의 성과 측면을 분석한 전혜선(2005)의 연구에서도 경쟁의 도입은 소비자가 좀 더 저렴한 요금으로 더 많은 채널을 제공받을 수 있도록 하는 데 긍정적 영향을 미치는 것으로 밝혀졌다.

(2) 부정적 효과

이와 반대로 규제 완화를 통해 시장경쟁 원리를 도입할 경우 미디어 시장은 오히려 거대 기업에 의한 독과점적 폐해가 늘어날 것이라는 부정적 시각도 존재한다. 즉, 경쟁은 다양성 증진에 부정적 영향을 미치기 때문에 오히려 정부 규제를 통해 다양한 소수 미디어가 생존할 수 있는 시장구조를 형성하는 것이 다양성과 이용자의 복지 증진에 기여할 수 있다는 것이다. 이 같은 시각을 지지해주는 사례도 많이 나타나고 있다. 예를 들어 미국에서 '1996년 연방통신법'에 의해 라디오 소유규제에 대한 전국 한도 25% 제한 규정이 전면 폐지되자, 이후 1000여 건 이상의 라디오 합병이 이루어졌다. 대표적인 라디오 방송 그룹인 클리어 채널 커뮤니케이션Clear Channel Communication은 2003년에 전국의 약 1250개 라디오 방송사를 보유하게 되었는데, 이는 전체 미국 방송사의 약 1/9에 해당하는 것이다. 또한 소유규제 완화는 소유주의 감소를 가져왔는데, 1996년에 약 5100여 개이던 라디오 소유주의 수가 2002년에는 약 3800여 개로 25% 정도 감소했다. 특히 소수인 minority의 오너십이 급감하는 것으로 나타났는데, 2003년 한 통계에 따르면 소수인이 소유하는 방송사 수는 1996년 이후 약 14% 감소한 것으로 나타났다(Sadler, 2005). 미디어 인수·합병이 자유로워진 이후 소수인이 경영하는 방송사는 영세성으로 인해 거대 방송사와의 경쟁에서 밀리기 때문이다.

미디어 인력의 규모도 감소하고 있다. 통합 이후 거대 기업들은 자동화 장치를 통해 인력을 줄이고 있기 때문이다. 일례로 2000년에서 2002년까지 라디오 관련 일자리 수는 7000여 개 이상 감소한 것으로 나타났다. 또한 자동화 시스템은 생방송이나 긴급 뉴스와 같은 프로그램을 방송할 수 없는 부작용을 야기하기도 한다. 실제로 지난 2002년 1월 새벽, 미국의 노스다코타 주에서는 열차가 탈선하는 사고가 발생했다. 이 열차는 염산과 같은 위험한 생화학 물질을 운반하는 차량이었기 때문에 지역 주민에게 유출에 따른 위험성을 알릴 필요가 있었다. 열차 승무원들은 지역 라디오 방송사에 이러한 사실을 고지해줄 것을 요청했으나 해당 지역의 모든 라디오 방송사는 자동화 시스템으로 전환되었기 때문에 이런 긴급 상황을 접수할 수 없었다. 결국 염산 유출로 1명이 사망하고 13명이 부상당하고 말았다. 해당 지역의 라디오 방송사는 모두 클리어 채널이 운영하는 방송사였다.

소유규제 완화를 반대하는 논자들은 프로그램의 질에도 부정적인 영향을 미치고 있다고 지적한다. 대표적으로 뉴스의 수가 줄어들 것으로 예상했는데, 거대 방송 기업들은 경제적 논리에 의해 제작 인력이 많이 소요되는 뉴스 프로그램의 수를 줄이게 될 것이라는 것이다. 실제로 많은 보고서에 따르면, 거대 기업에 의해 인수·합병된 라디오 방송사들의 뉴스 부분에 대한 제작비와 인력이 감소했고, 이에 따라 뉴스 프로그램의 양적 감소와 질적 하락 현상이 나타났다.

다양성 측면에서도 부정적 효과가 나타났는데, 음악 프로그램의 경우만 하더라도 클리어 채널과 같은 거대 기업이 운영하는 방송사는 비슷한 레퍼토리를 자동으로 반복하기 때문에 소수 기업에 비해 오히려 음악 포맷의 다양성이 떨어지는 것으로 나타났다.

더불어, 지나친 경쟁은 사업자의 경영에도 부정적인 영향을 미치게 된다 (Albarran and Dimmick, 1996). 즉, 사업자 간 경쟁은 가격 경쟁을 초래하게 되고, 이는 결과적으로 사업자의 매출 규모 및 영업의 효율성에 악영향을 미칠 수 있다는 것이다. 실제 국내 케이블 시장을 대상으로 한 연구 결과에서도 이러한 점이 확인된다. 권호영·김도연(2004)의 연구 결과에 따르면 독점 지역 SO의 기업 성과가 경쟁 지역에 비해 더 높은 것으로 밝혀졌다. 이처럼 사업자 간 경쟁이 케이블 SO의 경영 성과에 부정적으로 작용할 수 있다는 점은 전혜선(2005)의 연구에서도 뒷받침된다. 이 연구 결과에 따르면 국내 케이블 시장에서 경쟁 SO는 독점 SO에 비해 평균 가입 가구 수가 많기 때문에 상대적으로 좋은 사업 여건 속에서도 오히려 매출액과 영업이익률 등의 성과가 독점 SO에 비해 더 열악한 것으로 나타났다(전혜선, 2005). SO가 PP에 지급하는 프로그램 사용료는 수용자 차원의 성과보다는 사업자에게 미치는 성과에 해당하기 때문에 복수의 SO가 경쟁할 경우, SO의 경영 성과는 낮아질 것으로 예상할 수 있다. 한편 경쟁이 소비자의 선택 기회를 증가시킬 수 있다는 주장(Owen and Wildman, 1992)에 대해서도 방송사 간 경쟁 증가로 이용자들의 채널 선택과 프로그램 선택 범위가 오히려 줄었다는 연구 결과가 제시되었다(Grant, 1994).

2 | 경쟁 상황의 평가

시장에서 경쟁을 유도하고 활성화시키기 위한 경쟁정책이 필요한지를 판단하기 위해서는 그 시장의 경쟁 정도가 어떠한지가 먼저 분석되어야 한다. 이를 위한 첫 과정으로는 관련 시장의 범위를 정하는 작업이 필요한데 이를 시장 획정market definition이라고 한다. 경쟁 상황 평가에서 시장의 획정은 매우 중요한데, 그것은 관련 시장의 범위를 어떻게 설정하느냐에 따라 경쟁 상황에 대한 평가 결과가 달라질 수 있기 때문이다. 시장 획정 작업 이후에는 평가할 측정지수를 선택하여 경쟁 정도를 측정하게 되고, 그 결과를 바탕으로 해당 시장의 경쟁 정도가 어떠한지를 최종적으로 판단하게 된다.

1) 제1단계: 시장의 획정

경쟁의 정도를 파악하기 위해 첫 번째 단계는 관련 시장의 범위를 정하는 시장 획정 작업이다. 관련 시장relevant market이란 거래의 객체별, 단계별 또는 지역별 경쟁 관계에 있거나 그러한 가능성이 있는 거래 분야를 말한다. 일반적으로 관련 시장의 획정은 수요 대체성이라는 기준에 의해 사업자의 시장 지배력이 미치는 범위, 또는 이를 억제할 수 있는 경쟁 대응력의 형성 범위를 결정하게 된다.

해외 주요 불공정거래 규제기관에서 가장 일반적으로 사용하는 시장 획정 방법은 가상 독점사업자 심사The Hypothetical Monopolist Test 방법이다. 이 방법은 1982년 미국의 합병 가이드라인1982 U.S. Merger Guidelines에서 처음 도입된 것으로, 먼저 특정 재화 또는 재화군에 대해 기업 결합으로 생겨날 가상적 독점사업자를 상정한다. 그리고 그 가상적 독점사업자가 경쟁 가격보다 높은 수준의 가격supra-competitive price을 유지하여 이윤을 창출할 수 있는 최소의 재화군을 관련 시장으로 획정한다. 즉, 여타의 조건이 불변하다는 조건하에 가상적 독점사업자가 "작지만 의미 있고 일시적이지 않은 가격 인상 Small but Significant and Non-transitory Increase in Price: SSNIP"을 시행할 때 이용자가 이에 대응하여 타 사업자의 서비스로 원활히 수요 전환할 수 있는가를 판단해 이들 서비스가 동일 범주에 포함되는지를 결정하는 것이다(이내찬, 2007). 그리하여 흔히 가상 독점사업자 심사는 'SSNIP' 심사로 불린다.

관련 시장은 일반적으로 관련 제품 시장과 관련 지역 시장으로 구분된 다. 관련 제품 시장은 가상적 독점 기업이 작지만 유의미하고 일시적이지 않은 가격 인상을 시도할 수 있는 상품 집합을 의미한다. 동일한 제품 시장 인지에 대한 판정은 일반적으로 합리적 대체 가능성reasonable interchangeability 테스트를 통해 판단하는데, 이는 한 상품의 가격이 5% 상승했을 때 다른 상품의 소비에 획기적인 변화가 발생하느냐의 유무를 통해 판단하는 방법이 다. 만약 수요에 큰 변동이 나타나지 않으면 두 상품은 대체재로 같은 시장에 있는 상품으로 간주한다.

반면 관련 지역 시장은 사업자의 제품 출하 패턴, 운송 비용, 소비자의 행태 등을 기초로 소비자의 교차 탄력성을 통해 판단한다. 그 범위는 사업자의 활동 범위에 따라 지리적 기준에 의해 지역 시장, 전국 시장, 해외 시장 등으로 구분할 수 있다. 예를 들어 현재 국내 유료방송 시장에 대한 경쟁 상황의 경우 주요 사업자 중 하나인 케이블이 77개 권역 시장으로 구성되어 있기 때문에 지역 단위 시장을 통해 평가하고 있다.[•] 더불어 전체 유료방송 사업자 간의 경쟁 상황을 알아보기 위해서는 전국적 기준으로 시장을 확대할 수도 있다. 또 한류 영화에 대한 시장 상황을 분석하기 위해서는 아시아 시장, 세계 시장 등으로 시장의 범위를 달리 적용할 수도 있을 것이다.

• 최근 SK 텔레콤과 CJ 헬로비전의 인수·합병 심사 시 공정거래위원회는 현행 방송법상 78개 권역으로 쪼개서 각 지역에 SO 진입 허가를 받아야 하기 때문에서 유료방송 시장에서는 권역별로 경쟁이 이뤄지고 있다고 판단했다. 그리하여 권역별로 시장 획정을 한 후 경쟁 제한성을 판단했다 (≪연합뉴스≫, 2016년 7월 18일 자).

지리적인 개념에 의해 시장을 구분하는 예는 미국의 지상파 방송시장을 구분하는 DMA Designated Market Area가 대표적이다. 이 시장의 구분은 시청률 회사인 닐슨이 미국의 지상파 시장을 방송권역별로 약 210여 개로 구분하여 사용하는 방법이다(Webster, Phalen and Lichty, 2006). 지리적 기준에 의한 구분 방법은 지리적 기준에 의해 분류하면 되기 때문에 비교적 간단하고 명확하다는 장점이 있다. 하지만 특정 지역에만 제한해서 사업을 할 수 없는 탈공간적 매체들, 이를테면 인터넷이나 위성방송, IPTV, 그리고 동영상 스트리밍 서비스OTT와 같은 매체들은 지리적 시장으로 구분하기가 점차 어려워지고 있다. 예를 들어 지리적 구분이 명확한 케이블 TV와 전국을 서비스 단위로 하는 IPTV를 동일한 기준에 의해 지리적 시장으로 구분하기 어려운 문제가 발생되기도 한다. 최근 매체 융합에 따라 관련 제품 시장 역시 시장 획정이 어렵기는 마찬가지이다. 신문 시장의 경우도 기존의 종이신문 시장에 최근에는 전자신문, 그리고 비슷한 정보 제공 기능을 담당하는 라디오나 TV 시장을 같은 시장 범주에 넣을 것인가에 대한 기준이 점차 모호해지고 있다.

이렇게 매체 융합에 따라 매체 간 기능이 중복되면서 이에 대한 대안으로 기능이 유사할 경우 동일 시장으로 획정하는 경우가 점차 늘어나고 있다. 대표적인 예가 현재 방송시장에서 활발히 사용되고 있는 MVPD Multichannel Video Programming Distributor 개념이다. 이 개념은 미디어 소유규제의 기준으로 사용하기 위해 대두된 것으로, 과거와 같이 방송시장을 지상파, 케이블, 위성 등과 같이 전송 방식에 따라 시장을 구분하지 않고 그 대신 이들 서비스가 비디오 서비스를 제공하는 유사한 기능을 한다는 판단에 따라 모두 같은 시장으로 간주하는 것이다. 그럼에도 미디어 융합으로 등장한 미디어 상품 간, 또는 미디어 상품과 기타 상품 간의 복잡한 결합의 번들링 서비스(예를 들면 이동통신 서비스+방송 서비스)가 확대·보급되고 있기 때문에 관련 제품 시장을 획정하기가 더욱 어려워지는 상황이다.

2) 제2단계: 경쟁 상황 측정

평가하려는 시장의 범위를 획정했다면 그다음 단계는 해당 시장이 얼마나 경쟁적인지 또는 특정 기업에 의해 집중되어 있는지에 대한 경쟁의 정도를 측정해야 한다. 이를 위해서는 먼저 어떤 지수를 사용하여 측정할지를 결정하고 이를 토대로 시장의 경쟁 집중도를 계산하게 된다. 시장의 집중도를 측정할 때는 상위 4위 또는 8위 점유율 계산법이나 허핀달-허쉬만 지수 Herfindahl-Hirschman Index 등이 주로 사용되고 있다(자세한 계산 방법과 해석에 대해서는 4장 참조).

3) 제3단계: 경쟁 상황 평가

시장의 경쟁 정도를 판단하는 측정지수를 통해 결과가 산출되면 그다음에는 이 결과를 근거로 해당 시장이 얼마나 경쟁적인지를 판단해야 한다. 예를 들어 앨버런과 디미크(Albarran and Dimmick, 1996)는 미국의 주요 미디어 시장에 대한 집중 정도를 상위 4개 점유율 지수로 분석한 후, 미국의 14개 미디어 시장은 집중된 시장구조인 것으로 판단했다. 또한 미국의 합병 가이드라인에서는 HH 지수를 기준으로 1500 이하이면 집중도가 낮은 시장, 2500 이상은 집중도가 높은 시장으로 분류한다. 그런가 하면 컴페인(Compaine, 1999)은 1997년 미국 방송시장의 경쟁 정도를 HH 지수로 측정했는데, 1300~1500으로 분석되어 경쟁적 시장인 것으로 판단했다.

현재 우리나라 방송시장의 경우, 방송통신위원회 산하의 방송시장경쟁
상황평가위원회에 의해 '방송 콘텐츠 제작-패키징-배급'이라는 방송산업
가치 사슬의 단계에 따라 전체 방송시장을 방송광고 시장, 유료방송 가입자
시장, 방송 채널 거래 시장, 방송 프로그램 거래 시장 등 4개 시장으로 구분
하고 있다(방송통신위원회, 2014).

참고로 이러한 네 가지 시장에 대해 경쟁 상황의 정도를 평가한 결과를
보면, 지난 2013년의 경우 IPTV와 종합편성 채널 등 신규 방송사업자의 사
업 활성화 등에 따라 대부분의 평가 대상 시장(유료방송 시장, 유료방송 채널
거래 시장, 방송광고 시장)에서 1·2위 사업자 간 격차가 좁아지고 시장 집중
도가 완화되는 등 시장구조가 경쟁적으로 변화하는 것으로 평가했다(방송
통신위원회, 2014). 예를 들어 유료방송 시장의 경우 구역별 경쟁 상황 평가
에서 HH 지수 평균은 4191 정도로 2012년의 4590보다 지수가 낮아져 집중
정도가 점차 개선되는 것으로 분석되었다. 그렇지만 전체적으로는 HH 지
수가 4000 이상으로, 우리나라 유료방송 시장의 집중도는 여전히 매우 높은
수준임을 알 수 있다.

4) 제4단계: 정책 반영

이런 과정을 통해 도출된 경쟁 상황에 대한 평가 결과는 기업 결합, 즉 기
업 합병의 경쟁 제한성을 판단하는 기준으로 주로 활용되며, 이 밖에도 다
양한 소유규제나 공정경쟁에 대한 판단 지침으로 활용되고 있다. 시장 변화
에 따른 경쟁 상황을 능동적으로 파악하기 위해 각국에서는 주기적으로 시
장에 대한 경쟁 상황을 점검하고 있다. 미국의 경우 '1992년 케이블 법'에서
FCC가 의회에 케이블 TV 시장의 경쟁 상태에 관한 보고서를 제출하도록

의무화하여 1994년 이후 매년 경쟁 상황 보고서를 의회에 제출하고 있다(권호영, 2003). 우리나라도 방송시장의 효율적 경쟁체제 구축과 공정경쟁 환경 조성을 위해 2011년부터 경쟁 상황 평가제도를 도입했다. 즉, 방송시장 경쟁상황평가위원회를 구성하도록 제도화했으며 이 위원회로 하여금 매년 방송시장 경쟁 상황 평가를 실시하고 평가가 종료된 후 3개월 이내에 그 결과를 국회에 보고하도록 했다(방송법 제35조의 5). 또한 경쟁상황평가위원회에는 경쟁 상황 평가를 위해 필요한 자료를 방송사업자에게 요청할 수 있는 권한을 부여했다.

3 | 공정경쟁의 개념 및 이슈

경쟁이 가져다주는 이용자 복지 증진을 위해 소유규제 완화와 같은 경쟁정책이 각국에서 시행되면서 미디어 사업자 간 경쟁은 점차 가속화되고 있다. 그런데 경쟁을 통한 효율적인 시장구조를 형성하는 데 무엇보다 중요한 것은 후발 사업자가 시장에서 조기에 정착하여 기존 사업자와 유효 경쟁을 할 수 있는 환경, 즉 공정경쟁 환경을 조성하는 것이다. 즉, 경쟁규제의 효율성을 높이기 위해서는 신규 매체의 시장 진입을 보호하여 시장에서 우위를 지니는 지배적 사업자와 신규 사업자 간에 공정하게 경쟁할 수 있는 환경의 토대가 먼저 구축되어야 한다. 그리하여 그동안 국내 방송정책 결정과정에서도 매체 간 균형 발전론이라는 수사(박규장·최세경, 2008)나 차별적인 시장 지배력을 고려한 비대칭 규제라는 수단(김영주·정재민, 2010) 등을 통해 후발 사업자가 조기에 시장에 정착할 수 있도록 하는 다양한 공정경쟁 정책이 시행되었다.

1) 공정경쟁의 개념

공정경쟁이란 시장에서의 자유로운 경쟁을 보호하거나 촉진하기 위해 특정 경제 주체의 행동을 규제하는 것을 의미한다. 하지만 공정경쟁에서 '공정'이라는 개념이 지니는 애매 모호성에 따라 공정경쟁 정책의 목표 설정에 어려움을 주고 있다. 예컨대 시장을 보호하기보다는 경제적 약자 집단을 시장경쟁으로부터 보호하는 데 목적이 있는 것으로 인식되어 재벌 규제정책이나 중소기업 보호정책으로 오인되기도 한다(최병선, 2015). 한편 공정경쟁을 위한 정책적 접근으로는 크게 시장구조를 경쟁구조로 형성시키기위한 구조적 접근과 시장 행태를 사후에 규제하는 방법으로 구분된다. 전자는 대개 시장 집중률 규제의 형태로, 그리고 후자는 불공정거래 행위를 규제하는 방법이 주로 사용된다(김유교, 1996).

2) 공정경쟁의 이슈

우리나라에서 공정경쟁 이슈는 케이블 TV나 위성방송 같은 다채널 유료방송이 방송시장에 진입하면서부터 본격적으로 제기되었다. 그동안 지상파 방송 위주의 독과점적 구도에서 다양한 신규 방송사업자가 진입하여 동일한 매체 내 경쟁이 가속화되고 이종 매체 간에도 본격적인 경쟁 양상이 전개된 것이다. 또한 2000년 통합 방송법 이후 추진된 소유규제 완화정책역시 방송사업자 간 경쟁을 유발하여 불공정 행위가 증가하게 되었다(김대호, 2008). 이는 다채널 방송 사업자가 본격적으로 시장에 진입한 2000년대초부터 방송 관련 불공정거래 행위가 급격히 증가하고 있다는 점을 통해 간접적으로 확인된다.

표 7-1 __ 공정거래위원회의 방송 관련 심의 건수 추이

연도	1993	1994	1995	1998	1999	2000	2001	2002	2003	2004	2005	2006
건수	4	1	2	4	7	7	6	25	22	16	13	41

자료: 김희수 외(2006).

　우리나라 방송시장에서 불공정경쟁에 대한 초창기 쟁점이 되었던 이슈는 지상파 방송과 다채널 유료방송 사업자 간의 콘텐츠 공급과 관련된 것이었다. 이후 여러 유료방송 사업자들이 등장하자 공정경쟁 이슈는 케이블과 위성방송 간, 그리고 케이블과 IPTV 간에도 다양한 이슈를 놓고 복잡한 양상으로 전개되었다. 시기별로 우리나라 방송시장에서 나타난 공정경쟁 관련 주요 쟁점과 이에 대한 논의를 살펴보면 다음과 같다.

(1) 케이블 진입 시기(1995~2001)

　먼저 국내 방송시장에서 케이블이 진입한 초창기에는 지상파 방송사의 내부 거래 문제 등이 공정경쟁 관련 주요 이슈였다. 즉, 지상파 방송사는 시장 지배적 지위를 이용하여 자사 계열 PP들에게 자금, 자산, 인력 등을 무상 또는 현저하게 유리한 조건으로 지원하는 등의 부당 내부 거래를 하거나 홀드백hold back 기간을 차별적으로 설정해 자사 계열사 PP에 우선적으로 프로그램을 공급하고 여타 PP에는 일정한 기간이 경과한 이후에 공급하는 등의 불공정거래 행위를 빈번하게 위반한 것으로 나타났다(홍기선·김현우, 2002).

(2) 위성방송 진입 시기(2001~2008)

　위성방송이 시장에 진입한 이후에는 지상파 채널의 동시 재전송 문제가 핵심 이슈로 등장했다. 지상파 동시 재전송은 신규 사업자인 위성방송의 안정적 진입에 가장 중요한 사안이었지만 지역성 훼손을 놓고 지역 지상파 방

송사와의 갈등이 초래되었다(김희수 외, 2006). 지역 지상파의 권역 때문에 전국을 방송권역으로 하는 위성방송사가 서울에서 송출하는 방송을 재송신할 경우 지역 방송사의 프로그램을 볼 수 없게 된다며 지역 지상파 방송사들이 반발했다. 당시 위성방송사의 역외 재전송을 놓고 지역 민방의 생존을 침해한다고 반대하는 입장(정상윤, 2001)과 케이블과의 형평성을 고려하여 위성방송에 대한 지상파 역외 재전송이 허용되어야 한다는 입장이 대립했다(유의선·이영주, 2001). 결국 지역 단위별로 수신하는 방식local to local으로 이 문제는 일단락되었으나, 방송시장에서 콘텐츠 공급 문제가 공정경쟁과 관련된 핵심적 사안임을 보여주었다. 더불어 이 시기에는 유료방송 시장 내에서도 케이블 TV와 위성방송 사업자 간에 주요 인기 채널의 공급을 놓고도 심한 갈등이 야기되었다. 인기 채널을 소유하고 있던 케이블 SO들이 자사 소유의 주요 인기 채널을 위성방송에 제공하지 않는 이른바 배타적 거래 행위가 발생한 것이다. 예를 들면 2003년 온미디어가 투니버스, 슈퍼액션, MTV 등의 핵심 채널을 위성방송사에 제공하지 않았고, 2004년에는 CJ가 위성방송사에 XTM 및 Mnet의 송출을 중단하기도 했다. 또한 2006년에는 CJ가 다시 tvN의 송출을 중단한 바 있다. 그리하여 당시 이와 같은 프로그램의 배타적 거래 행위를 해결하기 위한 방안으로 미국에서 시행했던 프로그램 액세스 룰Program Access Rule: PAR을 국내에도 도입해야 한다는 주장이 제기되기도 했다(이상우 외, 2006; 권호영, 2006).

(3) IPTV 진입 이후(2008~현재)

IPTV 등장 이후에도 케이블 사업자들의 콘텐츠에 대한 배타적 거래 행위가 쟁점화되면서 유료방송 사업자 간 배타적 거래 행위 자체를 불법으로 간주하는 콘텐츠 동등 접근 조항의 제정 필요성이 제기되었다. IPTV는 출범 초기 실시간 지상파 재송신에 어려움을 겪다가 2009년에 겨우 월 280원의 가입자당 대가cost per subscriber: CPS를 지불하는 조건으로 지상파와 협상을 타결했다. 하지만 이는 계약에 의한 사용 대가 지급이라는 사실상 미국식의 재전송 동의 모델을 수용하는 것이어서 위성방송과 케이블 TV도 받아들이는 계기로 작용했다. 이후 지상파 재송신에 대한 갈등은 사용 대가를 지급해야 하느냐 마느냐의 문제가 아니라 어떻게 적정한 대가를 지급해야 하느냐의 문제로 양상이 전환되었다.

이처럼 그동안 우리나라 방송시장에서 공정경쟁 이슈는 거래상의 지위를 부당하게 이용하여 채널 선택권을 남용하거나 프로그램에 대한 배타적 권리와 관련한 갈등이 발생하는 등 주로 콘텐츠 공급과 관련한 이슈들이 핵심 쟁점이 되어왔음을 알 수 있다.

4 | 공정경쟁 구현정책

공정경쟁을 촉진하기 위한 정책적 접근은 크게 사전규제와 사후규제로 나눌 수 있는데, 전자는 시장구조 자체를 경쟁적 환경으로 형성·발전시키기 위한 구조적 접근 방법으로 시장 점유율 규제가 대표적이다. 반면 후자는 시장 행태나 시장 성과를 사후적 규제를 통해 개선하려는 접근 방법으로 다른 사업자에게 불이익을 초래하는 모든 불공정거래 행위에 대한 규제가 여기에 해당한다(김유교, 1996).

여기서는 이러한 공정경쟁 구현정책을 중심으로 사전규제로서 시장 점유율 규제와 사후규제로서 불공정 행위 금지정책의 내용에 대해 살펴보기로 한다.

표 7-2 __ 경쟁 이념의 구성 개념 및 구현정책

정책 이념 (개념적 차원)	구성 개념 (조직적 차원)	구현정책 (실천적 차원)
경쟁	규제 완화	· 진입 및 소유규제 완화
	비대칭 규제	· 후발 사업자 보호
	공정경쟁	· 시장 점유율 규제 · 콘텐츠 동등 접근권(프로그램 액세스 룰) · 불공정 행위 금지

1) 시장 점유율 규제

시장 점유율을 일정 한도로 제한하는 점유율 규제의 목적은 특정 사업자
가 과도하게 시장 점유율을 차지할 경우 시장 지배력을 통해 공정경쟁에 악
영향을 미칠 수 있기 때문이다. 우리나라에서 시장 점유율을 규제하는 대표
적 시장은 유료방송 시장이다. 그동안 우리나라 케이블 시장의 경우 방송법
규정에 따라 1개 업체가 전체 케이블 가입자(약 1500만 명)의 1/3 이상을 점
유할 수 없도록 시장 점유율 규제를 적용받아왔다. 그러나 최근 IPTV의 가
입자 점유율이 상승하면서 위성방송과 IPTV를 동시에 소유하고 있는 KT의
시장 점유율이 전체 유료방송 가입자의 30%대까지 상승하자 이를 규제해
야 한다는 목소리가 높아졌다. 그리하여 2015년 3월 법 개정을 통해 케이블
과 위성방송, IPTV를 동일 시장으로 놓고 전체 유료방송 가입자(약 2400만
명)를 대상으로 하는 이른바 통합 점유율 규제가 실시되었다. 따라서 위성
방송과 IPTV를 모두 소유하고 있는 KT는 IPTV 가입자와 위성방송 가입자
를 모두 합산하여 점유율 규제를 적용받게 되었다. 소유 범위에 대해서는
전체 유료방송 사업 가입자 수의 1/3(33%)을 초과하여 서비스를 제공할 수
없도록 했다('IPTV 법' 제13조 1항). 이러한 개정된 시장 점유율 규제는 공정

경쟁의 관점에서 동일 시장, 동일 규제를 실현했다는 점에서 긍정적으로 평가되고 있다.

미국의 경우, 지상파 방송을 제외한 모든 유료방송은 '1996년 연방통신법' 이후 일찍부터 MVPD라는 개념을 도입하여 동일 시장으로 간주해왔으며(Sadler, 2005), FCC 소유권 규칙에 따라 1개 사업자가 시장 점유율 30%까지 미디어 사업체를 소유할 수 있도록 규정되어 있다. 독일의 경우에도 공영방송인 ARD와 ZDF는 독과점 적용 예외이며, 민간 방송사업자는 시장 점유율 기준으로 유료방송 시장의 30%까지 소유할 수 있도록 하고 있다(정윤식, 2011). 이러한 사례를 감안하여 소유규제의 적정성을 판단할 필요가 있으며, 다만 시장 점유율의 상한선은 향후 사업자 간 경쟁 상황을 그때그때 점검하여 능동적이고 탄력적으로 시장의 상황에 맞게 조정되어야 할 것이다.

2) 콘텐츠 동등 접근권

콘텐츠를 제품으로 하는 방송시장의 특성상 공정경쟁의 핵심은 아무래도 콘텐츠의 동등한 접근 환경의 조성 여부일 것이다. 방송시장에서는 특히 후발 사업자의 시장 진입을 봉쇄하기 위한 전략으로 핵심 콘텐츠의 공급을 배제하는 전형적인 불공정경쟁 행위가 빈번하게 발생하고 있기 때문이다. 그러한 주요 사례를 살펴보면 2003년 1월 온미디어는 투니버스, MTV, 슈퍼액션 등 인기 채널을 위성방송사인 스카이라이프에 공급을 중단한 바 있다. CJ 미디어 역시 2003년 3월에 홈 CGV 채널 등 인기 채널 공급을 중단했으며, 2005년에도 스카이라이프에 자사 인기 음악 채널인 Mnet과 영화 채널인 XTM을 공급하지 않았다(강명현·임정수, 2005). 이러한 프로그램의 배타적인 거래를 효과적으로 대처하기 위해서는 미국의 '프로그램 액세스 룰'과 같은 콘텐츠 동등 접근에 관한 제도가 도입되어야 한다는 논의가 당시 활발하게 제기되었다. 잘 알려졌듯이 이 규칙은 특정 케이블 SO와 지분이 5% 이상 수직적 결합 관계에 있는 PP가 다른 SO나 위성방송 사업자 등과의 채널 공급 계약에서 일방적으로 거래를 거절하거나 부당한 계약 조건을 제시할 수 없도록 한 규칙을 말한다(권호영, 2006). 이는 미국에서 1992년 '케이블 텔레비전 소비자 보호 및 경쟁법'에 근거를 둔 제도로, 미국 다채널 영상시장에서 케이블 사업자들이 독점하고 있는 상황에서 도입되었다. 당시 SO와 PP 들이 배타적으로 프로그램 공급 계약을 맺을 경우 케이블 시장에서의 실질적인 경쟁을 기대할 수 없고 후발 사업자인 위성방송과의 실질적인 경쟁을 유도할 수 없다는 정책적 판단을 바탕으로 하고 있다. 이 규칙은 프로그램 공급 업체와 수직적으로 결합되어 있는 케이블 사업자들에게 주요 채널의 독점을 금지하고, 위성 사업자 및 MMDS 사업자와 같은 다른 다채널 공급업자들이 차별적이지 않은 가격으로 공평하게 접근하는 권한을 보장하고 있다. 당초 이 규칙은 영상시장의 변화 정도를 가늠하여 10년간 시행한 후 존속 여부를 추후 결정하도록 했는데, 10년 후인 2002년 6월 FCC는 영상시장에서 경쟁과 다양성을 보호하는 데 여전히 이 규칙이 필요하다고 판단했다. 그리하여 이 규칙은 5년간 더 연장되어 2012년까지 지속되었다.* 연장 결정을 내린 데는 이 규칙이 시행된 이후 실질적으로 위성방송의 가입 가구가 급속하게 증가하기는 했으나 이 규칙을 폐지할 만큼 공정한 경쟁 환경이 갖추어지지 못한 것으로 판단되었기 때문이다. 이 규칙을

---

* 2012년 이후 이 규칙은 폐기되었으며, 현재는 지역 스포츠 채널에 대해서만 제한적으로 적용되고 있다.

도입했던 1992년 당시 미국의 다채널 영상시장에서 차지하는 케이블 가입자의 점유율은 전체의 95%인 데 반해 위성을 비롯한 경쟁 사업자는 5% 미만에 불과한 상태였다. 프로그램 접근 규칙이 시행된 이후 케이블의 점유율은 점차 감소하고 위성의 점유율이 상승하기 시작했는데, 접근 규칙의 유지 검토 여부를 재판단했던 시점인 2001년의 경우 케이블은 78%까지 하락한 반면 위성의 점유율은 18.7%까지 상승했다. 하지만 FCC는 위성의 점유율이 상승했음에도 규칙을 폐지할 만큼 위성방송 사업자의 경쟁 기반이 아직 튼튼하지 못하다고 판단한 것이다. 프로그램 접근 규칙을 폐지하게 되면 위성방송 사업자와 같은 경쟁 매체들이 공정한 경쟁을 벌이기 힘들고, 이러한 폐해는 영상산업 내의 경쟁과 다양성의 훼손으로 연결될 것이라는 우려가 작용했다. 단, 이 규칙에서도 일부 프로그램의 배타적 거래program exclusivity를 인정하고 있는데, 그러한 배타적 계약이 공공의 이익에 도움이 될 경우에 한하고 있다. 예를 들어 신생 24시간 뉴스 채널인 뉴잉글랜드 케이블 뉴스New England Cable News는 그 뉴스 서비스에 대한 재정적 투자를 유도하기 위해 배타적 거래가 허용되었다(정영진, 2005). 이처럼 이 규칙은 첫째, 위성방송과 같은 후발 사업자들에게 경쟁적 환경을 조성하고, 둘째, 채널 공급자 간의 경쟁과 다양성을 촉진하기 위한 취지에서 출발했으며, 셋째, 일부 특별한 경우에 한해 예외성을 인정하고 있음을 알 수 있다.

인기 채널의 공급 중단 사태가 발생하자 2006년 당시 공정경쟁 차원에서 우리나라에서도 미국의 콘텐츠 동등 접근권의 도입이 불가피하다는 주장이 제기되었으나 콘텐츠 동등 접근에 관한 사항은 방송법에 명시적으로 규정되지 않았다. 그 대신 2007년 사후규제의 방식으로 프로그램 공급에 대한 차별 금지 조항이 방송법에 도입되었다. 프로그램 공급과 관련하여 이 법 제76조에서는 "방송사업자는 다른 방송사업자에게 방송 프로그램을 공급할 때에는 공정하고 합리적인 시장가격으로 차별 없이 제공하여야 한다"
라고 명시하여 프로그램 거래상의 불공정 행위로 규제하고 있다. 그럼에도
실제 시장에서 발생하고 있는 프로그램 공급 관련 불공정 행위에 대한 직접
적인 규제를 위한 절차나 처벌 규정이 명문화되지 않고 있어 그 실효성을
기대하기 어렵다는 평가가 지배적이다(방송위원회, 2004). 즉, 선언적 의미
에 그치고 있는 가이드라인 제정*이나 시정조치 또는 사업자 간 갈등 시 분
쟁 조정권 정도를 행사하고 있을 뿐 구체적으로 방송규제 기관에 현장 조사
권이나 불공정 행위에 대한 법적 처벌권이 부여되지 않아 제도적 실효성을
기대하기 어려운 상황이다(정인숙, 2004).

방송법에는 콘텐츠 동등 접근에 관한 규정이 명시되지 않은 반면 IPTV
법에서는 동등 접근 규정이 명문화되어 있다. 즉, IPTV 법에서는 '콘텐츠
동등 접근'이라는 별도의 조항을 통해 주요 방송 프로그램을 일반 국민이
시청할 수 있도록 다른 IPTV 사업자에게도 "공정하고 합리적인 가격으로
차별 없이 제공하여야 하며 주요 방송 프로그램의 계약 행위 등에 있어 시
청자의 이익 및 공정거래 질서를 저해하여서는 아니 된다"라는 규정을 두어
법적으로 제도화했다. 그러나 공정경쟁을 촉진하려는 취지에도 불구하고
이 조항 역시 IPTV 사업자 간 경쟁 관계에만 적용되고 여타 유료방송 사업
자와의 콘텐츠 동등 접근은 보장하지 못하는 한계를 지니고 있다. 또한 현
실적으로 IPTV 가입자가 증가함으로써 IPTV의 협상력이 높아졌고 대부분

• 구 방송위원회는 지난 2005년 2월 방송사업자들 간의 프로그램 및 채널 유통 등에 있어 자율적인
공정거래 질서를 유도하기 위해 '방송 프로그램과 채널의 유통 등 방송시장에서의 공정거래 질서
정착을 위한 가이드라인'을 제정한 바 있다. 이 가이드라인은 채널 거래에 있어 공정거래 질서 확
립을 위해 공정거래 및 지위 남용 행위 금지 등 채널 사용자가 지켜야 할 준수 사항과 채널 제공자
가 지켜야 할 준수 사항을 담고 있다.

의 채널이 IPTV를 통해 제공되는 상황에서 규정의 필요성과 실효성이 의문시되어 폐지해도 무방하다는 주장이 제기되고 있다. 하지만 앞으로 방송시장의 가장 중요한 재화로서 콘텐츠를 통한 사업자 간 분쟁의 가능성은 여전히 상존하고 있으며 현재에도 간헐적으로 배타적 콘텐츠 공급이 일어나고 있는 점을 감안하면 제도 자체를 없애기보다는 제도적 보완을 통해 규제의 실효성을 높이는 방향으로 개선하는 것이 바람직해 보인다. 예를 들어 통합 방송법 제정 시 이러한 요소를 반영하거나 매체 간 경쟁에 필수적인 채널을 'must off'(예컨대 특정 채널이 동일 장르에서 차지하는 시청 점유율이 30%를 넘을 경우) 채널로 지정하여 이 채널들이 배타적 송출을 금지하는 방안 등을 도입할 필요가 있다(권호영, 2006; 이영주, 2005). 즉, 특정 핵심적인 콘텐츠를 지정하고 이들 콘텐츠에 대해서는 플랫폼의 배타적 독점권을 인정하지 않는 것이다.

3) 불공정 행위

불공정거래 행위는 사업자가 직접 또는 계열사나 다른 사업자로 하여금 공정한 거래를 저해할 우려가 있는 행위를 하거나 행해질 가능성이 있는 행위를 말한다. 불공정거래 행위에 대한 규제는 시장 지배적 지위와는 상관없이 모든 사업자들의 영업 행위에 적용된다. 그동안 우리나라 방송시장에서 불공정거래 행위는 일반 경쟁법인 공정거래법[*]의 규제를 받아왔다. 현행 공정거래법에서는 불공정거래 행위의 유형을 크게 일곱 가지로 구분하여 제시하고 있는데, 그것은 '거래 거절/차별적 취급', '경쟁 사업자 배제', '부당

---

[*] 이 법의 공식 명칭은 '독점규제 및 공정거래에 관한 법률'이지만 흔히 공정거래법으로 불린다.

한 고객 유인/거래 강제', '거래상 지위 남용', '구속 조건부 거래/사업 활동 방해', '부당 내부 거래' 등이다(공정거래법 제23조 1항). 공정거래법에 명시된 이와 같은 불공정거래 행위의 유형 중에서 방송사업자 간 프로그램 거래와 관련해서는 주로 차별적 취급, 거래상 지위 남용, 거래 거절, 경쟁 사업자의 배제 행위, 거래 강제 행위 등의 불공정 행위들이 빈번하게 발생했다(방송위 원회, 2004).

먼저 차별적 취급은 특정 (M)SO로부터 가격과 거래 조건에서 다른 PP와 차별적인 취급을 받는 경우로, 대개 채널의 성격에 따라 저가로 거래하거나 프로그램 사용료를 지불하지 않는 행위가 대표적이다. 둘째로 거래상 지위 남용 행위는 프로그램을 런칭해주는 조건으로(M)SO로부터 부당한 금전이 나 용역, 물품 등의 제공을 요구받는 것이다. 채널 송출을 조건으로 런칭비, 지분 출자, 신규 가입자 유치 등을 요구하거나 계약과는 별도로 광고비 지 원이나 사은행사 비용 등을 요구받는 경우를 그 예로 들 수 있다. 이 유형은 특히 신규 PP들이 시장에 진입할 때 빈번하게 발생했다. 세 번째 불공정거 래 유형은 거래 거절이다. 이는 정당한 이유 없이 특정 M(SO)로부터 일방적 으로 송출 중단을 요구받는 행위로 PP 업체들에 의해 가장 개선되어야 할 항 목으로 지적되었다. 네 번째 유형은 경쟁 사업자 배제이다. 정당한 이유 없 이 특정 (M)PP가 지나치게 낮은 가격을 제시함으로써 공급에서 배제되거 나 (M)PP의 채널 패키지화로 송출 채널이 없어 배제되는 경우이다. 마지막 유형은 거래 강제 행위로, 이는 (M)SO가 터무니없는 가격을 제시하여 강제 로 채널 공급을 요구하거나 타 SO와 같은 조건으로 방송 프로그램 공급을 강요받는 행위를 말한다. 실제 분석 결과, PP들이 가장 많이 경험하는 불공 정거래 행위는 차별적 취급, 거래상 지위 남용, 거래 거절, 경쟁 사업자의 배제 등인 것으로 나타났다(장하용, 2004). 또한 유료방송 플랫폼 간의 경우에는 가입자 유치를 놓고 때때로 부당하게 가입료를 인하하거나 부당한 경품을 제공하는 등의 부당한 고객 유인 행위가 주된 불공정거래 행위로 나타났다(방송위원회, 2004).

이상에서 살펴본 바와 같이 일반 사업자에게서 나타나는 불공정거래 행위와 달리 방송 콘텐츠를 주된 상품으로 하는 방송사업자 간 거래에서는 방송시장의 특성상 콘텐츠 거래와 관련된 불공정거래 행위가 주를 이루고 있음을 알 수 있다. 더불어 공정거래법에 의한 불공정거래 행위에 대한 처분은 가벼운 처벌에 해당하는 시정권고나 시정명령에 그치고 있다(정인숙, 2004).

이처럼 일반 산업 분야를 규제하는 공정거래법으로 규율하는 데에는 한계가 있기 때문에 방송시장의 특수성을 보장하고 규제의 효율성과 형평성을 제고하기 위해서는 방송사업자 간 불공정 행위는 방송법의 규율을 받아야 하며 규제기관 역시 공정거래위원회가 아닌 방송 전문 규제기관인 방송통신위원회가 방송시장의 금지 행위 규제를 담당해야 실효성을 담보할 수 있다는 주장이 제기되었다(김도연, 2003). 그리하여 2011년 방송사업자 간 금지 행위에 관한 내용이 방송법의 규율에 포함되었다(제85조의 2). 즉, 방송법에서는 "방송 프로그램 유통과 관련하여 공정경쟁을 저해하는 행위와 시청자의 이익을 저해하거나 저해할 우려가 있는 특정 유형의 행위"로 금지 행위를 정의했고, 구체적인 금지 행위 유형으로는 다음의 〈표 7-3〉과 같이 여섯 가지가 제시되었다.

제시된 금지 행위는 방송사업자에게 특화된 불공정거래 행위들, 이를테면 정당한 사유 없이 경쟁 사업자에게 프로그램 제공을 거부하거나 중단하는 행위, 적정한 수익 배분 거부 행위, 방송 시청 방해 행위, 차별적인 요금으로 제공하는 행위 등이다. 여기에 이용자 보호와 관련하여 이용자 약관 위반 행위, 시청자 정보 부당 유용 행위 등이 추가되었다. 금지 행위를 위반할

표 7-3 __ 방송법상 금지 행위 유형

방송법의 금지 행위 유형	공정거래법 관련 불공정 행위 유형	추가 유형
채널·프로그램 제공 및 필수 설비의 거부, 중단 행위 / 채널 편성 변경 행위	경쟁 사업자 배제	
적정한 수익 배분 거부, 지연, 제한 행위	거래상 지위 남용	
방송 시청 방해 행위 및 서비스 계약 방해 행위	사업 활동 방해	
차별적인 요금 및 이용 조건으로 제공하는 행위	부당한 고객 유인	
이용약관 위반 행위		이용자 보호
시청자 정보 부당 유용 행위		이용자 보호

경우 방송통신위원회는 위반 사업자에게 시정조치 및 과징금 부과와 같은 제재 조치를 내릴 수 있다. 이 밖에도 방통위는 금지 행위의 중지, 계약 조항의 삭제 또는 변경, 시정조치에 대한 명령 사실의 공표 등 필요한 시정조치를 할 수 있다. 과거 공정거래법에 의해 규율되었을 때는 주로 시정조치에 그쳤지만, 과징금 부과와 같은 제재가 가능해져 방송시장에서의 불공정 행위 규제는 좀 더 실효성을 기대할 수 있게 되었다. 그럼에도 금지 행위 위반에 대한 현장 조사권이 부여되지 않아 금지 행위 조사가 효과적으로 진행되지 못하고 있는 점은 보완되어야 할 부분이다. 이는 일반 규제기관인 공정거래위원회에 방송사업자의 불공정거래 행위에 대한 현장 조사권이 부여되어 있는 것과 대비된다.

8장

방송산업 발전

최근 들어 방송산업 발전 이념은 경쟁과 함께 그 중요성이 부각되고 있다. 이러한 점은 최근 방송 관련 법 입법 과정에서 '독립성'(27.2%) 이념에 이어 '방송산업 발전'(18.4%)과 '경쟁'(12.2%)이 그다음 순위로 강조되었다는 분석 결과를 통해서도 유추해볼 수 있다(백미숙 외, 2007). 과거 공익성을 강조하는 패러다임에서 산업론으로 무게중심이 이동하는 것은 공익 이념의 실체적 근거인 주파수 희소성 및 사회적 책임론 등이 방송 환경의 변화로 점차 약화되고 있기 때문이다(윤석민, 2005). 또한 1980년대부터 미국과 영국 등 일부 선진국들의 방송·통신 분야의 민영화 영향과 함께 케이블 및 위성 방송 등 새로운 기술 및 매체의 도입은 방송의 산업적 가치를 높이는 계기로 작용했다. 더불어 신자유주의적 사조에 따라 전 세계를 시장화하기 위한 GATT 및 WTO 등 다자간 자유무역체제와 특정 국가 간 자유무역협정FTA의 논의가 활발해지면서 방송·영상 상품은 국제무역에서 중요한 산업적 가치로 인정받기 시작했다.

이러한 방송 환경의 변화에 대처하기 위해 1980년대 이후 세계 각국은 공익에서 산업적 발전을 담보하기 위한 방향으로 방송정책을 전환하고 있다. 예컨대 미국에서는 그간 공익 개념을 구성하는 3대 주요 이념으로 지역성, 다양성, 경쟁 등이 거론되어왔으나 최근에는 '효율성efficiency', '기술혁신innovation'과 같은 이념들이 새롭게 부각되고 있다(정윤식, 2011). 영국에서도 2003년 '커뮤니케이션 법'에서 경쟁과 규제 완화, 글로벌화를 정책의 기본 방향으로 설정하고 외국자본의 투자를 활성화하기 위해 방송시장을 개방했다. 즉, 2003년 커뮤니케이션 법에서는 BBC를 제외한 모든 방송사의 외국자본 소유를 허용했다.

국내 방송정책 역시 이러한 흐름에서 예외가 아니다. 과거 방송 관련 법률에서 공익이나 공적 책임이 강조되던 데서 최근에는 국제 경쟁력, 기술 발전, 경쟁과 같은 이념들이 새롭게 강조되고 있다. 예컨대 2008년 이명박 정부 들어 통합 방송정책 기구로 출범한 방송통신위원회는 기구 설치 목적의 하나로 방송산업 발전을 거론했다. 즉, '방송통신위원회의 설치 및 운영에 관한 법률'에서는 위원회의 설치 목적으로 방송의 자유와 공공성 및 공익성 이외에도 "방송통신의 국제 경쟁력 강화", "방송통신 기술과 서비스의 발전 장려", "경쟁 환경의 조성" 등을 새롭게 추가했다. 종편 채널 설립의 근거가 되었던 2008년 미디어 관련 법 개정 과정에서도 '경쟁'과 '글로벌 경쟁력 강화'가 신문·방송 겸영을 위한 주된 수사로 등장했고, KBS 수신료 인상 논쟁 과정에서도 '기술 발전'(디지털 전환), '효율성'(구조조정), '글로벌 미디어 기업 육성' 등이 새로운 정책의 가치와 이념으로 자주 언급되었다(정윤식, 2011). 이후 방송산업 발전 이념은 국내 방송산업의 활성화, 방송 개방에 대비한 기술과 자본의 축적, 프로그램 제작 능력의 경쟁력 확보, 소유 및 겸영 규제 완화, 지상파 독과점 해소 등의 정책 목표로 더욱 구체화되었다.

이 장에서는 새로운 정책 이념으로 주목받고 있는 방송산업 발전에 대해 살펴보기로 한다. 방송산업 발전이라는 실체적 개념에 접근하기 위해 이를 구성하는 하위 개념을 파악해보고, 이어서 하위 개념을 구현하기 위해 추구되고 있는 국내외 다양한 방송산업 발전정책에 대해서도 자세히 알아보기로 한다.

1 | 방송산업 발전의 개념

지금까지 방송산업 발전이 무엇을 의미하는지에 대해 구체적으로 정의된 것은 없다. 다만 과거 공익의 개념에 견주어 상대적으로 질보다는 양, 내적 성장보다는 외형적 성장, 그리고 소비자보다는 사업자의 이익과 효율성을 강조하는 가치 지향으로 볼 수 있다. 더 구체적으로 방송정책에서 산업 발전 이념을 조작적으로 재정의하는 구성 개념을 파악하기 위해서는 방송의 산업적 가치가 내재된 법률이나 정책적 논의 과정에서 언급된 주요 개념들을 먼저 분석해볼 필요가 있다.

국내에서 처음으로 산업주의적 정책을 주장한 방송정책연구위원회의 보고서에서는 방송의 새로운 공익성으로 개방화와 국제화 시대의 경쟁력 제고, 자율규제 유도 등을 거론한 바 있다. 한편 머독(Murdock, 1990)은 1980년대 이후 미디어 부분의 특징을 사유화privatization라 규정하고, 이를 커뮤니케이션과 정보산업에서 시장 부분의 규모를 증가시켜 사적 기업이 기업 운영의 자율성을 증대하도록 하는 형태로 정의했다. 그리고 이는 탈국가화denationalization, 공공기업에 의해 독점되었던 시장에 경쟁의 원리를 도입하는 자유화liberalization, 공공 영역의 상업화commercialization라는 특징을 지닌다고 주장했다(정용준, 2011: 15 재인용). 국내 방송법에서는 지난 2008년 법 개정을 통해 방송발전 지원에 관한 사항(제7장)이 추가되었으나 구체적으로 방송 발전에 대한 정의는 제시되지 않고 있다. 다만 앞에서 언급한 것처럼 '방송 통신위원회의 설치 및 운영에 관한 법률'에서 위원회의 설치 목적으로 국제 경쟁력 강화, 기술 및 서비스의 발전 등이 제시되었는데, 이러한 정책 지향 점이 방송발전과 연관된 개념으로 유추할 수 있을 것이다. 한편 백미숙 외 (2007)는 방송산업 발전과 관련된 세부적인 내용으로 경쟁력 강화, 인프라 구축, 고용 창출, 효율성, 독립 프로덕션 활성화 등을 거론했다. 이처럼 방 송발전에 대한 세부적 정책 지향점으로 국제 경쟁력 강화, 기술 발전(혁신), 효율성 증대, 고용 창출 등의 개념이 중복적으로 사용되고 있음을 알 수 있 다. 이러한 논의를 종합해보면 방송산업 발전이란 '방송사업자로 하여금 국 제적인 경쟁력 및 효율성을 갖추도록 하고 기술 발전(혁신) 및 고용 창출 증 대를 실현하는 산업적 환경을 조성하는 것'으로 정의할 수 있을 것이다.

1) 국제 경쟁력 강화

먼저 방송발전을 의미하는 하위 개념 중 하나는 방송사업자의 국제 경쟁 력 확보이다. 방송의 산업적 시각에서는 문화적 매체로서의 특수성을 인정 하기보다는 일반 재화와 마찬가지로 방송도 소비자의 선택을 넓히기 위해 비교우위에 있는 외국산 재화나 서비스의 수입이 필요한 것으로 간주한다. 따라서 일정 부분 시장 개방을 통해 소비자의 방송 서비스 선택 범위를 넓 혀줌으로써 소비자의 잉여를 창출하는 것을 미덕으로 여긴다. 이러한 시각 에 입각하면 방송시장 개방은 다양한 종류의 서비스 교역이 활발히 이루어 지기 위한 불가피한 선택이다. 물론 일부 문화론자들은 '문화적 예외cultural exception'라는 개념을 통해 방송 상품이나 서비스 교역에서 일반 상품 거래에 적용되는 규범을 그대로 적용해서는 안 된다고 주장한다. 그럴 경우 상업적 측면만이 강조되고 방송의 문화적 특수성이 침해될 수 있다는 것이다. 다시 말해 문화 상품이나 서비스의 교역으로 인해 문화적 다양성이 훼손되고 이로써 문화적 정체성까지 위협되기 때문에 방송과 영상물을 포함하는 시청각 서비스 분야의 교역에서는 예외를 인정해야 한다는 것이다.

이러한 특수성 때문에 방송은 초창기에 산업이 아닌 문화로 취급되어 자유로이 무역할 수 있는 대상으로 간주되지 않았다. 그러다가 1980~1990년대 진행된 다자간 자유무역협상인 우루과이 라운드에서 처음 방송산업을 서비스 분야에 포함시켰다. 이후 방송·영상 서비스 분야의 국제적 교역 자유화 흐름은 현재 거스를 수 없는 대세로 자리 잡아가고 있다. 많은 나라가 한 번에 협정을 맺는 다자간 협상이 큰 진척을 거두지 못하자 2000년대 이후에는 국가 간 협약을 맺는 양자 간 협상, 즉 FTA Free Trade Agreement 방식을 통해 방송시장의 개방화가 본격화되고 있다.

(1) 한미 FTA

한국의 본격적 방송시장 개방화는 한미 FTA를 통해 개시되었다. 2007년 4월 타결된 한미 FTA에서는 방송 쿼터 규제를 일부 완화하고 PP에 대한 외국인 의제 조항의 적용이 면제(외국인의 간접투자 시 100% 허용)되는 등 방송시장 개방이 본격화되었다. 한미 FTA의 방송·영상산업과 관련된 협상 결과를 살펴보면 다음과 같다.

첫째, 미국은 당초 CNN, 디즈니 채널 등 외국 방송 재송신 채널의 우리말 더빙과 국내 광고 허용을 요구했으나 이러한 미국 측의 요구를 수용하지 않고 기존의 규제를 유지하기로 했다. 둘째, PP에 대한 외국인 지분 제한(직접투자 49%)의 전면적인 폐지를 요구한 미국 측 요구에 대해서는 국내 법인으로 등록한 PP에 대해서만 100% 전면 투자를 허용하기로 했다. 즉, 외국 자본이 지분 50%를 넘거나 외국인이 최다 주주인 국내 법인은 외국인으로 간주한다는 기존의 외국인 의제를 일반 PP에 대해서는 면제해주는 방식을 취했다. 이로써 외국인의 직접투자는 49%까지로 유지되었으나 간접적으로 국내 법인을 통한 투자가 가능해져 실질적으로 등록 PP는 외국인 투자가 전면 허용된 셈이다. 단, 승인 채널인 보도, 홈쇼핑, 종합편성 PP에 대해서는 외국인 의제 적용을 그대로 유지하기로 했다. 셋째, 편성 쿼터와 관련해 미국은 영화, 애니메이션, 대중음악 편성 쿼터 및 1개 국가 쿼터 철폐를 요구했으나 지상파를 제외한 비지상파, 즉 PP, 케이블, 위성, IPTV 등 뉴미디어 방송 부문에 대해서는 편성 쿼터를 완화했다. 국내 제작 영화는 25%에서 20%로, 국내 제작 애니메이션은 35%에서 30%로 완화했고, 1개 국가 쿼터도 종전의 60%에서 80%로 확대하여 미국 제작물에 대한 수입 가능성이 높아지게 되었다.

미국과 한국의 FTA 협상은 타결 후 5년 뒤인 2012년 3월 15일부터 발효하기로 했고, 외국인 의제 관련 규제도 협정 발효 후 3년 이내에 폐지하기로 합의함에 따라 국내 PP 시장은 2015년 3월 15일을 계기로 간접투자 방식으로 완전 개방되었다. 그리하여 현재 외국 콘텐츠에 대한 쿼터 제한 비율도 완화된 수준으로 적용되고 있다. 한미 FTA 협정이 실질적으로 발효되면서 미국 대형 미디어 그룹들의 국내 진출이 본격화될 것으로 예상된다.

(2) 한중 FTA

한미 FTA에 이어 한중 FTA도 2014년 11월에 타결됨으로써 양국의 방송 분야에 대한 공동투자가 가능하게 되었다. 한중 FTA의 방송 콘텐츠 관련 합의 내용은 다음과 같다.

첫째, 양국 간 드라마, 애니메이션, 다큐멘터리의 공동제작이 가능하게 되었다. 중국은 한국 기업이 49%의 지분을 갖고 한중 합작 엔터테인먼트 회사를 세울 수 있도록 허용했다. 이로써 중국과 한국은 공동투자를 통해 프로그램 제작을 활성화할 수 있는 기회가 부여되었다. 둘째, 방송 보호 기간도 20년에서 50년으로 연장하여 국내 방송 저작권에 대한 권리가 강화되었다. 셋째, 공연자와 음반 제작자의 권리를 보호하기 위한 보상 청구권도 명문화했다. 넷째, 중국 자본이 투입된 외국 제작물은 자국 제작물로 인정, 사전 심의 대상에서 제외하기로 했다. 이 조항에 따라 현행 중국의 드라마 쿼터 제한 규정(25%)을 우회하여 국내 콘텐츠가 중국 자본과 결합하는 형태로 수출 확대가 가능하게 되었다(박상호, 2015).

한중 FTA는 중국에 비해 상대적으로 영상 콘텐츠의 경쟁력을 갖추고 있는 국내 엔터테인먼트와 매니지먼트, 공연, 문화 산업에 긍정적 영향을 미칠 것으로 전망되고 있다. 영화 및 TV 드라마, 애니메이션의 공동제작, 방송 및 시청각 서비스 분야의 협력 증진, 그리고 중국 내 엔터테인먼트 합자 기업 설립이 가능해져 중국 자본의 투자가 활발해질 것으로 기대되고 있다(박상호, 2015). 하지만 국내 제작 부문의 인력 및 제작 노하우의 유출 가능성과 국내 제작사가 오히려 중국 자본에 매수 합병될 가능성도 우려되고 있다(이종관, 2015). 국내 외주제작사들의 경영 실적이나 제작 환경이 열악하여 중국 자본이 쉽게 국내 제작 기반을 잠식할 수 있는 상황이기 때문이다. 현재 주요 코스닥 상장 외주제작사의 시가 총액은 삼화 네트웍스가 791억 원, 초록뱀 미디어가 580억 원, 아이에이치큐가 1341억 원, 팬 엔터테인먼트가 605억 원 등으로 영세한 수준을 면치 못하고 있다. 최근 홍콩계 펀드 PEF가 국내 대표 드라마 제작사인 초록뱀을 인수했는데 앞으로 이러한 경향이 더욱 심해질 것으로 전망된다. 특히 중소 PP의 경우 경쟁에서 도태될

표 8-1 __ 한미·한중 FTA의 협상 내용과 국내 방송산업에 대한 영향

	주요 협상 내용	영향
한미 FTA	PP에 대한 외국인 지분 폐지(직접투자 49%는 유지)	미국 자본의 PP 시장 잠식
	영화, 애니메이션, 1개국 쿼터 완화	미국 영상 콘텐츠의 방영 확대
한중 FTA	한국 기업의 중국 엔터테인먼트 투자에 대해 49% 지분 참여 허용	양국 간 콘텐츠 투자 활성화
	방송 보호 기간을 20년에서 50년으로 연장	콘텐츠 저작권에 대한 권리 강화
	실연자, 음반 제작자의 보상 청구권을 명문화	저작권 강화로 중국 내 한류 콘텐츠 보호 기반 마련
	중국 법체계 미비로 반대해왔던 방송사업자의 권리 인정	불법 다운로드와 같은 블랙마켓(black market) 축소

위험성도 존재하고 M&A를 통한 외국계 미디어 사업자로의 흡수 합병도 우려되는 상황이다.

이런 상황에서 국내 방송사업자의 경쟁력 제고는 국내 방송산업의 활로 개척 차원과 함께 글로벌 시대 국가 산업정책이라는 측면에서도 중요한 의미를 지닌다. WTO를 비롯한 한미 FTA, 한중 FTA 협상과 같은 방송산업의 글로벌화는 결과적으로 국내 방송산업을 보호·육성해야 하는 정책적 필요성을 더욱 강조하고 있는 것이다.

2) 기술혁신과 효율성

미국의 FCC가 최근 새롭게 강조하는 방송정책의 이념은 바로 기술혁신 innovation이다. 이는 브로드밴드 네트워크 건설의 필요성과 무관하지 않으며 미국의 M&A 심사를 담당하는 법무부와 FTC Federal Trade Commission는 심사 과정에서 기술혁신의 가능성과 기업의 효율성 efficiency을 우선적으로 고려하고 있다(정윤식, 2005). 이들 기관은 방송과 통신의 융합이나 수직적 결합을

대체로 용인하고 있는데, 이는 독점에 따른 폐해보다 기술혁신의 가능성과 기업의 효율성을 중요하게 인식하기 때문이다. 우리나라도 UHD 및 MMS 와 같은 신규 방송기술을 도입하여 방송산업을 활성화해야 한다는 요구가 높아지고 있다. 그러한 견인차 역할을 할 새로운 기술로 최근 UHD TV가 주목을 받고 있다.

UHD Ultra High Definition TV는 기존 HD(1920×1080)보다 영상 해상도가 최소 4배(3840×2160, 4K)에서 최대 16배(7680×4320, 8K) 더 큰 화면으로 현실감 presence 을 극대화한 차세대 TV이다. 오디오에서도 HD의 음질(5.1ch)보다 뛰어난 다채널 음질(10.2ch~22.2ch)을 제공하여 입체적인 음향을 통해 현장감을 재현하고 있다. 차세대 방송으로서 UHD TV가 차지하는 중요성은 첫째, 기술 진화적 측면에서 3D TV, 스마트 TV에 이어 TV 시장의 새로운 주류 기술로 등장하여 차세대 방송을 선도할 것으로 전망되고 있다. 더불어 산업적 측면에서도 UHD는 미래 핵심 산업으로 주목받고 있다. 시장조사 기관인 디스플레이서치에 따르면 전 세계 UHD TV 시장(매출 기준)은 2013년 26억 7000만 달러, 2014년 86억 7100만 달러로 성장했고 2017년에는 220억 4200만 달러 규모까지 커질 것으로 전망되고 있다. 국내 UHD 시장은 2013년 762억 원에서 매년 64%씩 성장하여 오는 2019년 1조 4843억 원으로 성장할 것으로 전망되고 있다. 전체 디지털 TV 시장에서 UHD TV가 차지하는 비중 역시 2016년 43.5%에서 2019년 66%로 증가할 것으로 예상된다. 국내 판매 규모 면에서도 2013년 약 1만 대에서 2019년 104만 대로 증가할 것으로 전망되고 있다(미래창조과학부·방송통신위원회, 2015). UHD TV 수출도 증가하고 있는데, 삼성전자의 UHD TV는 북미 시장에서 2013년 11월 48.3%, 12월 49.8%의 시장 점유율을 기록하여 시장 점유율 1위를 기록했고 오는 2020년 수출액은 약 2조 4113억 원으로 증가할 것으로 전망되

그림 8-1 __ TV의 기술사적 진화 방향

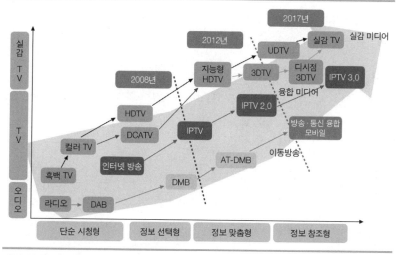

자료: 방송통신위원회(2009).

고 있다. 이처럼 디지털 전환 이후 UHD와 같은 실감형 방송의 도입은 향후 방송산업 및 관련 내수시장이 지속적으로 성장하는 견인차 역할을 할 것으로 기대된다.

따라서 포스트 HDTV의 미디어 정책으로서, 또 한편으로는 사회·문화적으로 수용자 복지 향상, 그리고 경제적으로 글로벌 시대의 국가 신성장 동력을 마련하는 차원의 전략적 비전으로 조기에 마련될 필요가 있다. 이와 관련하여 정부는 2015년 7월, 700메가 주파수 대역 분배안을 확정해 지상파 방송사가 UHD 방송을 실시할 수 있는 주파수를 분배했다. 지난 2001년 아날로그 지상파 텔레비전의 디지털 전환으로 지상파 방송이 점유했던 남는 대역폭인 108MHz(698MHz~806MHz의 대역)를 어떻게 활용할지를 놓고 그동안 논쟁이 있었으나, 108MHz 대역폭 중 UHD 방송에 30MHz 폭, 이동통신에 40MHz 폭, 국가재난안전통신망(재난망)에 20MHz 폭을 할당하기로 결론을 내린 것이다. 이로써 지상파 5개 채널(KBS1, KBS2, MBC, SBS, EBS)은 할당받은 30 MHz 폭에 각각 6 MHz의 주파수를 UHD 방송용으로 사용할 수 있게 되었다. UHD 활성화를 위해 가장 큰 걸림돌로 인식되었던 주파수 문제가 해결된 만큼 앞으로는 기술 표준화 및 UHD 콘텐츠 활성화 등 세부적인 정책 지원 방안이 마련되어야 할 것이다. UHD와 같은 새로운 기술을 조기에 안정적으로 구축하는 정책 수립은 시기적으로 방송발전 이념을 뒷받침하는 핵심적인 정책 과제이기 때문이다.

3) 고용 창출

2014년 말 현재, 국내 방송산업 종사자 수는 3만 4714명으로 전년 대비 2.4%(826명) 증가한 것으로 나타났다(방송통신위원회, 2014). 매체별 인력 구성비는 지상파 방송사가 41.6%로 가장 많고, 이어서 방송 채널 사용 사업, 즉 PP에 종사하는 비율이 40.8%로 그 뒤를 잇고 있다(방송통신위원회, 2014). 지상파 방송의 인력 비율은 정체되어 있는 반면 PP는 경영직, 제작 관련 방송직, 연구직, 영업·홍보직 등의 증가로 고용 창출의 여지가 많은 분야로 나타나고 있다. 또한 종사자의 수는 많지 않으나 최근 3년 동안 일반 위성과 IPTV의 종사자 비율도 지속적으로 증가하여 이러한 뉴미디어 분야의 고용 창출 잠재력도 높은 것으로 분석되고 있다. 한편 외주정책의 시행으로 독립제작사의 수와 종사자의 수도 증가하고 있다. 2010년 말 현재, 독립제작사의 수는 1574개이고 제작 인력은 총 1만 6922명으로 집계되었다(문화체육관광부, 2010). 독립제작사에서 종사하는 총인력은 지난 2005년 1만 784명에서 2009년 2만 1379명으로 늘어났으며 2010년에는 2만 4829명으로 증가했다. 이러한 방송산업 인력구조의 변화 양상은 신규 인력 창출에 대한 고용 정책이 독립제작사와 PP, 그리고 뉴미디어 부분에 초점을 맞출 필요가 있음을 시사한다.

2 | 구현정책

앞서 말했듯이 방송산업 발전 이념을 구성하는 주요 하위 개념으로는 국제 경쟁력 제고, 기술 발전, 효율성, 고용 창출 등을 들 수 있다. 이를 구현하기 위해 각국에서는 개방화 정책과 소유규제 완화정책을 주로 사용하고 있으며, 이 밖에도 외주정책 및 다양한 방송 발전 지원정책을 병행하고 있다.

표 8-2 __ 방송 발전 이념의 구성 개념 및 구현정책

정책 이념 (개념적 차원)	구성 개념 (조작적 차원)	구현정책 (실천적 차원)
방송발전	국제 경쟁력	소유규제 완화(개방화)
	효율성	소유규제 완화(M&A)
	기술 발전(혁신)	방송 발전 지원정책(펀드 조성)
	고용 창출	외주정책

1) 소유규제 완화

방송시장에서의 국제적인 경쟁력을 제고하기 위해 각국에서는 소유규제를 완화하는 추세이다. 이를 통해 자본력을 바탕으로 한 거대 사업자를 육성시키고 기업 간 M&A를 가능케 하여 외국의 자본 투자를 유도하고 있다. 소유규제 완화정책은 크게 외국자본에 대한 개방화와 국내 기업의 소유

범위의 완화라는 두 가지 방향으로 진행되고 있다.

(1) 외국자본 개방

영국은 2003년 커뮤니케이션 법의 개정을 통해 BBC를 제외한 모든 방송사업에 대해 외국자본 유입을 허용했다. 독일에서는 미국 자본이 대형 미디어 그룹인 카르히Kirch 그룹을 인수·합병하기도 했다(정윤식, 2011). 국제적인 다자간 협상 및 국가 간 협상, 그리고 외국자본 개방 흐름의 추세에 따라 우리나라도 외국자본의 국내 유입 규제를 완화하고 있다. 지난 2009년 방송법 개정을 통해 종합유선방송 사업자, 위성방송 사업자, 방송 채널 사용 사업자 등에 대한 외국 정부나 외국인, 외국 법인의 지분 제한 범위를 종전의 33%에서 49%로 확대했다(제14조 3항). 또한 종전에는 지상파와 종편, 보도전문 채널에 대해 외국인 지분 보유가 전면 금지되었으나, 지상파를 제외하고 종편 채널은 20%, 보도전문 채널은 10%를 초과하지 않는 범위까지 외국인의 지분 보유가 허용되었다.

한편 한미 FTA 협정에 의해 일반 PP에 대한 투자의 경우 한국 법인을 설립하는 간접투자 방식으로 100% 전면 투자가 허용됨에 따라 외국자본의 진출이 본격화되고 있다. 카툰 네트워크의 대주주는 중앙방송(51%)에서 터너 그룹의 한국 법인인 터너 엔터테인먼트 네트웍스(100%)로 변경되었다. 타임워너를 시초로 국내 미디어 시장에 대한 미국 기업들의 지분 확보가 뒤따를 것으로 예상되는데, CJ E&M과 합작 법인인 내셔널지오그래픽채널NGC도 지분을 100%로 확대할 계획인 것으로 알려졌다. NGC는 미디어 재벌 루퍼트 머독Rupert Murdoch이 소유한 뉴스코퍼레이션 계열이다. 이 밖에 iHQ와 소니픽처스 텔레비전이 합작 설립한 AXN 코리아, SK 텔레콤과 월트디즈니의 합작 법인인 디즈니 채널도 외국인 주주들이 지분을 확대할 계획으로 있

표 8-3 __ 외국자본의 소유규제 완화 내용

구분		종전	개정
채널	지상파	금지	금지
	종편 채널	금지	20%
	보도 채널	금지	10%
	일반 PP	33%	49%(FTA 체결국 예외)
유료방송 플랫폼 (위성, 케이블 SO, IPTV)		33%	49%

다(≪아시아경제≫, 2015년 4월 1일 자).

(2) 소유규제 완화

글로벌 영상시장에서 자국 방송사업자의 국제 경쟁력을 갖추기 위해 각
국은 자국 내의 소유규제 역시 완화하고 있다. 미국은 일찍부터 지상파 방
송을 제외한 유료방송을 MVPD Multichannel Video Programming Distributor 라는 개념
으로 동일 시장으로 간주하여 시장의 규모를 확대하는 정책을 취하고 있다.
영국 역시 국내 사업자든 외국 사업자든 관계없이 BBC를 제외하고 한 사업
자가 전체 방송사업자를 소유할 수 있도록 하고 있다(정윤식, 2005).

우리나라도 소유규제 완화를 통해 미디어 기업의 대형화 환경을 조성하
는 추세이다. 특히 거대 자본의 방송시장 유입을 촉진하기 위해 지속적으로
1인 지분과 대기업의 지분 제한을 완화하고 있다. 1인 지분의 경우, 2009년
방송법 개정을 통해 소유 제한을 기존 30%에서 40%로 완화했다. 대기업에
대한 지분의 경우도 2007년 위성방송에 대한 대기업(10조 원 이상) 지분 상
한을 종전 33%에서 49%로 확대한 데 이어 2009년에는 아예 폐지했다. 또
한 종전까지 금지되었던 신문·뉴스 통신의 지분 소유를 일정 수준 허용했
는데, 지상파는 10%까지, 종합편성 및 보도전문 채널 PP는 30%까지 허용

표 8-4 __ 소유 제한 완화 현황

소유 주체 / 소유 대상	1인 지분 제한	대기업	일간신문·뉴스 통신
지상파 방송	30% → 40%[1]	금지 → 10%	금지 → 10%[2]
종합편성 PP (IPTV PP 포함)	30% → 40%[1]	금지 → 30%	금지 → 30%[2]
보도전문편성 PP (IPTV PP 포함)	30% → 40%[1]	금지 → 30%	금지 → 30%[2]
위성방송	-	49% → 폐지	33% → 49%
SO	-		33% → 49%
IPTV 제공 사업자			49%
일반전문편성 PP (IPTV PP 포함)	-	-	-

주: 1) KBS·MBC·종교방송은 제외(제8조 2항).
  2) 일간신문 경영 법인은 구독률 20% 미만(제8조 4항).

했다. 유료방송 플랫폼(위성방송, SO)에 대한 신문 및 뉴스 통신의 지분 소유 제한도 종전 33%에서 49%로 확대했다.

2) 영상산업 지원정책

국내 영상산업이 국제적인 경쟁력을 갖추기 위해서는 소유규제 완화뿐 아니라 국가적인 차원에서 다양한 지원정책이 동시에 추진되어야 한다. 현 방송법 제7장에서는 '방송발전의 지원'이라는 별도의 장을 통해 정부로 하여금 "방송문화의 발전 및 진흥을 위하여 노력하여야 할" 의무가 있음을 명시적으로 규정하고 있다(제92조). 세부 정책으로는 방송사업자가 애니메이션을 제작할 경우 세제 지원을 할 수 있도록 하고 있고(제92조의 2), 방송 전문 인력 양성을 위해 방통위로 하여금 전문 교육기관에 대한 지원책을 마련하도록 하고 있다(제94조). 또한 방송사업자들이 공동으로 방송 제작 단지를 조성할 경우나(제95조), 영상물에 대한 유통 및 방송기술을 수출하는 경우에도 정부 지원을 명시하고 있다(제96조). 이러한 방송발전 지원을 위해서는 대규모 펀드 조성이 선행되어야 하는데, 이러한 측면에서 현행 방송통신발전기금을 적극적으로 활용할 필요가 있다. 잘 알려졌듯이 방송통신발전기금은 방송·통신의 진흥을 지원하기 위해 조성된 기금이다. 이 기금은 과거 1981년부터 2000년까지 방송광고공사가 조성·운용해왔던 공익자금을 모태로 하고 있다. 즉, 이 기금은 지상파 방송사가 국민의 자산인 전파를 이용하여 이익을 냈기 때문에 초과이윤에 대한 사회적 환원 차원에서 조성되었으며 그동안 주로 언론, 문화·예술의 진흥 활동에 지원되어왔다. 이후 2000년 통합 방송법에 따라 방송발전기금으로 명칭이 바뀌었고 방송위원회가 전담하여 관리·운용해왔다. 2008년 방송통신위원회의 출범 이후에는 통신사업자가 출연한 정보통신진흥기금과 방송발전기금이 통합되어 현재의 방송통신발전기금이라는 이름으로 운용되고 있다. 2010년 3월에는 새로운 융합 환경에 능동적으로 대응하기 위해 전기통신기본법과 방송법 등 여러 법률에 산재하던 방송·통신 융합 관련 법률체계를 '방송통신발전 기본법'으로 통합한 후 이 법의 관할로 이관되었다. 그리하여 현재는 방송통신발전 기본법의 규정(제24조)에 따라 방송·통신의 진흥을 지원하기 위한 목적으로 방송통신위원회와 미래부가 공동으로 관리·운영하고 있다. 이 기금의 조성은 정부 출연금 또는 융자금, 전파법에 따른 징수금, 지상파 방송사업자·방송 채널 사용 사업자·종합유선방송 사업자·위성방송 사업자 등의 분담금, 방송사업자의 출연금, 기금 운용의 수익금 등으로 충당하고 있다(제25조). 이 기금을 사용할 수 있는 주요 용도로는 방송·통신에 관한 연구 개발 사업, 방송·통신과 관련한 인력 양성 사업, 방송·통신 서비스의 활성화 및 기반 조성을 위한 사업, 공익과 공공을 목적으로 운영되는 방송·통신 지원 등이다. 이 밖에도 '지역 지상파 방송지원 특별법'의 규정에 의해 지역 지상파 방송사와 중소 지상파 방송 사업자의 공익적 프로그램 제작 지원에도 이용되고 있다. 또한 방송·통신 콘텐츠의 제작·유통 지원, 시청자가 직접 제작한 방송 프로그램 및 미디어 교육 지원 등에도 지원되고 있다(제26조). 하지만 법적인 명시에도 불구하고 현재 방송통신발전기금이 독립제작사(정윤경, 2006)나 애니메이션 산업(김영재, 2009)의 활성화를 위해 지원되는 정도는 매우 제한적인 수준에 머물고 있다.

사실 방송 콘텐츠 산업 발전을 위한 유사한 기금은 여러 나라에서 운용되고 있다. 캐나다의 경우, 캐나다 방송규제 기구인 CRTC가 1995년 우수한 프로그램 제작 활성화를 위해 캐나다 방송발전기금Canadian Television Fund: CTF를 조성하고 있다. 기금의 재원은 캐나다 문화부 예산과 방송·영상 배급 기업으로 하여금 총매출액의 5%를 거두어 충당하고 있다. 2008년의 경우 총기금 수입은 약 2억 8500만 달러로, 이 중 정부 예산은 약 42%, 기업의 납입금은 58%를 차지한다. 기금은 대부분 방송 제작비에 지원되는데, 특히 아동과 청소년 대상 프로그램에 집중되고 있다. 또한 아동·청소년 대상 프로그램 중에서 53%가 애니메이션 장르에 지원되어 애니메이션 장르를 전략적으로 육성하고 있다. 프랑스에서도 1986년부터 영상산업 발전을 위해 COSIP라는 기금을 조성하고 있는데, 기금 재원은 영화 티켓에 붙는 세금, 방송사 총수입의 5.5%에 부과하는 분담금 등으로 충당하고 있다. 2008년 조성된 기금은 약 5억 2880만 유로이며, 이 중 티켓 세금이 23%, 방송사 납입금이 71% 정도 차지하고 있다. 기금은 픽션, 다큐멘터리, 라이브 쇼, 문화 프로그램, 애니메이션 등 5개 장르에 지원되고 전체 프로그램 제작 지원액의 약 14%가 애니메이션 프로그램 제작에 지원되었다(김영재, 2009: 16~22에서 내용 요약).

이와 같은 사례에 비추어볼 때 우리나라도 독립제작사나 애니메이션 산업의 내실 있는 발전을 위해서 현재와 같은 편성규제* 정책에 국한할 것이 아니라 다양한 지원정책을 결부하여 효과를 극대화하는 방안이 적극적으로 강구되어야 할 것이다.

3) 외주정책

(1) 도입 배경

우리나라에서 외주정책은 1991년에 처음 실시되었다. 외주정책을 추진했던 목적은 크게 두 가지로 요약된다. 먼저 다양성 차원이다. 즉, 오랫동안 국내 방송시장에서 지상파 방송사들이 구축했던 여론 독과점을 해소하기 위해 제작원을 다원화하기 위함이었다. 지상파 방송사의 자체제작은 비슷한 아이디어로 획일적인 프로그램을 양산하여 수용자의 다양한 욕구를 만족시킬 수 없다는 우려를 낳았기 때문이다. 또 다른 한편으로는 산업 발전적 측면이다. 지상파 방송사의 독점적 지배구조로 인해 독립제작사의 제작물 유통이 막혀 있었기 때문에 강제적으로 유통 수단을 확보할 필요성이 제기된 것이다(박소라, 2002). 다시 말해 외주제작 제도의 정책적 목표는 지상파 방송의 독과점 체제를 완화하여 제작 주체의 다원성을 확보하고, 독립제작사의 방송·영상 창구 유통을 확대하여 국내 방송·영상산업의 활성화를 유도하기 위한 것이었다.

---

* 2004년 3월, 방송법 개정을 통해 지상파 방송 사업자들로 하여금 매년 일정 비율 이상 국내 제작 신규 애니메이션 편성을 의무화했다. 이 규제 또한 청소년 보호와 함께 영상산업 발전의 핵심적인 분야라 할 수 있는 애니메이션 분야를 집중적으로 육성하기 위한 산업적 측면이 고려되었다고 볼 수 있다.

(2) 도입 과정

처음 도입 당시 의무 외주편성 비율은 지상파 3사 채널 모두에게 총편성 시간의 3% 이상으로 고시되었다. 해마다 외주편성 비율은 점진적으로 증가하여 현재는 지상파의 경우 전체 방송 시간의 40%까지 확대되었다. 그뿐만 아니라 2000년 통합 방송법 이후부터는 주 시청 시간대에도 의무편성 규정이 적용되어 프라임타임대(7~11시) 방송 시간의 15%까지 외주 프로그램을 편성하도록 의무화했다. 외주편성 규제의 실시로 지상파의 외주제작 편성 비율은 실제로 상당히 증가해왔다. 지상파 방송사의 월화 미니시리즈의 경우, 지난 2002년 약 40%에 불과하던 외주 비율이 2006년에는 100%로 증가했다.

편성 비율의 증가에 이어 2003년에는 외주 전문 지상파 채널을 도입해야 한다는 논의가 구체화되기도 했다. 2004년 말에 경인방송iTV이 방송위원회의 재허가 추천 거부로 문을 닫게 되면서 이 채널을 영국 채널 4의 성공 사례를 벤치마킹하여 100% 외주 전문 채널로 전환해야 한다는 필요성이 당시 활발하게 논의되기도 했다(임정수, 2005).

(3) 외주정책에 대한 평가

외주정책이 시행된 지 20여 년이 지난 현재, 외주정책이 국내 영상산업의 발전에 긍정적인 기여를 했는지에 대해서는 평가가 양분되는 상황이다. 외형적 차원에서는 일단 긍정적인 평가가 많다. 먼저 외주정책으로 독립제작사의 수가 양적으로 증가했다(김관규·정길용, 2009; 박소라·양현모, 2006). 독립제작사의 수는 지난 1998년 108개이던 것이 2007년에는 851개로 대폭 증가했고, 2008년 말 기준으로 신고된 독립제작사 수는 총 1048개로 늘어났다(최세경, 2009). 독립제작사에 종사하는 제작 인력 역시 2003년 8005명에서 2007년 1만 5051명으로 증가했다(김관규·정길용, 2009). 외주 제작비도 지속적으로 증가했다. 외주 제작비의 전체적인 규모도 늘어났으며 방송사 전체 제작비에서 차지하는 외주 제작비의 비중도 증가했다(박소라·양현모, 2006). 이처럼 '외주 비율의 증가 → 외부 제작비의 증가 → 이로 인한 외주 제작사 수의 증가 및 외주제작 시장 종사자 인력 수의 증가' 현상은 어찌 되었든 외주정책이 독립제작사의 외형적 성장에 긍정적인 기여를 하고 있음을 보여준다. 이 밖에 외주정책이 독립제작사의 자본과 기술 축적을 자극하는 역할을 했다는 점도 긍정적인 성과로 평가되고 있다.

그렇지만 외주제작사의 외형적인 성장에도 불구하고 내실 있는 성과는 미약하다는 평가도 제기되고 있다(윤석민·장하용, 2002). 먼저 일부 독립제작사를 제외하고 대부분의 독립제작사는 영세성을 면치 못하고 있다는 것이다. 2008년 말 기준, 독립제작사당 평균 자본금은 약 5억 원 규모이며, 자본금 규모가 10억 원 이상인 독립제작사는 80여 개로 전체 신고 사업자의 7.6%에 불과한 것으로 나타났다(최세경, 2009). 인력 규모 역시 시장의 전체 인력 수는 증가했으나 제작사당 인력 규모는 2003년 22.9명에서 2007년 17.7명으로 감소하는 등 독립제작사의 영세성은 여전한 것으로 나타났다.

드라마 제작사만 하더라도 1년에 한 편 이상 지속적으로 납품하는 제작사는 JS 픽처스, 초록뱀 미디어, 삼화 프로덕션 등 소수에 불과한 실정이다. 이처럼 소수의 독립제작사가 납품을 독점하다 보니 다양성 추구라는 원래의 정책 목표 역시 실현되지 못하고 있다. 실제로 외주제작 이후 지상파 방송사의 외주 프로그램에 대한 다양성을 분석해본 결과, 다양성에 큰 변화가 없는 것으로 나타났다(박소라·양현모, 2006). 다시 말해 외주정책은 도입 취지와 달리 독립제작사의 수적 증가 및 지상파 납품 기회의 증가라는 외형적 성과에도 불구하고 실질적인 다양성 증가 및 내실 있는 독립제작사의 활성화라는 본래의 정책적 목표에 부합하는지에 대해서는 회의적인 평가가 많은 것이 사실이다.

(4) 향후 과제

이처럼 영상산업의 발전을 위해 추진되었던 외주제작 정책이 당초 기대했던 것만큼 내실 있는 성과를 거두지 못하고 있는 것은 현재의 외주정책이 편성 시간의 규제에만 초점을 맞추고 있을 뿐 저작권 문제나 제작비, 납품 과정 등 외주 제도 전반에 걸친 체계적 관리가 뒷받침되지 못했기 때문으로 풀이된다.

우선 현 외주제작 제도에서 독립제작사의 발전에 가장 큰 걸림돌은 외주제작에 대한 저작권이 외주제작사가 아닌 지상파 방송사에 귀속되어 있다는 데 있다. 예컨대 지난 2004년부터 2006년까지 지상파 방송사들이 외주제작사에게 방영권을 인정해준 비율은 평균 10%에 머물고 있고, 2006년 전체 외주 프로그램에서 외주제작사가 저작권을 보유한 비율은 4.8%에 불과한 것으로 나타났다(최세경, 2009). 그나마 드라마나 오락 장르에서만 저작권을 일부 인정해주고 있을 뿐, 교양·시사 등의 장르에서는 저작권을 거의 인정하지 않는 것으로 알려지고 있다. 최근에는 그나마 드라마의 해외 판매가 높아지면서 해외 판권의 일부를 외주제작사에게 부여하는 경향이 늘고 있으나, 후방 창구에서 이루어지는 방영권의 대부분과 음악 사업 등은 여전히 지상파 방송사가 소유하는 것을 원칙으로 하고 있다.

지상파 방송사에 저작권이 귀속되는 문제는 외주제작의 인정 기준 문제와 밀접하게 연관되어 있다. 즉, 현재 국내에서 이루어지는 외주제작은 완전한 형태의 외주 모델이기보다는 지상파 방송사가 기획을 담당하고 인력 및 장비, 자금 등 제작 인프라를 제공하는 실질적으로 공동제작 형태로 이

표 8-5 __ 드라마 외주제작의 권리 배분 현황

권리 유형	배분 내용
저작권	방송사 소유(속편에 대한 우선 협상권 제작사 보유)
해외 판권	방송사 소유[아시아 지역에 한해 수익을 수수료(20%) 공제 후 5:5로 배분]
케이블 등 유료 채널 방영권	방송사 소유(단, 제작사가 지분 10% 이상 보유한 PP에 한해 3회 방영권 허용)
음악 사업	제작사 진행
2차 저작물	방송사 소유

자료: 최세경(2009: 79).

루어지고 있다. 따라서 지상파 방송사들은 저작권이 당연히 그들에게 귀속되어야 한다고 주장한다. 그리하여 저작권 귀속 문제 해결을 위해서는 먼저 외주제작의 인정 기준이 명확히 정립될 필요가 있다.

외주제작에 대한 대가가 적정한지에 대한 문제도 제기되고 있다. 현재 외주제작 대가의 지급은 지상파 방송사와 외주제작사 간의 계약을 통해 이루어지는데 대체로 저작권의 귀속 문제와 연계하여 결정되고 있다. 예컨대 외주제작사가 방송사에 저작권을 양도하면 편당 제작비의 60~70%를 지급받으나 외주제작사가 저작권을 보유하려 할 경우에는 편당 제작비의 50% 정도만 지급받고 있다. 이렇게 제작비를 전액 지불하지 않고 제작비에 미치지 못하는 수준을 지급하는 이유에 대해 지상파 방송사들은 자신들이 프로듀서 및 스태프 등 인력과 장비를 제공하고 있으며 외주제작사에게는 협찬 고지가 허용되는 만큼 이를 통해 제작비를 충당할 수 있다는 점을 들고 있다. 이러한 문제를 해결하기 위해 방송통신위원회에서는 표준 계약 가이드라인을 마련하고 그 준수를 유도하고 있으나, 산정 기준을 방송사에 위임하고 있어 계약 당사자 간 견해 차이가 해소되지 않고 있다.

외주 프로그램의 저작권이 제작 주체에게 돌아가야 후속 판매를 통해 독립제작사의 발전을 기대할 수 있다는 점에서 저작권의 외주제작사 귀속 문제는 외주제도의 성패를 좌우할 수 있는 중요한 문제이다. 따라서 외국 사례를 들어 방송사의 저작권 귀속에 제약을 가할 필요가 있다는 주장도 제기되었다(현대원, 2004). 대표적인 외국 사례가 미국에서 시행된 바 있는 핀신 규칙Fin-Syn Rules*이다. 이 정책은 독립제작사의 재원 증대를 위해 네트워크의 초방 방영권만 인정하고 이후는 독립제작사의 저작권을 인정한 제도로 1973년부터 1995년까지 미국에서 시행되었다. 이 정책은 제작자와 네트워크 간의 거래 관계에서 네트워크가 우위를 점해 프로그램 제작시장을 주도함으로써 제작시장의 경쟁을 억제하는 것을 방지하기 위한 목적에서 시행되었으며, 시행 초기 독립제작사의 활성화에 기여했다.** 이 규칙에 의해 네트워크들은 외주제작 프로그램의 국내 및 해외 신디케이션 행위가 금지되었고 외주제작 프로그램의 저작권이나 프로그램 유통으로부터 발생하는 재정적 수익을 얻지 못하도록 금지되었다. 프랑스에서도 외주제작사가 방영권을 소유할 수 있도록 다양한 규제를 마련하고 있다. 프랑스에서는 외주제작사가 지상파 방송사에게 부여하는 독점적 방영권을 18개월 이내로 1회에 한해 인정하고 있다. 재방송은 계약 시 명시하도록 규정하고 있으며, 방영권의 최장 소유는 42개월로 제한하고 있다(이상길·박진우, 2004). 이는 방송사가 저작권 귀속을 강제할 수 없도록 규제함으로써 후방 창구에서 외주제작사의 경제적 이익을 보장하기 위함으로 볼 수 있다.

결국 국내 방송·영상시장을 육성하고자 추진되었던 외주정책이 시행된 지 20여 년이 지난 현시점에서도 시장에 미치는 성과가 미약한 것은 외주

- 핀신(Fin-Syn)이란 명칭은 '재정적 이익(Financial Interest) 규칙'과 '신디케이션 규칙(Syndication Rule)'의 합성어이다.
- 그러나 국내에는 신디케이션 시장이 활성화되지 않았기 때문에 적용하기 어렵고, 미국에서도 이 정책 실시 이후 오히려 다양성이 감소했다는 부정적 평가도 있다.

비율 의무편성 규제가 지니는 한계 때문이다. 다시 말해, 단순히 의무편성의 강제를 통해 창구를 확대하는 것뿐만 아니라 질적으로 독립제작 시장이 활성화되고 독립제작사가 자생력을 갖도록 하기 위해서는 종합적인 규제 및 진흥책이 보완될 필요가 있다. 예를 들어 현재의 외주정책 범위를 의무편성 비율뿐 아니라 제작 시설과 장비의 아웃소싱과 같은 후속 제작 과정에 대한 전반적인 부분까지 정책 대상에 포함되어야 하며, 적정한 대가 지급과 이익을 공유할 수 있도록 외주제작의 인정 기준 및 표준제작비 산정 기준 마련 등 세밀한 규제체계가 추가적으로 보완되어야 할 것이다.

Principles of Korean Broadcasting Policy

9장

시청자 권익

현행 우리나라 방송법에서는 방송을 "방송 프로그램을 기획, 편성, 제작하여 이를 공중에게 송신하는 것"이라고 정의한다. 이렇듯 일련의 방송 행위에 대한 최종적 지향점은 여기서 말하는 공중, 즉 시청자이다. 그리하여 제반 방송정책 결정 과정에서도 시청자의 이익은 항상 암묵적인 가치 지향점으로 여겨져 왔다. 영국 정부도 1990년대 방송정책의 청사진을 담은 백서의 서두에서 "정부는 방송정책의 중심에 시청자를 둔다"라고 선언하고 있다. 미국에서는 '1927년 라디오 법Radio Act of 1927'에서 방송을 규제하는 준거점을 공공의 이익public interest이나 편익convenience, 그리고 필요성necessity임을 명시했고, 방송규제의 정당성 논리를 제공한 바 있는 미국 대법원의 레드 라이온Red Lion 판결에서도 "가장 중요한 것은 시청자의 권리이지 방송사업자의 권리가 아님"을 천명한 바 있다(Red Lion Broadcasting v. FCC, 1969).

우리의 방송정책에서도 수용자 복지 혹은 시청자 권익은 지속적으로 생명력을 유지해온 방송 이념이었다. 이 이념은 그동안 선언적 수준에서 반론권 보호라는 소극적 권리에서 출발했으나 점차 구체성을 띠면서 소수자 보호와 시청자 편의, 선택권과 같은 복지 개념으로 확장되었다. 특히 2000년 통합 방송법에서는 역사상 처음으로 시청자의 권익이 총칙, 즉 방송법 제정 목적의 하나에 포함됨으로써 방송정책의 주요 가치 지향점임을 분명히 밝히고 있다. 이처럼 최근 시청자 권익 이념이 각종 정책 결정 과정에서 새롭게 부각되는 것은 방송·통신 융합으로 정책의 방향이 탈규제 및 산업성 쪽으로 기울자 시장 중심의 정책 결정에 대한 반대급부로서, 또는 방송규제 기구 자체의 정당성 확보 차원에서 이전에 비해 강도 높게 의제화되고 있기 때문이다(박은희, 2006). 시청자 권익 이념에 대한 강조는 총칙의 선언적 규정에 이어 방송법 개정을 통해 제6장에서 시청자의 권익 보호에 관한 사항이 별도로 추가됨으로써 제도화되었다. 즉, 이 이념은 추상적인 논의 수준을 넘어 시청자권익보호위원회(방통위 산하) 및 시청자위원회(방송사) 설치, 시청자 평가 프로그램 편성 의무화, 시청자 미디어 센터 설립과 같은 제도적 장치가 구체적으로 제시됨으로써 실천적 이념으로 자리 잡게 되었다.

이 장에서는 방송 수용자의 시민적 권리 보장 및 복지 실현을 강조하는 이념으로서, 혹은 하위 정책 이념의 실현을 통해 얻어지는 궁극적인 정책의 목표로 간주되는 시청자 권익 이념에 대해 살펴보기로 한다. 특히 시청자 권익 이념을 형성하는 제반 하위 구성 개념은 무엇인지, 또 이를 구현하기 위한 다양한 제도적 장치의 내용에 대해 자세히 논의해보기로 한다.

1 | 시청자 권익의 개념

시청자 권익이라는 개념을 한마디로 정의하기란 그리 쉬운 일이 아니다. 시청자 복지 또는 권익의 개념은 한 사회에서 미디어가 갖는 비중과 사회적 역할, 그리고 이에 조응하는 수용자에 대한 인식과 위상 등 미디어와 수용자 간의 역학 관계에 따라 달리 규정될 수 있기 때문이다. 우선 용어를 살펴봐도 시청자viewer는 함축되는 의미에 따라 시민citizen이나 공중public, 또는 수용자audience, 소비자consumer, 가입자subscriber, 이용자user 등에 이르기까지 다양하게 사용되어왔다. 시청이라는 매체 이용 행위 자체에 중점을 둘 경우에는 단순히 시청자 및 수용자라는 용어가 주로 사용되었고, 경제적 소비 행위에 주목할 경우에는 소비자 및 이용자라는 용어가 이를 대체해왔다. 반면 시민이나 공중은 공공 서비스에 대한 이용 권리를 주장하는 정치적 측면이 강조될 경우 자주 언급되었다.

한편 권익이라는 개념만 하더라도 그동안 권리나 주권right 또는 복지나 후생welfare 등의 의미로 다양하게 사용되어왔다. 시청자 권익도 마찬가지로 용어의 조합에 따라 '시청자 권리'에서부터 '수용자 주권', '수용자 복지', '이용자 후생' 등에 이르기까지 상황에 따라 그 의미가 혼재되었다. 하지만 대체로 미디어의 공익성이 강조되던 시대에는 수용자의 권리라는 용어가 주로 이용되었고, 2000년대 들어 방송·통신 융합과 유료매체 환경에 접어들면서부터는 수용자 복지라는 용어가 상대적으로 자주 거론되었다. 두 개념의 차이를 명확히 구분하기는 어렵지만 수용자의 권리가 기본권의 하나로 국민의 커뮤니케이션 권리를 강조하는 것이라면 수용자 복지 개념은 선택적 권리의 측면이 강한 것으로 구분된다. 박은희(2006)도 같은 맥락에서 전자는 이념적·운동적 차원의 개념으로, 후자는 실천적·정책적 차원의 개념으로 구분하고 있다. 특히 2000년대 들어 수용자 복지의 개념이 새롭게 부상한 것은 권리라는 이념적 논의를 넘어 권리를 실현하는 구체적인 장치가 필요하다는 사회적 요구와 무관치 않아 보인다. 다시 말해 수용자 복지 개념은 이제까지 규범적으로 강조되던 공익 개념을 대체하기 위해 등장한 개념으로 볼 수 있다(박은희, 2006).

방송 분야에 경제적 측면이 강조되는 복지 개념이 도입된 것은 오언과 와일드먼(Owen and Wildman, 1992)에 의해 제기된 시청자 복지viewer welfare라는 개념에 바탕을 두고 있다. 그들은 시청자 복지를 개별 소비자가 방송 서비스 소비를 통해 얻게 되는 후생의 총합으로 정의했다. 즉, 그들에 의하면 시청자 복지는 시청자 이익viewer benefit과 시청 비용costs of viewing의 차이로 창출되는 시청자 잉여viewer surplus를 극대화하는 것으로 인식된다. 이는 다분히 공리주의적 사고를 바탕으로 한 복지 개념으로, 다수의 취향이나 이익에 부합하는 공통분모적 프로그램을 편성함으로써 가능한 한 다수 시청자의 이익과 만족을 추구하는 것을 정당화하는 논리적 근거로 이용되었다. 그리하여 시청자 복지의 개념은 방송산업에서의 경제적 효율성을 대변하는 데 적합한 개념으로 활용되었다. 일부에서는 시청자 권리 개념이 시청자 복지 개념으로 대체되고 있는 것에 대해 자칫 시청자가 복지정책의 수혜 대상처럼 취급될 수 있다는 점에 우려를 표명하기도 했다(이수영·박은희, 2002).

한편 우리나라에서 시청자 권익은 2000년 방송법을 통해 정책 이념의 하나로 규정되면서 최근 들어 활발하게 논의되는 개념이다. 기존의 시청자 복지 개념과 비교해보았을 때 '복지福祉'라는 용어가 '권익權益'으로 대체되었는데, 이는 경제적 측면에 초점을 맞추는 것을 지양하고 경제적 이익과 함께 과거의 공공적 패러다임에서 추구했던 참여성이나 커뮤니케이션 권리 등 권리적 측면을 모두 포괄하는 의미를 지향했기 때문으로 풀이된다. 시청자 권익의 개념에 대해 백미숙 외(2007)도 "방송 수용자의 시민적 권리 보장 및 복지 실현을 강조하는 이념"으로 정의하고 있다. 따라서 시청자 권익은 용어에서 함축되었듯이 권리와 이익, 즉 참여성을 강조하는 수용자 주권의 개념과 경제적 복지를 강조하는 수용자 복지의 내용을 아우르는 총체적 개념

표 9-1 __ 시청자 권익 개념의 변화

	시청자 주권	시청자 복지	시청자 권익
강조점	정치적 복지	경제적 복지	정치적·경제적 복지
성격	규범적 측면	정책적 측면	규범적·정책적 측면
영역	공공 영역	시장 영역	공공 및 시장 영역
수단	참여를 통한 쟁취	서비스의 수혜	참여 및 이익의 수혜

으로 볼 수 있다. 방송법에서 규정한 시청자 권익의 개념 역시 이와 크게 다르지 않다. 즉, 현 방송법(제3조)에서는 시청자 권익에 대해 "시청자가 방송 프로그램의 기획, 편성 또는 제작에 관한 의사결정에 참여할 수 있도록 하여야 하는 것"과 "방송의 결과가 시청자의 이익에 합치되도록 하는 것"으로 정의하고 있다. 다시 말해 시청자 권익은 방송 과정에 대한 참여성과 시청자의 이익이라는 두 가지가 핵심 요소임을 암시하고 있다.

2 ǀ 시청자 권익의 하위 구성 개념

앞에서 살펴본 것처럼 현 방송법에서는 시청자 권익 개념을 구성하는 하위 구성요소로 방송 과정에 대한 참여성과 시청자의 이익을 거론하고 있다. 시청자의 참여성은 그간 시청자의 권익을 형성하는 대표적 요인으로 인식되어왔음을 부인하기 어렵다. 문제는 여전히 추상적인 개념 수준에 머물러 있는 시청자의 이익이란 무엇이며, 구체적으로 이는 어떻게 실현시킬 수 있을 것이라는 점으로 귀결된다. 특히 보편적 서비스가 강조되던 과거 아날로그 시대와 달리 다채널 유료방송 환경에서의 시청자 이익은 달리 규정되어야 하기 때문이다.

시청자 이익을 구성하는 요소에 대해 먼저 이수영과 박은희(2002)는 방송과 통신이 융합된 양방향 시대의 시청자 이익은 수용자의 선택성 확대에 있다고 주장했다. 또한 이를 실현하기 위해서는 선택성 보장을 위한 환경 조성과 수용자의 선택 능력을 강화하는 것이 필요하다고 주장했다. 여기서 선택성 보장이란 다양한 옵션의 제공을 말하며, 선택 능력은 이제까지의 주어진 것 안에서의 단순한 선택성이 아니라 수용자가 자신의 욕구를 무의식으로부터 끌어낼 줄 알고, 좋은 것과 필요한 것을 가려내어 직접 선택하는 능력, 즉 미디어 해독력literacy을 의미한다.

이와 함께 다채널 유료방송 환경에서 시청자의 이익은 요금의 적정성과 같은 접근의 문제가 주로 제시되고 있다. 가령 김병선(2008)은 다채널 양방향 유료방송 환경에서 시청자 복지와 관련된 하부 영역에 대해 요금의 적정성, 편성의 다양성, 채널 상품 묶음의 적정성 등을 제시하고 있다. 또한 강명현(2006)은 무료방송과 유료방송 간 서비스 특성의 차이가 수용자 복지에 대한 지향점의 차이로 귀결되기 때문에 무료방송에서는 누구나 차별 없이 수혜를 받는 보편적 접근성이 강조되는 반면 유료방송 영역에서는 티어링, 번들링, 가격규제 등의 경제적 문제가 중요하다고 주장했다. 박은희(2006)는 융합 환경에서의 수용자 복지정책 유형으로 난시청 해소와 같은 보편적 서비스, 지역성이나 다양성과 관련된 다양한 서비스, 미디어 리터러시와 관련된 유용한 서비스, 그리고 지불 부담 최소화와 관련된 저렴한 서비스 등 네 가지를 제시하고 있다. 앞의 두 유형은 과거부터 제시되어온 수용자 복지 관련 내용이고, 저렴한 서비스는 새로운 유료방송 환경에서의 수용자 복지와 관련된 내용으로 볼 수 있다. 한편 정애리(2007)는 융합 시대의 수용자 복지 개념은 소외 계층을 포용하는 것이 중요하다고 주장했다.

이상과 같은 논의를 종합하면 시청자 권익은 시청자의 참여성과 소비자로서의 이익, 그리고 리터러시 증진 등의 요소로 규정됨을 알 수 있다. 특히 시청자의 이익은 프로그램의 질 및 다양성에서부터 보편적인 접근에 이르기까지 규정하기에 따라 포괄적이기는 하지만 최근의 유료방송 환경에서는 소비자 측면의 권리들, 이를테면 정보 공개 및 정보 보호, 저렴한 가격 등의 요인이 새롭게 부각되는 시청자 이익에 해당된다고 볼 수 있다.

3 ¦ 시청자 권익 구현정책

그동안 유럽식의 공공방송 모델형 방송제도를 근간으로 해왔던 우리나라에서는 시청자의 권익을 보장하는 제도적 장치가 비교적 잘 마련되어 있는 편이다. 앞에서 살펴본 바와 같이 시청자 권익의 개념을 시청자의 참여성, 시청자의 이익, 미디어 리터러시 증진 등의 하위 개념으로 규정할 때 이와 관련된 시청자 권익 구현정책은 시청자 참여성 보장정책, 시청자 이익 보호정책, 그리고 수용자의 미디어 해독력을 증진하기 위한 시청자 리터러시 증진정책 등으로 구분할 수 있다.

표 9-2 __ 시청자 권익 이념의 구성 개념 및 구현정책

정책 이념 (개념적 차원)	구성 개념 (조작적 차원)	구현정책 (실천적 차원)
시청자 권익	참여성	· 의견 제시권 / 시청자위원회 · 시청자 평가 및 참여 프로그램 · 정보 공개 제도
	시청자 이익 (이용 요금 / 정보 보호)	· 시청자권익위원회 · 이용 요금 승인제 · 정보 보호 제도
	미디어 리터러시 증진	· 시청자 미디어 센터

1) 시청자 참여 보장정책

먼저 시청자 참여성이란 방송 운영이나 프로그램 제작 과정에서 제작 주체의 일원으로서 시청자의 의견이 얼마나 반영될 수 있는가의 정도를 말한다. 방송의 채널 수가 점차 많아지고는 있지만 산업적 논리에 의해 방송사가 점차 몇몇 소수에 의해 소유되고 통제됨에 따라 미디어의 의견 역시 소수에 의해 지배될 가능성이 점차 높아지고 있다. 이러한 상황에서 공공 의견의 미디어 참여를 보장해주는 정책의 역할이 그만큼 중요해졌다. 우리 방송제도에서 시청자의 참여를 보장하기 위한 정책들은 다음과 같다.

(1) 시청자 의견 제시권

시청자가 방송 운영에 참여할 수 있는 첫 번째 제도적 장치로는 방송사의 허가 및 재허가 시에 시청자의 의견을 제시하는 방법이다. 우리나라 방송법에서는 방송사업자의 허가 및 승인과 관련한 심사 과정에서 반드시 시청자의 의견을 공개적으로 청취하고 그 의견의 반영 여부를 공표하도록 하고 있다(제10조). 과거에는 청문회 등에서 시청자 대표로부터 허가와 관련한 의견을 형식적 절차에 의해 구하도록 했지만, 현재는 일반 시청자가 허가와 관련한 의견을 직접 제시할 수 있는 기회를 부여하고 있다. 시청자가 제시할 수 있는 의견의 내용은 허가, 승인, 재허가, 재승인과 관련된 모든 사항이 해당된다. 의견 제시 방법은 인허가 사항이 발생하게 되면 방통위 및 미래부 장관이 인터넷과 정부 관보에 이를 게재하고 시청자의 의견을 수렴하게 된다. 시청자의 의견에 관한 처리 결과 역시 동일한 절차를 거쳐 공표하게 된다.

방송사 허가 및 재허가와 관련하여 시청자의 의견을 수렴하는 이와 같은 제도는 대체로 세계 모든 국가에서 그 당위성이 인정되고 있다. 예를 들어 미국에서도 1966년 연방항소법원이 방송사 허가 갱신 절차에 시민들의 참여를 보장하지 않은 제도를 변경하라는 명령을 FCC에 내린 바 있고(United Church of Christ v. FCC), 국내에서도 과거 방송위원회의 인허가에 관한 판결에서 시청자 의견이 복합적으로 접근할 수 있는 기회가 제공되지 않았다는 이유로 방송위원회가 패소 판결을 당한 바 있다(김정태, 2007).

(2) 시청자위원회

시청자의 의견을 수렴하기 위한 또 다른 제도적 장치로는 시청자위원회를 들 수 있다. 현 방송법에서는 종합편성 방송사 및 보도전문 방송사가 의무적으로 시청자위원회를 설치하도록 규정하고 있다. 따라서 종합편성을 행하는 국내 모든 지상파 방송사 및 네 개의 종편 채널, 그리고 YTN과 같은 보도전문 채널들은 현재 시청자위원회를 설치·운영하고 있다.

시청자위원회는 위원장 1인을 포함하여 총 10인 이상, 15인 이내로 구성되고, 정기 회의는 매월 1회 이상 개최하도록 하고 있다. 시청자위원회의 위원은 각계의 시청자를 대표하는 단체의 추천을 받아 해당 방송사업자가 위촉한다. 추천 단체는 시청자의 대표성을 반영하도록 규정되어 있는데, 여기에 해당되는 대표적인 단체로는 학부모 단체, 소비자 보호 단체, 여성 단체, 청소년 관련 단체, 언론 관련 시민·학술 단체 등이다.

각 방송사의 시청자위원회는 해당 방송사의 편성에 관한 의견을 제시할 수 있고, 시정을 요구할 수도 있다. 또한 시청자 평가원을 선임할 수도 있으며, 기타 시청자의 권익 보호와 침해 구제에 관한 업무를 수행한다. 방송사는 시청자위원회에서 제시한 의견이나 시정 요구에 대해 특별한 이유가 없는 한 수용하도록 하고 있다 (제90조 1항). 또한 시청자위원회가 법적 직무 수행을 위해 필요한 자료 제출을 요구하거나 관계자의 출석을 요청하면 방송사는 역시 특별한 사유가 없는 한 이에 응해야 한다(제90조 3항). 해당 방송사는 시청자위원회의 심의 결과에 대해 조치가 필요한 경우에는 그 처리에 관한 계획과 처리 결과를 회의 종료 후 1개월 이내에 시청자위원회에 보고해야 한다. 또한 방송사는 월별 시청자위원회의 운영 실적을 방통위에 보고하도록 하여 형식적으로 운영되지 않도록 감독하고 있다.

이처럼 시청자위원회는 법에 의해 설치된 시청자를 대표하는 명실상부한 법정 기구일 뿐만 아니라 시정 요구에 대해 특별한 이유가 없는 한 방송사가 이를 수용해야 하기 때문에 시청자의 참여권을 실현할 수 있는 중요한 제도적 장치로 간주된다. 하지만 이러한 정책적 의미에도 불구하고 실효성은 의문시되고 있다. 무엇보다도 시청자위원회에서 제시한 시정 요구가 어느 정도 효력을 갖는지 명확한 규정이 없다. 일례로 시청자위원회에서 편성 자료를 요구했으나 방송사가 이를 거부한 사례가 발생하기도 했는데, 이처럼 시청자가 요구한 시정조치를 방송사가 거부했을 때 법적 구속력이 있느냐 하는 문제가 아직까지 명확하게 규정되어 있지 않다. 따라서 방송사가 제도 시행을 지연하거나 소극적 행위로 일관해도 이를 제재할 방법이 없는 것이다. 또한 시청자위원회의 위원을 방송사가 위촉하도록 되어 있기 때문에 비판적 의견을 제시하는 인사가 배제될 가능성도 상존한다. 그리하여 시청자 위원을 방송사와 독립된 기구에서 임명해야 한다는 지적도 제기되었다. 이러한 이유로 시청자위원회는 그 의의에도 불구하고 여전히 형식적 자문 기구에 머무르고 있는 게 현실이다.

(3) 시청자 평가 프로그램

시청자 평가 프로그램은 말 그대로 시청자가 스스로 방송사의 프로그램을 평가하는 것으로 방송 분야의 옴부즈맨 제도라고 할 수 있다. 1991년 캐나다의 CBC에서 최초로 이러한 제도를 채택한 것으로 알려지고 있으며, 우리나라에서는 1993년 TV 끄기 운동을 계기로 지상파 방송사들이 자율적으로 편성해오다가 2000년 방송법에서 의무적 편성이 제도화되었다. 그 내용을 살펴보면, 종합편성 및 보도전문 채널들은 프로그램 등 방송 운영 전반에 관한 시청자의 의견을 수렴하여 주당 60분 이상 시청자 평가 프로그램을 편성하도록 하고 있다(제89조). 또한 시청자 평가 프로그램 운용 과정에서 이 프로그램에 직접 출연하여 해당 방송사 프로그램과 관련된 의견을 진술하는 '시청자 평가원'이라는 독특한 제도도 마련되었다(제89조 2항). 시청자 평가원은 해당 방송사의 시청자위원회에서 선임하며, 방송사가 요청하면 방통위는 시청자 평가원의 업무 수행을 위해 방송통신발전기금으로 경비를 지원할 수 있도록 하고 있다(방송법 제89조 3항). 단, 시청자 평가원 제도는 시청자 평가 프로그램을 편성하는 방송사가 운영할 수는 있으나 강제적인 의무사항은 아니다.

시청자 평가 프로그램 의무편성 제도 역시 시청자의 의견 제시를 통해 방송 프로그램을 질적으로 개선하려는 취지를 바탕으로 한다. 하지만 이 제도 역시 운영 과정에서 비판적 수용 태도보다는 자사 홍보나 피상적 평가, 시사 보도보다는 예능이나 오락 위주의 비평, 피드백이나 후속 조치의 부족, 사각 시간대 편성 등의 문제점들이 지적되고 있다(정수영·황하성, 2010). 이러한 문제점을 개선하기 위해서는 상대적 거리 두기, 즉 제작진이 사내로부터 독립해 제작하게 하여 자기비판에 따른 제약에서 벗어나도록 할 필요가 있다. 더불어 시청자위원회 및 시청자 평가원, 그리고 시청자 평가 프로그램 제작진이 모두 참여하는 조직적 협업체계를 구축할 필요도 있다. 여기에서 평가 프로그램의 방송 내용을 협의하여 선정한다면 비판의 건전성을 확보함으로써 제도 본래의 취지를 실현할 수 있을 것이다.

(4) 시청자 참여 프로그램

사회적 소수자와 약자에게 방송 접근권을 제공한다는 의미에서 도입된 시청자 참여 프로그램은 1960년대 중반 캐나다에서 시작되었고 미국과 유럽 등에서 퍼블릭 액세스public access라는 이름으로 확산되었다. 우리나라에서는 2000년 통합 방송법에서 KBS로 하여금 시청자 참여 프로그램을 월 100분 이상 의무적으로 편성하도록 했고(제69조), 이 프로그램 제작에 대한 방송발전기금 지원 규정을 명시했다. 이 법에 의거해, 지난 2001년 5월 5일 국내에서는 처음으로 한국여성단체연합이 제작한 〈호주제 폐지, 평등가족으로 가는 길〉이라는 시청자 참여 프로그램이 방영되었고, 현재까지 매주 〈열린 채널〉이라는 이름으로 편성되고 있다.

KBS는 시청자 참여 프로그램에 대한 운영을 효율적으로 하기 위해 KBS 시청자위원회 산하에 '시청자 참여 프로그램 운영협의회'를 구성하여 신청 접수 및 선정 심사, 편성 신청, 제작 지원금 심사 등 필요한 사항에 관한 직무를 담당하고 있다. 단, 운영협의회가 방송을 신청한 프로그램에 대한 최종 편성 결정권은 KBS에 있다. 그런데 이 편성 결정권에 특정 프로그램에 대한 편성을 거부할 권리가 포함되는지, 또 직접 제작 프로그램의 내용에 대한 책임 소재가 어디에 있는지와 같은 논란이 제기되었다. 이와 관련하여 일부에서는 KBS의 의무적 '편성' 조항을 '송출' 의무 조항으로 바꾸어 KBS의 법적 책임 부분을 더 명확히 할 필요가 있다고 주장했다(신홍균 외, 2009).

(5) 정보 공개 제도

정보 공개 제도는 방송 경영에 관한 사항을 시청자에게 공개함으로써 방송사 경영의 투명성을 유도하고 시청자의 방송 접근을 허용한다는 점에서 시청자의 참여권을 보장하는 장치로 볼 수 있다. 정보 공개의 의무가 있는 방송사는 지상파 방송사와 종합편성 채널, 보도전문 채널 등이다. 그리고 정보 공개에 해당되는 방송사 관련 정보로는 통상적으로 편성, 재정, 운영 등 전반적인 사항이 모두 포함되는 것으로 해석된다(김정태, 2007). 단, '공 공기관의 정보공개에 관한 법률'의 적용을 받는 내용일 경우에는 공개하지 않을 수도 있다.

시청자는 방송사의 정보 공개를 원할 경우, 청구인의 성명, 주소 등 기본 적 인적 사항과 공개를 원하는 정보의 내용 및 사용 목적 등을 기재하여 정 보 공개 신청서를 작성해 이를 해당 방송사에 제출해야 한다. 해당 방송사 는 신청을 받은 후 15일 이내에 공개 여부를 결정하고, 그 결과를 신청인에 게 통보해야 한다. 만약 방송사가 공개를 거부하면 청구인은 통보를 받은 날로부터 15일 이내에 방송통신위원회에 정보 공개 조정을 신청할 수 있다. 방통위는 조정 신청을 접수한 날부터 30일 이내에 양 당사자의 의견을 들어 정보 공개 여부를 결정하게 되는데, 여기에서 정보 공개가 결정되면 해당 방송사는 정보를 공개해야 한다.

정보 공개 제도는 방송 프로그램에 대한 내용뿐 아니라 방송 경영에 관 한 사항에도 시청자의 접근권을 확대했다는 점에서 그 의의가 적지 않다. 하지만 자칫 정보 공개의 요구 내용이 지나치게 광범위할 경우 방송 경영에 악용될 소지가 있는 만큼 정보 공개의 범위가 더욱 구체화될 필요가 있다. 더불어 타율적인 공개보다는 방송사 스스로에 의한 공개 방식으로 정착되 는 것이 바람직할 것이다. 예를 들어 현재 KBS가 매년 KBS 경영평가 결과 보고서를 공개하는 것이나, 미국에서 시행되는 공중 감시 파일public inspection file 제도 등도 참고할 필요가 있다(5장 참조). 현재 미국에서는 모든 방송사로 하여금 공중 감시 파일의 비치를 의무화하고 있는데, 이 제도는 방송규제에 대해 방송사가 얼마나 성실하게 의무를 다하고 있는가, 또 공중이 방송사에 제기한 민원을 어떻게 처리했는가와 같은 책임에 대한 정보를 일반인이 쉽게 열람하도록 하고 있다. FCC가 가끔 방송사를 점검할 때 우선적으로 체크하는 것 중 하나가 공중 감시 파일이 제자리에 비치되어 있는지를 확인하는 것이다. 공중 감시 파일 비치를 위반할 경우 FCC로부터 3000달러의 벌금을 부여받는다. 공중 감시 파일은 각 방송사의 메인 스튜디오에 비치되어야 하며 일반이 원할 경우 언제든지 열람할 수 있도록 하고 있다. 따라서 우리나라의 정보 공개 제도도 시청자가 청구할 경우 방송사가 수동적으로 정보를 공개하는 방식보다는 방송사에 대한 기본적 정보에 대해서는 의무적으로 공개하도록 하여 시청자의 정보 접근성을 높일 필요가 있다.

2) 시청자 이익 보호 제도

(1) 시청자권익보호위원회

유료방송 서비스가 활성화되면서 경제적 지불 행위에 대한 정당한 대가, 즉 소비자로서의 권리를 보장하기 위한 제도적 장치도 마련되었다. 대표적으로 방통위 산하에 설치된 시청자권익보호위원회를 들 수 있다. 이 위원회의 역할에 대해 방송법 제35조에서는 방송에 관한 시청자의 의견을 수렴하고 시청자 불만 처리 및 청원 사항에 관한 심의를 효율적으로 수행하기 위한 기구로 규정하고 있다. 여기서 시청자 불만 사항이 무엇인지에 대한 구체적인 예를 살펴보면, "방송 프로그램·방송광고 및 편성에 관한 사항"(단, 방송 프로그램 내용 심의에 관한 사항은 방송통신심의위원회의 직무이기 때문에 제외됨), "방송사업자의 서비스에 관한 사항", "수신료 및 유료방송의 요금 등 이용약관에 관한 사항", "방송기술 및 난시청에 관한 사항", "기타 시청자의 권익 보호와 관련된 사항"('시청자권익보호위원회 구성 및 운영 등에 관한 규칙, 시청자 불만처리 등에 관한 규칙' 제3조) 등이다. 시청자가 위원회에 불만처리를 신청하려고 할 때에는 전화, 팩스, 전자우편, 서면 등 적절한 방법으로 불만의 요지 및 신청인의 의견 및 요구 사항을 명시해야 하고 위원회는 불만을 접수한 날로부터 30일 이내에 처리하도록 하고 있다.

방통위 출범 이후 방송 프로그램에 대한 내용 심의 업무가 방송통신심의위원회로 이관됨에 따라 시청자권익보호위원회는 현재 유료방송 서비스의 이용과 관련된 요금 및 이용약관, 난시청 등의 시청자 이익을 보호하는 업무를 주로 담당하고 있다. 하지만 실제 시청자권익보호위원회에 제기된 불만의 대부분은 여전히 방송 프로그램과 관련된 내용이어서 방통심의위원회와 기능 측면에서 중복성이 문제시되고 있다. 또한 심의 결과에 따른 조치 역시 "시정명령의 건의", "제재조치 또는 과징금 부과의 건의", "약관 변경 명령의 건의" 등 직접적인 제재권보다는 건의할 수 있는 권한만 부여되어 있어 실효성도 의문시되고 있다. 그럼에도 방송 내용 이외 분야의 시청자 권익을 보호하는 제도적 장치라는 점에서 그 의의가 있다.

(2) 요금 승인 제도

유료방송 이용자로서의 이익과 관련된 가장 대표적인 사항은 역시 요금 문제일 것이다. 이용자의 요금을 보호하기 위한 제도적 장치로는 요금 승인 제도를 들 수 있다. 현 방송법에서는 유료방송 사업자에게 이용 요금 및 기타 조건에 관한 약관을 반드시 정하여 이를 신고하도록 하고 있으며, 특히 이용 요금에 대해서는 미래창조과학부장관의 승인을 얻어야 한다(제77조). 또한 신고한 약관이나 승인을 얻은 이용 요금을 변경하고자 하는 경우에도 마찬가지의 절차를 거치도록 하고 있다. 이는 유료방송 서비스에 대한 소비자의 이익을 보장하고 지나친 요금 인상으로 시청자의 유료방송 접근권을 훼손당하지 않기 위한 법적 조치로 해석할 수 있다. 만약 이용약관을 위반하여 방송 서비스를 제공하거나 이용 요금을 청구하는 경우도 시청자의 이익을 저해하는 방송법상 금지 행위로 규정하고 있다(제85조의 2).

(3) 정보 보호 제도

한편 방송 서비스 제공 과정에서 알게 된 시청자의 정보를 부당하게 유용하는 행위 역시 시청자의 이익을 저해하는 행위로 간주하여 규제하고 있다. 즉, 방송법에서는 "방송 서비스의 제공 과정에서 알게 된 시청자의 정보를 부당하게 유용하는 행위"를 방송사업자의 금지 행위로 규정하여 시청자 이익 중 하나로 보호하고 있다(제85조의 2). 방송사업자가 개인 정보를 부당하게 유용했을 경우, 방통위는 해당 사업자에게 그러한 행위의 중지 명령이나 과징금을 부과할 수 있다.

3) 미디어 리터러시 증진 제도

미디어 리터러시media literacy란 다양한 형태의 미디어 메시지에 접근access, 이해understand, 분석analyze, 평가evaluate, 그리고 창조create할 수 있는 전반적인 능력을 의미한다. 타이너(Tyner, 2003)는 미디어 리터러시를 이해하는 능력과 이해받는 능력 모두를 고양시키는 것으로 정의하고 있다. 다시 말해 자신이 원하는 정보와 필요한 정보가 무엇인지 알고 접근하는 일, 그리고 이용의 결과 정보를 의미 있게 활용하는 일 등이 미디어 리터러시에 해당한다. 미디어 리터러시는 디지털 미디어 사회에서 바람직한 시민으로 형성시키기 위해 필수 불가결한 요소로 간주되어 각국에서는 이를 증진하기 위한 미디어 교육과 제도적 장치를 마련하고 있다. 예를 들어 EU에서는 미디어 리터러시 증진을 위해 정책, 기술적 혁신, 창의성, 활발한 시민의식, 교육 등 5개 영역을 설정하여 시행하고 있다.

우리나라에서도 시청자의 리터러시 증진을 위해 시청자 미디어 센터를 설립하여 운영하고 있다. 시청자 제작 프로그램을 제도화했지만 실제로 시청자들이 프로그램을 제작할 수 있는 방송 제작 및 교육 시설이 낙후되어 시청자 참여 프로그램의 제작 기반 조성과 미디어 교육 지원을 위한 기반 시설이 필요했기 때문이다. 그리하여 방송법에서는 "시청자의 방송 참여와 권익 증진 등을 위하여 시청자 미디어 센터를 설립한다"는 설립 근거를 명시하고(제90조의 2), 지난 2005년 처음으로 시청자 미디어 센터를 설립했다. 2005년 11월, 부산에 시청자 미디어 센터가 처음 개관된 것을 시작으로 이후 광주, 춘천, 대전, 인천 센터가 추가적으로 개관되었고, 최근에는 서울(2015)과 울산(2016)에도 개관되었다. 또한 2015년에는 지역별로 분산되어 있던 조직을 체계적으로 운영하기 위해 재단법인인 시청자 미디어 재단 Community Media Foundation: CMF을 설립하여 전국의 시청자 미디어 센터를 통합적으로 운영·관리하고 있다. 시청자 미디어 센터의 주요 업무는 미디어에 관한 교육·체험 및 홍보, 시청자 제작 방송 프로그램 지원, 그리고 방송 제작 설비의 이용 지원 등이다. 한마디로 시청자 미디어 센터는 시청자가 미디어를 올바르게 이해하고 방송 콘텐츠를 직접 제작할 수 있도록 미디어 교육을 지원하는 역할을 통해 시청자의 미디어 리터러시를 증진하는 것을 궁극적인 목적으로 하고 있다.

10장

방송정책과 이념의 과제

1 ㅣ 방송정책 이념의 내용

한국 방송정책의 내용과 방향은 그동안 방송 환경의 변화에 조응하여 많은 변화를 겪어왔다. 특히 1980년대 들어 디지털 기술의 등장과 신자유주의적 사고에 영향을 받아 전통적으로 공공성을 강조하던 방송정책의 기조가 규제 완화 및 산업성에 의미를 두는 방향으로 전환되었다. 이러한 변화 속에서도 나름대로 방송정책이 지향하는 몇 가지 가치, 즉 방송 이념이 내재되어 있음을 부인할 수는 없을 것이다. 혹자에 따라 그러한 가치 이념을 추출하는 기준과 방법은 다소 다를 수 있으나 현 우리나라 방송정책의 근간이라 할 수 있는 '방송법'을 바탕으로 도출한 이 책의 주요 이념의 내용과는 별반 차이가 없을 것으로 판단된다.

앞에서 논의되었듯이 이 책에서는 국내 방송정책의 주요 이념으로 독립성, 공공성, 다양성, 지역성, 보편적 서비스, 경쟁, 산업 발전, 시청자 권익 등 모두 여덟 가지를 거론했다.

표 10-1 __ 국내 방송정책의 주요 이념

패러다임	이념	구성 개념	구현정책
공공성 패러다임	독립성	공정성	· 형평성의 원칙 · 동등기회의 원칙
		편성의 자유	· 편성규약 제도 · 편성위원회
		독립적 거버넌스	· 규제기관 및 공영방송 거버넌스의 독립성
	공공성	민주적 여론 형성	· 최소 비용 부담 원칙 · 정치 파일 비치 · 공공 채널
		윤리성	· 생방송 공지 규칙 · 거짓 방송 금지 · 뇌물 및 간접광고 금지
		음란·폭력물 금지	· 내용규제
		아동·청소년 보호	· 안전 도피 시간대 · 방송 프로그램 등급제 · 청소년 보호 시간대
	다양성	공급의 다양성	· 소유규제 · 외주정책 · 평등고용원칙(EEO)
		내용의 다양성	· 편성 쿼터제
		이용의 다양성	· 시청 점유율 규제 · 다양성 지수 및 다양성 위원회
	지역성	공간적 지역성	· 메인 스튜디오 정책 · 소출력 라디오
		상호작용적 지역성	· 확증정책 · 지역 현안 목록 비치 제도
		프로그램적 지역성	· 주 시청 시간대 접근 규칙 · 지역 프로그램 쿼터 정책 · 지역 채널(케이블) · 역외 재송신 금지
	보편적 서비스	망에 대한 접근권	· 난시청 해소(지상파) · 이용 요금(유료방송) · 장애인 접근권
		콘텐츠에 대한 접근권	· 재난방송 · 보편적 시청권 · 지상파 의무 재송신

패러다임	이념	구성 개념	구현정책
산업성 패러다임	경쟁	규제 완화	· 진입 및 소유규제 완화
		후발 사업자 보호	· 비대칭 규제
		공정경쟁	· 시장 점유율 규제 · 콘텐츠 동등 접근권(프로그램 액세스 룰) · 불공정 행위 금지
	산업 발전	국제 경쟁력	· 소유규제 완화(개방화)
		효율성	· 소유규제 완화(M&A)
		기술 발전(혁신)	· 방송발전 지원정책(펀드 조성)
		고용 창출	· 외주정책
공통	시청자 권익	참여성	· 의견 제시권 / 시청자위원회 · 시청자 평가 및 참여 프로그램 · 의무편성 / 정보 공개 제도
		시청자 이익	· 시청자권익위원회 · 이용 요금 및 정보 보호 제도
		리터러시 증진	· 시청자 미디어 센터

먼저 독립성 이념은 정치적 국가권력과 상업 자본으로부터 영향을 받지 않고 방송편성의 자유를 향유하는 환경을 조성하여 편파·왜곡 보도에 대립하는 공정성을 추구하는 가치 지향을 의미한다. 이를 담보하기 위해서는 공영방송사의 경우 독립적인 거버넌스를 구축할 수 있는 이사 선임 구조가 전제되어야 하고, 편성규약 및 편성위원회와 같은 보완적인 제도적 장치 등이 요구되고 있다. 하지만 제도적 장치는 방송의 자유와 독립성을 위한 필요조건이지 충분조건은 아니다. 영국 BBC가 그 나름대로 방송의 독립성을 향유하는 것으로 평가받는 것은 거버넌스 제도가 잘 구축되어 있어서가 아니다. 그것은 바로 방송의 자유라는 숭엄한 가치에 대한 전체 사회 구성원의 성숙한 의식이 뒷받침되었기 때문이다.

공공성 이념은 과거 아날로그 시대 방송정책의 핵심이었다고 해도 과언이 아닐 것이다. 즉, 공공의 자원인 전파를 이용하는 지상파 방송사들은 이에 대한 반대급부 차원에서 공공적 의무를 통해 이에 대한 대가를 지불하도록 요구되어왔다. 또한 여타 매체와 비할 수 없을 정도로 막강한 영향력을 지니는 방송의 매체적 특성도 공공성 이념의 기반이 되었다. 방송사에 요구되는 공공성의 주요 내용으로는 민주적 여론 형성에 기여할 것과 청소년을 보호하기 위한 노력 등이 특히 강조되었다. 그리하여 성적·폭력적 프로그램에 대한 내용규제는 공공성 이념을 실현하기 위한 핵심 사안으로 인식되었다. 방송사에 요구되는 엄격한 윤리성 역시 사회적 공기公器로서 방송의 공공성 차원에서 강조되었다. 1980년대 들어 방송의 산업적 가치가 강조되면서 각국에서는 탈규제정책이 대세를 이루었지만 방송 내용에 대한 공적 가치는 상대적으로 강조되고 있다. 미국에서도 '1996년 연방통신법'을 통해 소유규제 등이 완화되었음에도 텔레비전 등급제나 V칩의 의무 장착, 어린이 프로그램 3시간 의무화 등 어린이·청소년 보호를 위한 내용규제는 오히려 강화되었다. 방송의 사회적 영향력이 사라지지 않는 한 방송에 대한 공공성의 요구는 지속될 것이다.

다양성과 지역성 이념은 초기부터 모든 나라의 방송정책에서 중요한 이념으로 자리매김해왔다. 더 많은 의견과 아이디어가 교환되는 사상의 자유 시장이 전제되어야 진정한 민주주의를 이룰 수 있다는 사상적 토대를 바탕으로 하는 다양성 이념은 공급자 측면에서의 소유규제에 대한 정당성을 제공해왔다. 더불어 프로그램 생산 과정에서 다양성을 확보하기 위해 편성 쿼터제 등이 용인되어왔고, 마지막 이용 단계에서의 실질적인 다양성을 확보하기 위해 방송 이외의 여타 매체 이용 정도를 합산하는 이른바 통합 점유율 지수 등이 개발되고 있다. 미디어 다양성에 대한 사회적 가치가 여전히 중요하게 인식되는 반면, 지역성은 최근 탈공간적 미디어 환경으로 인해 상대적으로 이론 및 실천적 차원에서 그 중요성이 점차 퇴색되고 있다. 방송 구역의 구분을 통해 지역성의 가치 구현이 가능했던 아날로그 시대와 달리 인터넷 및 소셜 미디어 보급 등은 배타적인 지역의 구분을 무색하게 만들어 지역성의 존립 기반을 약화시키고 있다. 이러한 상황에서 지역성 구현이 실질적으로 가능할 것인가 하는 회의적인 분위기도 팽배해지고 있다. 공간적 지역성이 아닌 사회적 지역성의 개념으로 지역성이 변화되어야 한다는 논리가 제기되는 것도 이러한 이유 때문이다(강명현·홍석민, 2005). 이처럼 지역 콘텐츠에 대한 수용 단계에서의 탈지역성 현상은 불가피할지 모른다. 하지만 생산 단계에서 지역적 시각과 이해가 반영된 지역 프로그램을 제작하는 것은 해당 지역의 고유한 문화적 가치와 전통을 유지하고 전체 사회의 균형 있는 발전을 위해 쉽사리 포기할 수 없는 소중한 가치임에 분명하다. 메인 스튜디오 정책 및 지역 프로그램 편성 쿼터제 등과 같은 지역성을 담보하기 위한 정책은 그런 의미에서 여전히 존중되어야 한다.

다양성과 지역성 이념에 비해 보편적 서비스 이념은 방송 영역에서 비교적 최근에 강조되고 있는 이념이다. 통신 영역에서 출발한 보편적 서비스에 대한 개념은 최근 들어 방송·통신 융합 현상으로 양 서비스가 중첩됨에 따라 방송 영역에 대한 확대·적용이 불가피하게 되었다. 방송에서의 보편적 서비스는 전통적인 망에 대한 보편적 접근권과 함께 특히 보편적인 성격을 지니는 콘텐츠, 즉 재난방송이나 인기 스포츠, 그리고 일부 지상파 채널에 대한 보편적 접근을 제도적으로 보장하는 정책을 통해 구현될 수 있다. 다만 보편적 콘텐츠에 대한 성격 규정은 그러한 콘텐츠가 필수 서비스에 해당되는지에 대한 사회적 합의가 전제되어야 할 것이다.

경쟁과 산업 발전은 방송의 산업적 성격이 부각되면서 새롭게 강조되는 이념들이다. 이념적으로는 신자유주의적 사고를 바탕으로 세계적인 개방화에 대한 요구가 거세지고 기술적으로는 디지털 유료 환경이 조성됨에 따라 방송에서의 국제적 경쟁력이 요구되면서 각국에서는 방송산업의 국가 경쟁력을 높이는 차원에서 사업자 간 경쟁을 유도하고 산업 발전정책을 추구하고 있다. 이를 실현하기 위한 대체적인 방향으로는 미디어 기업의 효율성 추구를 위해 소유규제를 완화하거나 국제 미디어 시장에서의 개방화 등을 들 수 있다. 우리나라도 이러한 이념에 바탕을 두고 2000년대 들어 국제적 흐름에 편승하여 지속적으로 소유규제를 완화하기 시작했다. 또 개방화 차원에서 한미·한중 FTA를 체결하여 외국자본의 국내 방송시장 진출을 허용했다. 하지만 규제 완화는 자칫 시장 지배력이 큰 일부 기업의 독과점적 폐해가 수반될 수 있다. 그리하여 사업자 간 경쟁은 후발 사업자에 대한 보호와 공정경쟁의 틀 안에서만 인정될 필요가 있다. 규제 완화를 하되 강자에 의한 독식 현상이 나타나지 않도록 일정 부분 시장 점유율 규제가 필요하고 콘텐츠 동등 접근권 및 불공정 행위에 대한 규제 등과 같은 공정경쟁 환경의 조성이 뒷받침되어야 하는 이유가 여기에 있다.

마지막으로 시청자 권익 이념은 우리나라에서 독특하게 명시적으로 강조되는 방송정책 이념이다. 이 이념은 그동안 공익이라는 포괄적인 개념의 틀 안에서 함축적으로 논의되어오다가 2000년 방송법을 통해 독립적이고 명시적인 이념으로 제시되었다. 시청자 권익 개념은 전통적으로 강조되어 왔던 시청자의 참여성뿐만 아니라 최근에는 유료 서비스 이용자로서의 이익을 보장하는 방향으로 확대·적용되고 있다. 더불어 시청자의 권익 증진을 위해 이용자에 대한 리터러시를 함양시킬 수 있는 기본적인 토양이 뒷받침되어야 함은 물론이다.

2 | 방송정책의 과제

1) 이념과 정책의 체계성 확립

앞에서 열거한 우리나라 방송정책의 주요 이념들은 사실 하위 법률적 조항을 통해 구체적인 정책으로 실행된다. 〈표 10-2〉에서 보는 바와 같이 모든 이념들은 방송법의 세부 조항을 통해 이념의 목표가 구현되고 있다.

그럼에도 법체계상 이러한 주요 이념들이 방송정책의 기본적인 좌표로 설정되지 않음으로써 세부 정책과 기본 이념 간에 체계적인 연관성이 부족한 것은 문제점으로 지적할 만하다. 예를 들어 현 방송법 제1조는 법 제정의 목적을 밝히고 있는 조항으로, 이는 우리나라 방송정책에서 지향하는 선언적 가치를 함축하는 것으로 볼 수 있다. 따라서 이 조항에서는 방송정책의 주요 이념들이 선언적으로 언급되어야 함에도 불구하고 방송편성의 자유와 독립, 공적 책임(공공성), 시청자의 권익 보호, 민주적 여론 형성(공공성), 방송 발전 등의 이념만 언급되어 있을 뿐 다양성, 지역성, 보편적 서비스, 경쟁 이념은 이 조항의 내용에서 언급되지 않고 있다. 더불어 제1장 총칙에서도 시청자 권익(3조), 자유와 독립성(4조), 공적 책임(5조) 이념에 관한 사항은 총칙에서 독립된 장으로 별도로 규정하고 있는 데 반해 다양성, 지역성, 보편적 서비스, 경쟁, 발전에 대한 이념은 총칙 부분에서 언급되지 않고 있다. 또한 일부 이념들은 별도의 장으로 분리하여 관련 정책들을 제시하고 있는데, 이를테면 시청자 권익 이념은 제6장에서, 방송발전 이념은 제7장에서 별도로 규정하고 있다. 이처럼 각 이념 간의 위계를 분석해보면 특히 지역성과 다양성, 보편적 서비스, 그리고 경쟁에 대한 정책 이념은 독립적으로 분화되어 있지 않음을 알 수 있다. 다양성과 지역성 이념은 오랫

표 10-2 __ 주요 정책 이념의 법 체계성

주요 이념	1조 언급 유무	총칙 명시 여부	관련 세부 정책의 내용
시청자 권익	O	3조	· 시청자권익보호위원회(35조) · 자체 심의(86조) · 시청자위원회(87조) · 시청자 평가 프로그램(89조) · 정보 공개(90조) · 시청자 미디어 센터(90조의 2)
독립성	O	4조	· 편성 책임자 제도(4조) · 편성규약 제정(4조) · 공영방송 이사의 결격 사유(47조)
공공성 (공적 책임)	O	5조	· 민주적 여론 형성(5조) · 부도덕한 행위 및 사행심 금지(5조) · 아동, 청소년 보호(5조) · 방송심의(32조) · 등급제(33조) · KBS의 공적 책임(44조)
다양성	X	없음	· 소유 제한(8조) · 미디어 다양성 위원회(35조의 4)
지역성	X	없음	· 지역사업권(12조)
보편적 서비스	X	없음	· 보편적 시청권(76조) · 보편적 시청권 보장위원회(76조의 2)
경쟁	X	없음	· 소유 제한(8조) · 경쟁상황평가위원회(35조의 5) · 분쟁조정위원회(35조의 3) · 프로그램 공급(76조) · 금지 행위(85조의 2)
산업 발전	X	없음	· 방송발전 지원(92조) · 애니메이션 세제 지원(92조의 2)

동안 중요한 정책 이념으로 자리매김되어왔음에도 실제적인 법체계에서는 독립적인 이념으로 제시되지 않고 제6조의 5항과 6항에서 종속된 개념으로 제시되어 있을 뿐이다. 보편적 서비스 이념과 경쟁 이념 역시 총칙에서 제시되지 않은 채 정책 수단, 즉 적용적 단계만이 표출되어 있을 뿐이다(정인숙, 2004).

이처럼 현재 우리나라 방송정책에서는 기본 이념과 이를 구현하는 법 조항의 관계가 체계적으로 구성되어 있지 않다. 다시 말해 현행 우리나라 법체계에서는 주요 이념을 먼저 법의 목적인 총론 조항에서 우선적으로 명시하고 총칙의 장에서 각 세부 이념의 내용을 규정한 후, 개별 장이나 조항을 통해 세부 정책의 내용을 제시하는 등의 법적 체계성이 부족한 실정이다. 방송정책에서 기본 이념의 체계화가 중요한 것은 도출된 정책이나 현상 간에 상호 충돌이 일어날 경우 어떤 이념적 가치를 우선하여 정책을 집행할 것인가에 대한 판단이 어려워지고 순발력 있는 정책 대응이 이루어지지 못하는 구조적 원인으로 작용할 수 있기 때문이다(정인숙, 2004). 그간 한국 방송정책에서 소유규제 완화 논쟁이나 보편적 서비스를 둘러싼 지상파 재송신의 문제, 유료방송 사업자 간 공정경쟁 문제 등 방송정책의 혼선과 갈등이 야기된 데는 이렇게 우리나라 방송법 체계에서 이념적 가치의 우선순위가 명확하게 정립되지 않았기 때문이다. 따라서 향후 법체계의 정비를 통해 가치의 우선순위에 따른 기본 이념을 제시하고, 이와 연동되는 세부 정책 수단과의 일치를 통해 정책 추진의 일관성과 효율성을 담보해야 할 것이다. 더불어 이념의 내용은 공익성이나 시청자 복지와 같은 추상적이고 규범적인 거대 담론이라기보다는 다양성, 경쟁, 효율성, 기술혁신과 같이 단순한 하위 개념 위주로 재정비할 필요가 있다(정윤식, 2011).

2) 미래 지향적 규제체계

기본적으로 방송정책은 커뮤니케이션 기술의 발전에 따라 탄력적으로 변화하는 특징을 지니고 있다. 새로운 방송기술이 등장하면 이에 따라 새로운 산업적 생태계가 조성되고 새로운 방송 환경에 맞게 방송정책 역시 끊임

없이 변화하게 마련이다. 1980년대 들어 방송사업자 간 공정경쟁의 문제가 중요한 이슈로 부상하게 된 데는 케이블이나 위성의 등장으로 인한 다매체 다채널 방송 환경이 조성되었기 때문이다. 이와 마찬가지로 방송·통신 융합 기술로 대표되는 새로운 기술은 방송 환경을 급격하게 변화시키는 동시에 관련 방송정책의 변화를 요구하고 있다. 이를테면 방송 융합 서비스의 등장은 과거의 전송 방식에 따른 구분 대신 새로운 규제체계, 즉 수평규제 체계의 도입에 대한 필요성을 제기하고 있다. 수평적 규제란 망에 따라 지상파, 케이블, 위성, IPTV 등으로 구분해왔던 방송 역무의 칸막이를 없애고 가치 사슬에 따른 방식으로 경쟁체제를 도입하는 것을 의미한다. 현재 EU에서는 망에 따른 허가, 소유, 편성, 요금 규제 등의 차별화를 없애는 수평규제 체계 도입을 적극 검토하고 있다. 우리나라에서도 이미 이러한 수평규제 체계의 도입을 검토해야 하는 상황이 초래되었다. 예컨대 지난 2008년 융합 기술인 DCS Dish Convergence Solution를 이용해 KT 스카이라이프가 IPTV와 위성방송의 결합 상품인 OTS(올레 TV 스카이라이프)를 판매했으나 당시 방통위는 이 서비스가 송출 방식으로 역무를 구분하는 현행 방송법령 위반이라고 판단했다. DCS는 스카이라이프가 DISH를 통해 셋톱박스로 연결되어 제공되는 것이 아니라, IPTV 전화국에서 수신하여 IP 신호로 위성방송 서비스를 가구 내 세톱박스를 통해 제공하는 통신망과 위성망의 융합 전송 기술이다. 또 이러한 DCS 기술을 이용하여 제공되는 OTS는 위성방송 신호를 KT 지국에서 받아 이를 유선 인터넷망으로 가입자에게 전송하는 일종의 유·무선 결합 서비스인 것이다. 따라서 이러한 새로운 융합 서비스에 대해서는 현행 수직적 법체계로 규율하지 못하는 현상이 초래되는 것이다. 또한 최근 범용 인터넷 망을 이용한 동영상 서비스인 티빙 Tving, 푹 pooq과 같은 유사 OTT over-the-top 서비스도 등장하고 있다. 삼성, 애플, 구글 등의 애플리케이션이 탑재된 스마트 TV도 디바이스 자체가 플랫폼화되어 있는 융합 서비스로, 이러한 융합 서비스의 등장은 망에 의한 구분을 점차 어렵게 하는 상황이다.

하지만 현재 우리나라 방송에 대한 관련 법체계는 '방송법', '인터넷 멀티미디어 방송사업법'(일명 IPTV 법), '전기통신사업법' 등 전송 수단에 따른 차별적인 규제체계로 되어 있다. 이러한 수직적 규제체계는 동일한 성격의 서비스임에도 망이 다르다는 이유로 동일한 규제를 적용할 수 없는 문제점을 초래하고 있다. 즉, 현재 우리나라 방송정책의 규제체계는 방송·통신 융합 서비스를 효과적으로 대처하기 어렵게 되어 있다. 따라서 '방송법'과 'IPTV 법'과 같이 분리되어 있는 법체계의 일원화가 필요하며, '전기통신사업법' 내의 규율을 받고 있는 신규 유사 서비스도 미래 지향적 차원에서 새로운 형태의 통합법 제정을 통해 이를 수용해야 할 것이다.

이와 함께 방송 관련 규제기구도 정비할 필요가 있다. 예를 들어 과거에는 방송시장에서 발생하는 불공정경쟁 행위를 방송규제 기구가 아닌 일반 사업자를 규제하는 공정거래위원회에서 규제해왔다. 이후 방송시장의 특수성을 인정하여 일부 콘텐츠 유통 및 거래와 관련한 불공정 행위는 방송법의 적용을 받고 있으나 공정거래위원회도 여전히 규제 업무를 담당하고 있다(이상식, 2015). 따라서 현행 법체계하에서는 규제기관 간 업무 중복성과 이에 따른 이중 규제 문제가 발생하고 있다. 하지만 공정경쟁 규제에 대한 전문 정책기관(방통위)과 경쟁 행위 규제기구(공정거래위원회) 모두에게 경쟁정책에 대한 규제 권한을 부여하고 있음에도 별다른 조정 장치는 두고 있지 않은 상황이다(정윤식, 2011). 향후 공정경쟁 정책의 중요성이 커짐에 따라 규제기관 간(공정거래위원회와 방송통신위원회) 정책 대립은 더 커질 것으로 예상되기 때문에 규제기관 간 체계적 역할 정립이 요구되고 있다. 외국에서는 방송시장의 특수성을 감안하여 특별법이나 전문 규제기관에서 규율하는 추세이다. 예컨대 영국은 공정거래청OFT에서 관할하던 규제 행위를 오프컴이 대신하게 되었으며, 미국은 사업자 간 공정경쟁 분쟁이나 기업 결합과 관련된 부분은 연방공정거래위원회FTC에서 담당하되, 방송·통신시장 공정경쟁 규제는 FCC에서 맡고 있다. 일본 역시 방송산업에 대한 공정경쟁 규제는 일반 산업을 담당하는 공정거래위원회에서 관장하지 않고 방송·통신 규제 정부 기구인 총무성에서 관장하고 있다(김도연, 2003). 앞으로 새로운 융합 및 결합 서비스의 가세로 경쟁법의 전문성이 더욱 요구되는 상황에서 방송사업자 간 불공정거래 행위나 부당한 공동 행위 등은 전문 규제기관인 방송통신위원회를 중심으로 체계적으로 개편하는 것이 타당할 것이다. 방송시장에서의 공정경쟁 관련 규제를 전문기관 중심으로 할 때 재허가 및 시장 점유율 규제와 같은 사전규제와 유기적인 연관성을 고려한 규제가 가능해져 규제의 효율성도 높아질 것이기 때문이다.

참 고 문 헌

1장 방송 이념과 방송정책

곽정호. 2005. 「방송의 보편적 서비스 제도 도입방안 분석」. ≪정보통신정책≫, 17권 1호, 1~17쪽.

김영주. 2008. 「방송산업에서의 보편적 서비스 제도화에 관한 연구」. ≪한국방송학보≫, 22권 5호, 53~90쪽.

백미숙·홍종윤·윤석민. 2007. 「국회 문화관광위원회 논의에 나타난 방송정책이념」. ≪한국방송학보≫, 21권 2호, 305~350쪽.

백승기. 2015. 『정책학원론』, 제4판. 대영문화사.

윤석민. 2003. 「방송정책에 있어서 공익이념의 이론적 토대」. 한국언론재단 엮음. 『공영방송』. 한국언론재단.

_____. 2005. 『커뮤니케이션 정책연구』. 커뮤니케이션북스.

이창근. 2003. 「미국 방송법의 공공의 이익, 편의, 필요 기준의 기준과 초기의 성격에 대하여」. ≪언론과 사회≫, 11권 1호, 6~44쪽.

정용준. 2011. 「한국 방송정책의 가치와 이념」. ≪방송통신연구≫, 여름 호, 9~27쪽.

정윤식. 2012. 「신문 방송 겸영 논쟁에서 적용된 경쟁/산업적 관점과 다양성/공익적 관점」. ≪방송과 커뮤니케이션≫, 13권 3호, 109~146쪽.

정인숙. 2004. 「방송시장에서의 공정경쟁 기본원칙과 불공정거래행위 분석」. ≪방송연구≫. 여름 호, 205~237쪽.

최영묵. 1997. 『방송 공익성에 관한 연구: 방송 공익성과 심의제도』. 커뮤니케이션북스.

Creech, K. C. 2007. *Electronic Media Law and Regulation*, 5th ed. Focal Press.

Croteau, D. and W. Hoynes. 2006. *The Business of Media: Corporate Media and the Public Interest*, 2nd ed. CA: Pine Forge Press.

Cuilenburg, J. and D. McQuail. 2003. "Media Policy Paradigm Shifts: Toward a New Communication Policy Paradigm." *European Journal of Communication*, Vol.18, No.2, pp.181~207.

FRC(Federal Radio Commission). 1928. "Statement made by the Commission on August 23, 1928, relative to the public interest, convenience, or necessity." Reprinted in F. J. Kahn (ed.). *Documents of American Broadcasting*, 4th ed., pp.57~62. Englewood Cliffs, NJ: Prientice-Hall.

Napoli, P. M. 2001. *Foundations of Communications Policy*. Cresskill, NJ: Hampton Press Inc.

2장 독립성

고민수. 2010. 「방송조직과 방송편성규약의 법적 성질에 관한 헌법학적 고찰: 문화방송 'PD수첩 사건'에 관한 논의와 이에 대한 비판적 분석을 중심으로」. ≪언론과 법≫, 9권 2호, 27~47쪽.

김옥조. 2009. 『미디어 법』, 개정판. 커뮤니케이션북스.

박용상. 2010. 「방송의 자유와 방송편성에 관한 법적 규율」. ≪언론과 법≫, 9권 2호, 1~25쪽.

백미숙·홍종윤·윤석민. 2007. 「국회 문화관광위원회 논의에 나타난 방송정책이념」. ≪한국방송 학보≫, 21권 2호, 305~350쪽.

유승관. 2013. 「우리나라의 방송 공정성 심의규제 현황과 개선방향」. 한국방송학회 주관 '방송 공정성의 이론과 실천' 세미나 발표 논문(프레스센터, 2013.11.28).

심영섭. 2010. 「방송법 제4조 제4항의 편성규약 제정의무의 실효성 연구: 독일과 오스트리아, 한 국의 방송편성규약 비교」. ≪미디어 경제와 문화≫, 8권 3호, 204~232쪽.

정윤식. 2011. 「한국 방송정책의 법제 분석 및 고찰」. ≪방송통신연구≫, 여름 호, 58~86쪽.

_____. 2014. 『공영방송』. 커뮤니케이션북스.

최영묵. 2008. 「방송통신위원회 시대 방송 '공정성' 심의의 문제점」. 한국방송학회 가을철 정기학 술대회 세미나 발제문(2008.11).

최영묵·박승대. 2009. 「방송의 정치적 독립성 확보를 위한 미디어 정책방향 연구」. ≪한국언론 정보학보≫, 46호, 590~626쪽.

Parkinson, M. G. and L. M. Parkinson. 2006. *Law for Advertising, Broadcasting, Journalism, and Public Relations*. Lawrence Erlbaum Associates.

3장 공공성

강명현. 2005. 『방송 프로그램 등급제의 실효성 점검과 개선방안에 관한 연구』(2005.12). 방송위 원회.

_____. 2011. 「청소년 유해 매체물에 대한 방송사 자율규제에 관한 연구」. ≪방송통신연구≫, 가 을 호. 170~195쪽.

_____. 2014. 「통합 유료방송법 제정의 소유겸영규제 및 채널편성 규제의 방향」. 한국방송학회 세미나 발제문.

강명현·유홍식. 2010. 『방송통신 분야 아동, 청소년 보호 심의정책 연구』(2010.12). 방송통신심의
　위원회.

김도연. 2014. 「시청자 접근 및 채널 경영 면에서 본 공익채널 제도의 성과」. ≪사회과학연구≫,
　26권 2호, 79~104쪽.

김유빈·윤석민. 2010. 「공익채널 의무편성제도가 채널성과에 미치는 영향 분석」. ≪방송통신연
　구≫, 가을 호, 201~233쪽.

도준호·오하영. 2010. 「공익채널 선정 및 의무전송제도의 성과분석」. ≪방송과 커뮤니케이션≫,
　11권 2호, 243~268쪽.

박용상. 1988. 『방송법제론』. 교보문고.

배진아. 2007. 「공영방송의 공적 책무성」. ≪방송연구≫, 여름 호, 74~101쪽.

백미숙·홍종윤·윤석민. 2007. 「국회 문화관광위원회 논의에 나타난 방송정책이념」. ≪한국방송
　학보≫, 21권 2호, 305~350쪽.

성지연. 2008. 「미국, 텔레비전의 유해 콘텐츠와 광고로부터 어린이 보호에 적극 대처」. ≪Media+
　Futeure≫, 19호.

정수영. 2009. 「매스미디어의 사회적 책임과 어카운터빌리티: 허친스보고서(1947)의 재고찰 및
　규범이론으로의 변천과정을 통해 본 현재적 의의와 과제」. ≪한국언론정보학보≫, 통권
　47호, 23~48쪽.

_____. 2012. 「공영방송과 어카운터빌리티에 대한 규범론적 고찰: 애넌 보고서(1977)와 영국 BBC
　에 대한 논의를 중심으로」. ≪한국방송학보≫, 26권 1호, 198~237쪽.

정용준. 2011. 「한국 방송 공공성 이념의 역사적 비교분석」. '공영방송과 공공성 이념의 과거, 현
　재 그리고 미래' 세미나 발제문(한국방송학회, 2011.3.4).

정윤식. 2005. 「유료방송의 공익 및 공적 책임」. ≪사이버커뮤니케이션학보≫, 16권, 45~82쪽.

정회경·유승훈. 2008. 「디지털 지상파 방송의 공적 가치와 수용자 지불의사액 연구」. ≪한국방
　송학보≫, 22권 6호, 390~422쪽.

차승민. 2004. 「방송의 자유의 제한에 관한 연구: 방송법 제5조의 공적 책임과 관련하여」. ≪법학
　연구≫, 45권 1호, 131~150쪽.

Blumer, J. G.(ed.). 1992. *Television and the Public Interest: Vulnerable Values in Western
　European Broadcasting.* London: SAGE.

DCMS. 2006. *A public service for all: the BBC in the digital age.*

Habermas, J. 1989. *The Structural Transformation of the Public Sphere.* Cambridge: Polity Press.

McQuail, D. 2003. *Media Accountability and Freedom of Publication.* Oxford, England: Oxford
　University Press.

Napoli, P. M. 2001. *Foundations of Communications Policy.* Cresskill, NJ: Hampton Press Inc.

Ofcom. 2007. "Public Service Broadcasting: Annual Report 2007." https://www.ofcom.org.uk/
　tv-radio-and-on-demand/information-for-industry/public-service-broadcasting/psb07.

Parkinson, M. G. and L. M. Parkinson. 2006. *Law for Advertising, Broadcasting, Journalism, and Public Relations.* Lawrence Erlbaum Associates.

Scannell, P. 1989. "Public Service Broadcasting and Modern Public Life." *Media, Culture and Society,* Vol. 11, No. 2.

4장 다양성

김봉덕·손승혜. 2008. 「18대 총선 한국방송의 다양성지수 연구」. ≪방송과 커뮤니케이션≫, 11권 1호, 187~227쪽.

김원식·이상우. 2006. 「유료방송에서 소유규제와 콘텐츠의 다양성: 경제학적 분석」. ≪사이버커뮤니케이션학보≫, 20권 4호, 5~42쪽.

남시호. 2010. 「미디어 다양성의 문화정치학: 측정의 자유시장, 그 울타리를 넘어서」. ≪한국언론정보학보≫, 51호(가을 호), 136~155쪽.

박소라. 2003. 「경쟁도입이 텔레비전 프로그램 장르 다양성에 미치는 영향에 관한 연구」. ≪한국언론학보≫, 47권 5호, 222~250쪽.

박소라·양현모. 2006. 「외주정책이 제작시장과 외주제작 공급 및 프로그램 다양성에 미친 영향에 관한 연구」. ≪한국방송학보≫, 20권 1호, 50~95쪽.

성욱제. 2010. 『국내 시사정보미디어의 이용점유율을 통한 미디어 이용다양성 측정 연구』. 정보통신정책연구원.

_____. 2012. 「국내 미디어 다양성 연구에 대한 메타 분석」. ≪방송통신연구≫, 통권 79호, 101~139쪽.

성욱제 외. 2009. 『미디어 다양성 측정방법 및 적용가능성 검토』. 정보통신정책연구원.

심영섭. 2009. 「독일의 여론 지배력 규제제도와 OECD 국가 규제 특징」. 한국언론재단 주최 미디어 집중도 조사모델 세미나 자료집, 27~45쪽.

유승관. 2003. 「방송환경 변화에 따른 다양성 영역에 관한 법제 및 정책연구」. ≪한국방송학보≫, 17권 3호, 7~47쪽.

유의선. 2009. 「미디어 다양성 정책함의와 접근방법」. ≪방송통신연구≫, 겨울 호, 42~68쪽.

오정일. 2009. 「미디어 다양성의 개념과 측정지표」. 사이버커뮤니케이션학회 세미나 발제문(2009. 10. 27).

이상우·배선영. 2011. 『미디어 다양성』. 커뮤니케이션북스.

이진영·박재영. 2010. 「경쟁 신문의 등장에 따른 신문의 보도 차별화 전략: 한겨레 창간의 경우」. ≪한국언론학보≫, 54권 6호, 444~470쪽.

임정수. 2004. 「세 가지 미디어 집중현상의 개념화와 미디어 산업규제 정책에서의 함의」. ≪한국언론학보≫, 48권 2호, 138~163쪽.

정두남·심영섭. 2012. 「매체간 합산 영향력 제한을 통한 미디어 다원성 보호방안에 대한 연구」. ≪방송통신연구≫, 여름 호, 140~168쪽.

정인숙. 2013. 「미디어 다양성 지수에 대한 평가와 정책 제언」. ≪한국언론정보학보≫, 61호, 98~ 117쪽.

조영신. 2009. 「미국 다양성지수의 등장과 소멸」. 한국언론재단 주최 미디어 집중도 조사모델 세미나 자료집, 4~8쪽.

한국언론재단 엮음. 2009. 『세계의 언론법제: 미디어 집중도 조사』. 한국언론재단.

홍종배·권상희. 2010. 「외주정책이 제작시장과 외주제작 공급 및 프로그램 다양성에 미친 영향에 관한 연구」. ≪한국방송학보≫, 20권 1호, 50~95쪽.

Blumer, J. G.(ed.). 1992. *Television and the Public Interest: Vulnerable Values in Western European Broadcasting*. London: SAGE.

Compaine, B. M. and D. Gomery. 2000. *Who Owns the Media?* Mahwah, NY: LEA.

Croteau, D. and W. Hoynes. 2006. *The Business of Media*, 2nd ed. Pine Forge Press.

Dominick, J. R. and M. C. Pearce. 1976. "Trends in Network Prime-Time Programing, 1953-1974." *Journal of Communication*, Vol.20, No.1, pp.70~80.

Einstein, M. 2004. *Media Diversity: Economics, Ownership, and the FCC*. London: Lawrence Erlbaum Associates.

Entman, R. and S. Wildman. 1992. "Reconciling Economic and Non-Economic Perspectives on Media Policy." *Journal of Communication*, Vol.42, No.1, pp.70~80.

FCC. 2003. *Report and Order and Notice of Proposed Rulemaking*, FCC 03-127.

Ferguson, D. A. and E. M. Perse. 1993. "Media and Audience Influences on Channel Repertoire." *Journal of Broadcasting & Electronic Media*, Vol.37, No.1, pp.31~47.

Ho, D. E. and K. M. Quinn. 2009. "Viewpoint Diversity and Media Concentration: An Empirical Study." *Stanford Law Review*, Vol.61, No.4, pp.781~868.

Kang, M. 1997. "Competition and Program Diversity." Paper presented for the AEJMC. Washington, D.C.

Lee, Y. C. 2007. "Effects of Market Competition on Taiwan Newspaper Diversity." *Journal of Media Economics*, Vol.20, No.2, pp.139~156.

Lin, C. A. 1995. "Diversity of Network Prime-Time Program Formats During the 1980s." *Journal of Media Economics*, Vol.8, No.4, pp.17~28.

Litman, B. R. 1979. "The Television Networks, Competition, and Program Diversity." *Journal of Broadcasting*, Vol.24, No.4, pp.393~409.

Long, S. L. 1979. "A Fourth Television Network and Diversity: Some Historical Evidence." *Journalism Quarterly*, Vol.56, No.2, pp.341~345.

McDonald, D. G. and S. F. Lin. 2004. "The Effects of New Networks on U.S. Television Diversity." *Journal of Media Economics*, Vol.8, No.4, pp.17~28.

Napoli, P. M. 2001. *Foundations of Communications Policy*. Cresskill, NJ: Hampton Press Inc.

Philip, M. N. 2001. *Foundations of Communications Policy*. Cresskill, NJ: Hampton Press.

Owen, B. M. 1977. "Regulating Diversity: The Case of Radio Format." *Journal of Broadcasting*, Vol. 21, No. 3, pp. 305~319.

_____. 1978. "The Economic Review of Programming." *Journal of Communication*, Vol. 28, No. 2, pp. 43~50.

Owen, B. M. and S. S. Wildman. 1992. *Video Economics*. Cambridge, MA: Harvard University Press.

Van Cuilenburg, J. 2007. *Media Diversity: Competition and Concentration*. London: Lawrence Erlbaum Associates.

Wakshlag, J. and W. Adams. 1985. "Trends in Program Variety and the Prime Time Access Rule." *Journal of Broadcasting & Electronic Media*, Vol. 29, No. 1, pp. 23~34.

Youn, S. M. 1994. "Program Type Preference and Program Choice in a Multichannel Situation." *Journal of Broadcasting & Electronic Media*, Vol. 38, No. 4, pp. 465~475.

5장 지역성

강명현. 2005. 「지역방송의 질적 평가: 지역성지수 개발을 위한 시론적 연구」. ≪방송연구≫, 겨울호, 177~202쪽.

강명현·홍석민. 2005. 「로컬리즘과 지역방송: 사회적 로컬리즘의 개념화를 위한 시론적 연구」. ≪한국방송학보≫, 19-1호, 109~141쪽.

방송위원회. 2006. 『지역성 개념의 제도화 방안 연구』. 방송위원회.

백미숙·홍종윤·윤석민. 2007. 「국회 문화관광위원회 논의에 나타난 방송정책이념」. ≪한국방송학보≫, 21권 2호, 305~350쪽.

윤석민 외. 2004. 「방송에서의 이념형적 지역주의와 그 현실적 전개」. ≪언론과 사회≫, 12권 2호, 121~156쪽.

임영호. 2002. 「공간이론을 통해 본 한국 방송학의 정체성 문제: 지역방송 관련연구를 중심으로」. ≪한국방송학보≫, 16권 2호, 275~303쪽.

정용준. 2006. 『방송의 지역성 지수 개발』, 방송위원회 연구보고서. 방송위원회.

_____. 2007. 「방송정책의 지역주의에 대한 국가간 비교분석」. ≪언론과학연구≫, 7권 4호, 143~176쪽.

_____. 2011. 「한국 방송정책의 가치와 이념」. ≪방송통신연구≫, 여름 호, 9~27쪽.

조항제. 2006. 「지역방송의 지역성 변화: 개념적 접근」. ≪한국언론정보학보≫, 34호, 275~305쪽.

주정민. 2004. 「지역방송의 지역성 지수에 관한 연구」. 한국방송학회 학술대회 논문집(2004.11), 331~348쪽.

Berkowitz, E. D. 1984. "Low Power Television and the Doctrine of Localism: The Need to Reconcile a Medium With Its Message." *University of San Francisco Law Review*, Vol.18, pp.505~533.

Calhoun, C. J. 1980. "Community: Toward a Variable Conceptualization for Comparative Research." *Social Theory*, Vol.5, No.1, pp.105~129.

Cole, H. and P. Murck. 2007. "The Myth of the Localism Mandate: A Historical Survey of How the FCC's Actions Belie the Existence of a Governmental Obligation to Provide Local Programming." *Journal of Communication Law and Policy*, Vol.15, pp.339~371.

Collins, T. A. 1980. "Local Service Concept in Broadcasting: An Evaluation and Recommendation for Change." *Icwa Law Review*, Vol.65, No.2, pp.553~635.

Creech, K. C. 2007. *Electronic Media Law and Regulation*, 5th ed. Focal Press.

Csaplar, N. R. 1983. "Local Television: The Limit of Prime-Time Access." *Journal of Communication*, Spring.

Dillman, D. A. 1985. "The Social Impacts of Information Technologies in Rural North America." *Rural Sociology*, Vol.50, No.1, pp.1~26.

FCC. 1952. Amendment of Section 3.606 of the Communication's Rules and Regulations, 41 FCC 148.

_____. 2007. The Effects of Cross-Ownership on the Local Content and Political Slant of Local Television News. FCC PUR 070000029.

Frug, G. E. 1980. "The City as a Legal Concept." *Harvard Law Review*, Vol.93, No.5, pp.1057~1154.

McDowell, S. D. and J. H. Lee. 2007. "Tracking Localism in Television Broadcasting: Utilizing and Structuring Public Information." in P. M. Napoli(ed.). *Media Diversity and Localism*. New Jersey: Lawrence Ealbaum Associates.

Napoli, P. M. 2001a. *Foundations of Communications Policy*. Cresskill, NJ: Hampton Press Inc.

_____. 2001b. "The Localism Principle in Communications Policymaking and Policy Analysis: Ambiguity, Inconsistency, and Empirical Neglect." *Policy Studies Journal*, Vol. 29, No.3, pp.372~387.

Ofcom. 2006. *Digital Local: Options for the Future of Local Video Contents and Interactive Services*.

Pries, I. 2005. "Configurations of Geographic and Societal Spaces." *Global Networks*, Vol.5, No.2, pp.167~190.

Rivera-Sanchez, Milagros. 2000. *Communication and the Law, Broadcasting Regulation*. Vision Press.

Sadler, R. L. 2005. *Electronic Media Law*. Sage.

Silverman, D. M. and D. N. Tobenkin. 2001. "The FCC's Main Studio Rule: Achieving Little for

Localism at a Great Cost to Broadcasters." *Federal Communications Law Journal*, Vol.53, pp.469~507.

Stavitsky, A. G. 1994. "The Changing Conception of Localism in U.S. Public Radio." *Journal of Broadcasting & Electronic Media*, Vol.38, No.1, pp.19~33.

Thomas, L. and B. R. Litman. 1991. "Fox Broadcasting Company, Why Now? An Economics Study of the Rise of the Fourth Broadcast 'Network'." *Journal of Broadcasting and Electronic Media*, Vol.59, No.2, pp.139~157.

6장 보편적 서비스

곽정호. 2003. 「방송의 보편적 서비스제도 도입논의」. ≪정보통신정책≫, 15권 21호, 39~43쪽.

_____. 2005. 「방송의 보편적 서비스제도 도입방안 분석」. ≪정보통신정책≫, 17권 1호, 1~17쪽.

김대호. 2009. 「방송 서비스의 보편적 서비스 정책연구」. ≪정보통신정책≫, 16권 3호, 1~28쪽.

김영주. 2008. 「방송산업에서의 보편적 서비스 제도화에 관한 연구」. ≪한국방송학보≫, 22권 5호, 53~90쪽.

류춘열·배진한. 2000. 「위성방송에서의 시청자 권익신장과 보편적 서비스 구현방안」. ≪방송연구≫, 여름 호, 151~176쪽.

윤석민. 1999. 「다매체 상황하의 수용자 복지와 보편적 방송영상 서비스」. ≪한국언론학보≫, 44권 1호, 287~327쪽.

이상식. 2003. 「공익성과 보편적 서비스 개념의 비교연구」. ≪한국언론정보학보≫, 20권, 111~139쪽.

이상우 외. 2005. 『융합 환경의 네트워크·콘텐츠 규제: 유럽연합 사례의 포괄적 이해』, KISDI 이슈 리포트. 정보통신정책연구원.

이수영·박은희. 2002. 「양방향 시대 수용자 복지의 개념화와 새로운 구현장치」. ≪방송연구≫, 통권 54호, 65~87쪽.

이호규. 2000. 「이용자 성향을 고려한 보편적 서비스 개념의 재정립」. ≪한국언론학보≫, 45권 1호, 266~296쪽.

정용준. 2002. 「인기 스포츠의 보편적 접근권에 관한 연구」. ≪방송과 커뮤니케이션≫, 205~229쪽.

_____. 2008. 「스포츠 중계권의 쟁점과 해결방안」. '융합 미디어 시대 스포츠 산업과 진흥정책' 세미나 발제문.

_____. 2013. 「지상파 재송신 제도에 대한 비판적 성찰」. ≪언론과 법≫, 12권 1호, 117~141쪽.

정인숙. 2006. 「커뮤니케이션 환경변화에 따른 보편적 서비스의 개념 재구성에 관한 연구」. ≪커뮤니케이션 연구≫, 14권 2호, 69~94쪽.

_____. 2014. 「지상파 재송신 정책의 문제점과 제도개선 방안」. 한국방송학회 주최 '스마트 미디어 환경에서의 방송 프로그램의 공정거래 환경조성을 위한 지상파 재송신제도의 합리적 개선방안' 세미나 발제문(2014.11.14).

최양수 외. 2001. 『방송환경 변화에 따른 방송통신법제 연구』. 방송통신위원회.

Dordick, H. S. 1990. "The Origins of Universal Service." *Telecommunications Policy*, Vol.14, No.3, pp.223~231.

Miller, S. 1996. *Civilizing Cyberspace: Policy, Power, and the Information Superhighway*. NY: ACM Press.

Muller, M. 1993. "Universal Service in Telephone History: A Reconstruction." *Telecommunication Policy*, Vol.17, No.5, pp.352~369.

Napoli, P. M. 2001. *Foundations of Communications Policy*. Cresskill, NJ: Hampton Press Inc.

OECD. 2006. *Rethinking Universal Service for a Next Generation Network Environment*. Paris: OECD.

Philip, M. N. 2001. *Foundations of Communications Policy*. Cresskill, NJ: Hampton Press.

Prieger, J. 1998. "Universal Service and the Telecommunication Act of 1996: The Fact after the Act." *Telecommunication Policy*, Vol.22, No.1.

Telecommunication Act of 1996, 254(c) (1). 1996. Retrieved August 26, 2009.

Xavier, P. 1997. *Universal Service Obligations in a Competitive Environment*, ICCP 38. OECD.

7장 경쟁

강명현·임정수. 2005. 「케이블 TV의 윤리경영과 시청자 서비스 수준 향상방안」. '케이블 TV 10주년 기념 세미나: 케이블 TV의 성과와 발전방안 세미나' 자료집, 71~130쪽.

권호영. 2003. 「다매체 시대의 위성방송 시장과 공정경쟁」. '위성방송 1주년: 그 평가와 발전방안' 세미나 발제문.

_____. 2006. 「PP의 위상제고를 위한 제언」. ≪방송과 콘텐츠≫, 창간 호, 144~163쪽.

권호영·김도연. 2004. 「케이블TV 시장에서의 독점과 경쟁: 동일지역 복수 SO 정책의 효과 분석」. ≪한국언론학보≫, 48권 5호, 5~29쪽.

김대호. 2008. 「방송산업에서의 공정경쟁정책」. 이원우 엮음. 『방송통신법연구 V』. 경인문화사.

김도연. 2003. 『방송사업자의 공정거래관련 규제방안 연구』. 방송위원회.

김영주·정재민. 2010. 「방송산업 내 비대칭 규제에 관한 연구」. ≪한국방송학보≫, 24권 5호, 47~89쪽.

김유교. 1996. 『경제 정책론』. 박영사.

김희수 외. 2006. 『방송서비스의 다매체화 및 통신방송 융합에 따른 공정경쟁 이슈 연구(II)』. 정보통신정책연구원.

노기영. 2001. 「다채널 방송시장의 경쟁과 집중」. ≪방송연구≫, 여름 호, 57~93쪽.

_____. 2007. 『방송산업과 경쟁』. 한울.

박규장·최세경. 2008. 「한국 방송정책으로서 매체균형발전론에 대한 평가」. ≪한국방송학보≫,

22권 4호, 49~91쪽.

방송위원회. 2004. 『방송사업자의 공정거래법 심결사례』. 방송위원회.

방송통신위원회. 2014. 『2014년도 방송시장 경쟁상황 평가 보고서』. 방송통신위원회.

유의선·이영주. 2001. 「의무전송규정에 대한 법적 해석과 그 타당성 분석」. ≪한국언론학보≫, 45권 4호, 353~388쪽.

윤충한·이인찬. 2001. 「유선방송시장에서의 경쟁권역과 독점권역의 특성비교」. ≪산업조직연구≫, 9권 4호, 95~108쪽.

이내찬. 2007. 「방송통신융합 환경하의 관련시장 획정이슈」. ≪사이버커뮤니케이션학보≫, 24호, 225~262쪽.

이상우 외. 2006. 『다채널 방송시장에서의 프로그램 접근에 관한 연구』. 정보통신정책연구원.

이영주. 2005. 「유료 TV 방송시장의 공정경쟁을 위한 프로그램 접근규정 도입방안 연구」. 한국정보법학회 발제문.

장하용. 2004. 『방송사업자의 불공정거래행위 실태조사연구』. 방송위원회.

전혜선. 2005. 「케이블TV 시장구조(독점과 경쟁)에 따른 행위 및 성과 분석」. ≪한국언론학보≫, 49권 5호, 124~146쪽.

정상윤. 2001. 「위성동시 재송신과 지역방송의 활로모색」. 한국언론정보학회 주최 지상파 위성동시 재송신과 방송정책 세미나 발제문(2001.11.16).

정영진. 2005. 「미국의 방송 시장에 대한 규제 방향과 특성」. 한국언론재단 엮음. 『세계의 언론법제』, 통권 17권. 한국언론재단.

정윤식. 2011. 「한국 방송정책의 법제분석 및 고찰」. ≪방송통신연구≫, 75호, 58~86쪽.

정인숙. 2004. 「방송시장에서의 공정경쟁 기본원칙과 불공정거래행위 분석」. ≪방송연구≫, 여름 호, 205~237쪽.

정필운·김슬기. 2012. 「방송통신 융합환경에서 방송시장 불공정행위의 규율」. ≪언론과 법≫, 11권 1호, 191~220쪽.

최병선. 2015. 『정부 규제론』. 법문사.

홍기선·김현우. 2002. 「지상파 방송 3사의 공정거래질서 확립에 대한 연구」. ≪방송연구≫, 여름 호, 339~370쪽.

Albarran, A. B. 2003. "U.S. Media Concentration: The Growth of Megamedia." in A. Arrese (ed.). *Empresa informativa y mercados de la comunicación*. Pamplona, Spain: EUNSA.

Albarran, A. B. and J. Dimmick. 1996. "Concentration and Economies of Multiformity in the Communication Industries." *Journal of Media Economics*, Vol.9, No.4, pp.41~49.

Barrett, M. 1995. "Direct Competition in Cable Television Delivery: A Case Study of Paragould, Arkansas." *Journal of Media Economics*, Vol.8, No.3, pp.77~93.

Busterna, J. C. 1988. "Television Station Ownership Effects on Programming and Idea Diversity: Base Data." *Journal of Media Economics*, Vol.1, No.2, pp.63~74.

Compaine, B. M. 1999. "Merges, Divestitures, and the Internet." Paper presented at the Telecommunications Policy Research Conference. Alexandrai, VA.

Croteau, D. and W. Hoynes. 2006. *The Business of Media*, 2nd ed. Pine Forge Press.

Gomery, D. and B. M. Compaine. 2000. *Who Owns the Media? Competition and Concentration in the Mass Media Industry*. NJ: Hillsdale.

Grant, A. E. 1994. "The Promise Fulfilled? An Empirical Analysis of Program Diversity on Television." *Journal of Media Economics*, Vol.8, No.4, pp.17~28.

Lacy, S. and D. Riffe. 1994. "The Impact of Competition and Group Ownership on Radio News." *Journalism & Mass Communication Quarterly*, Vol.71.

Li, S. 2004. "Market Competition and the Media Performance of Taiwan's Cable Television Industry." *Journal of Media Economics*, Vol.17, No.4, pp.279~294.

Litman, B. R. 1979. "The Television Networks, Competition, and Program Diversity." *Journal of Broadcasting*, Vol.24, No.4, pp.393~409.

Napoli, P. M. 2001. *Foundations of Communications Policy*. Cresskill, NJ: Hampton Press Inc.

Owen, B. M. and S. S. Wildman. 1992. *Video Economics*. Cambridge, MA: Harvard University Press.

Sadler, R. L. 2005. *Electronic Media Law*. Sage.

Webster, J. G., P. F. Phalen and L. W. Lichty. 2006. *Rating Analysis: The Theory and Practice of Audience Research*. NJ: Lawrence Erlbaum Associates.

8장 방송산업 발전

김관규·정길용. 2009. 「지상파방송사 외주정책 성과 평가: 독립제작사 육성과 프로그램 편성 평가를 중심으로」. ≪언론과학연구≫, 9권 4호, 5~37쪽.

김영재. 2009. 「한국 애니메이션 유통 활성화를 위한 방송발전기금 활용 타당성」. ≪애니메이션 연구≫, 5권 2호, 7~31쪽.

문화체육관광부. 2010. 『2010 콘텐츠산업백서』.

미래창조과학부·방송통신위원회. 2015. 「지상파 UHD 방송 도입을 위한 정책방안」.

박상호. 2015. 「한·중 FTA의 사회문화적 파급효과와 대응방안: 한류 확대인가 아니면 자본에 의한 종속인가」. 국회 세미나 발제문.

박소라. 2002. 「지상파 방송사의 외주제작 프로그램의 성과 결정요인에 관한 연구」. ≪한국언론학보≫, 46권 2호, 341~379쪽.

박소라·양현모. 2006. 「외주정책이 제작시장과 외주제작 공급 및 프로그램 다양성에 미친 영향에 관한 연구」. ≪한국방송학보≫, 20권 1호, 50~95쪽.

방송통신위원회. 2009. 「전파진흥기본계획」.

_____. 2014. 『2014년 방송산업실태조사보고서』. 방송통신위원회.

백미숙·홍종윤·윤석민. 2007. 「국회 문화관광위원회 논의에 나타난 방송정책이념」. ≪한국방송학보≫, 21권 2호, 305~350쪽.

윤석민. 2005. 『커뮤니케이션 정책연구』. 커뮤니케이션북스.

윤석민·장하용. 2002. 「외주정책을 둘러싼 논쟁의 특성과 그 성과에 관한 연구」. ≪한국방송학보≫, 16권 2호, 242~274쪽.

이상길·박진우. 2004. 『프랑스 방송: 구조, 정책, 프로그램』. 한나래.

이종관. 2015. 「한·중 FTA에 따른 방송시장 개방의 영향과 전망: 산업적 파급효과와 대응 방안」. 언론개혁시민연대 세미나 발제문.

임정수. 2005. 「외주채널의 모델에 관한 연구」. ≪방송과 커뮤니케이션≫, 5권 1호, 107~241쪽.

정용준. 2011. 「한국 방송정책의 가치와 이념」. ≪방송통신연구≫, 여름 호, 9~27쪽.

정윤경. 2006. 「국내 독립 제작사 지원정책에 대한 평가」. ≪한국방송학보≫, 20권 5호, 345~382쪽.

정윤식. 2005. 「유료방송 공익 및 공적 책임: 지역성, 다양성, 경쟁 원리를 중심으로」. ≪사이버커뮤니케이션학보≫, 16권 2호, 45~82쪽.

_____. 2011. 「한국 방송정책의 법제분석 및 고찰」. ≪방송통신연구≫, 75호, 58~86쪽.

최세경. 2009. 「방송외주제도 20년의 평가와 개선방안」. ≪인문콘텐츠≫, 17호, 67~96쪽.

현대원. 2004. 「한국방송산업의 제작활성화에 대한 제도적 지원방안 연구: 핀신 규칙의 국내적용 가능성을 중심으로」. 한국방송학회 주최 세미나 발제문.

Creech, K. C. 2007. *Electronic Media Law and Regulation*, 5th ed. Focal Press.

Murdock, G. 1990. "Redrawing the Map of the Communications Industries: Concentration and Ownership in the Era of Privatization." in M. Ferguson(ed.). *Public Communication: The New Imperatives*. London: Sage.

9장 시청자 권익

강명현. 2006. 「지불의사 및 선호도와 수용자 복지」. ≪방송연구≫, 겨울 호, 59~84쪽.

김병선. 2008. 「디지털 케이블 서비스에서의 시청자 복지에 관한 탐색적 연구」. ≪한국방송학보≫, 22권 3호, 5~50쪽.

김정태. 2007. 『방송법 해설』. 커뮤니케이션북스.

박은희. 2006. 「융합환경에서의 수용자 복지 정책유형과 추진과제」. ≪방송연구≫, 겨울 호, 85~110쪽.

백미숙·홍종윤·윤석민. 2007. 「국회 문화관광위원회 논의에 나타난 방송정책이념」. ≪한국방송학보≫, 21권 2호, 305~350쪽.

신홍균 외. 2009. 『해외 시청자 권익보호제도와 국내제도 비교연구』. 방송통신위원회.

이수영·박은희. 2002. 「양방향 시대 수용자 복지의 개념화와 새로운 구현장치」. ≪방송연구≫, 54호, 65~87쪽.

이창현. 2001. 「시청자 주권 확보를 위한 방송정책에 대한 평가: 시청자 평가 및 참여 프로그램을 중심으로」. ≪주관성 연구≫, 6호, 34~55쪽.

정수영·황하성. 2010. 「어카운터빌리티 관점에서 본 TV 옴부즈맨 프로그램 내용분석」. ≪언론 과학연구≫, 10권 1호, 242~261쪽.

정애리. 2005. 「디지털 미디어 액세스: 개념의 확대와 범위의 재구조화를 중심으로」. ≪방송연 구≫, 여름 호, 293~321쪽.

_____. 2007. 「융합형 콘텐츠 확산에 따른 수용자 복지개념의 변화」. ≪방송연구≫, 겨울 호, 221~248쪽.

정인숙. 2004. 「방송시장에서의 공정경쟁 기본원칙과 불공정거래행위 분석」. ≪방송연구≫, 여 름 호, 205~237쪽.

Owen, B. M. and S. S. Wildman. 1992. *Video Economics*. Mass: Harvard University Press.

Tyner, K. 2003. "Beyond Boxes and Wires: Literacy in Transition." *Television New Media*, Vol.4, No.4, pp.371~388.

10장 방송정책과 이념의 과제

강명현·홍석민. 2005. 「로컬리즘과 지역방송: 사회적 로컬리즘의 개념화를 위한 시론적 연구」. ≪한국방송학보≫, 19-1호, 109~141쪽.

김도연. 2003. 『방송사업자의 공정거래관련 규제방안 연구』. 방송위원회.

이상식. 2015. 「방송산업의 전문규제 기관과 일반 경쟁 규제기관의 관계에 대한 연구」. ≪방송통 신연구≫, 여름 호, 104~131쪽.

정윤식. 2011. 「한국 방송정책의 법제 분석 및 고찰」. ≪방송통신연구≫, 여름 호, 58~86쪽.

정인숙. 2004. 「방송시장에서의 공정경쟁 기본원칙과 불공정거래행위 분석」. ≪방송연구≫, 여름 호, 205~237쪽.

찾아보기

지은이 강명현

고려대학교 신문방송학과를 졸업하고(학사, 석사), 방송위원회 정책연구실에서 연구원으로 근무했으며, 미국 미시간 주립대학교(Michigan State University)에서 매스커뮤니케이션학 박사 학위를 받았다. 현재 한림대학교 미디어커뮤니케이션학부 교수로 재직 중이며, 캐나다 사이먼 프레이저 대학교(Simon Fraser University), 미국 사우스캐롤라이나 대학교(University of South Carolina) 방문 교수를 지냈다. 주로 방송산업과 정책, 정책의 효과 분석, 수용자 조사와 방송편성 등에 관한 연구와 강의를 하고 있다.

저서로는 『매스 커뮤니케이션의 이해』(공저), 『공영방송의 이해』(공저), 『디지털 시대의 방송편성론』(공저) 등이 있으며, 연구 논문으로는 "Interactivity in Television: Use and Impact of an Interactive Program Guide", 「유료방송 시장에서 방송사업자 간 프로그램 거래에 관한 연구」 등 다수가 있다.

한울아카데미 1981
방송문화진흥총서 171

한국 방송정책의 이념

ⓒ 강명현, 2017

지은이 I 강명현
펴낸이 I 김종수
펴낸곳 I 한울엠플러스(주)
편 집 I 이수동

초판 1쇄 인쇄 I 2017년 4월 14일
초판 1쇄 발행 I 2017년 4월 28일

주소 I 10881 경기도 파주시 광인사길 153 한울시소빌딩 3층
전화 I 031-955-0655
팩스 I 031-955-0656
홈페이지 I www.hanulmplus.kr
등록번호 I 제406-2015-000143호

Printed in Korea.
ISBN 978-89-460-5981-8 93070 (양장)
    978-89-460-6332-7 93070 (학생판)

이 책은 MBC 재단 방송문화진흥회의 지원을 받아 출간되었습니다.